研究社 英語類義語使い分け辞典

研究社辞書編集部 編

Kenkyusha's Dictionary of English Synonyms

© 2006 KENKYUSHA LIMITED

PRINTED IN JAPAN

まえがき

　本書は『新英和大辞典　第6版』の「類義語欄」を抽出してまとめ，日本語から引けるように編集した辞典です．コアとなる概念を見出しの日本語で示し，その概念または関連事項を表現するために役立つ英語を挙げて，意味合いや用法の違いを説明しています．

　このように独立した一冊の辞典とすることで，携帯が容易になり，文字が大きく読みやすくなりました．また，『新英和大辞典』の中で「類義語欄」はあくまで見出しの英語を経由して利用するようになっていましたが，本書では英語索引を巻末に付けましたので，日本語からも英語からもアプローチできるように構成されています．

　全体で約 1000 項目を設け，計 5000 語について解説しています．

　インターネットの普及などで，英語を使用する機会が飛躍的に増えるとともに，英文ライティングや語彙増強のために手軽に使える類義語辞典の需要は，ますます高まっていると思われます．本書の類義語解説は大辞典の中の記述ではありますが，説明は簡にして要を得ることを心掛けています．さらに用例が加わり，より具体的な文脈で理解できるよう配慮され，上記のような要望に過不足なく応えられるものと考えております．

　「類義語欄」は広島大学名誉教授 安藤貞雄氏によって執筆され，早稲田大学名誉教授 小島義郎氏，慶應義塾大学名誉教授 岩崎春雄氏，電気通信大学名誉教授 中尾啓介氏の校閲を経たものです．記して関係諸氏に深く感謝申し上げます．

　終わりに，本書の刊行に向けて関係者全員が遺漏のないよう努めたつもりでありますが，なお不備不足の点については，利用者の皆さんの忌憚のないご意見・ご批判をお願いいたします．

2006 年 7 月

研究社辞書編集部

凡　　例

1　注意すべき記号の使い方

⟨　⟩　　　動詞の主語・目的語, 形容詞の名詞連結など, 語義を限定する語句を示す.

> **tally** ⟨二つの数または陳述が⟩符合する
> **decline** ⟨招待・提案などを⟩丁重に断る
> **salubrious** ⟨気候・場所など⟩健康によい

[　]　　　直前の要素と置き換え可能な語句, または必要な構文指示を示す.

> a bus [train] schedule
> 　= a bus schedule または a train schedule
> **alive** [叙述的] = living.

(　)　　　省略可能な語句, 簡単な補足を示す.

> **active** (休んでいるのではなく)活動している.

(⇨)　　　参照を示す.
(⇔)　　　反意語・対語を示す.
⦅　⦆　　　①語義・用法などの説明を示す.

> **rustic** 田舎の ⦅粗野・素朴さを強調し, よい意味でも悪い意味でも用いられる⦆

　　　　　②用法指示を示す (⇨ 2).

【　】　　　見出しの代表的な漢字表記を示す. ただし, 必ずしもこの表記を記述中で用いるわけではない.
★　　　　　語法・用法上の注意事項を示す.
:　　　　　用例の始まりを示す.
/　　　　　用例と用例の区切りを示す.

2　主な用法指示

⦅米⦆　　　Americanism (米国用法)
⦅英⦆　　　Briticism (英国用法)
⦅口語⦆　　colloquial
⦅俗⦆　　　slang
⦅軽蔑⦆　　contemptuous
⦅古⦆　　　archaic (昔使われたが, 今は用いられない語・句)

《古風》	old-fashioned(今ではあまり使われない古風な感じの語・句)
《戯言》	humorous or facetious(ユーモラスな,あるいは冗談半分に滑稽な意味合いで用いる語・句)
《文語》	literary
《詩》	poetical
《略式》	informal(くだけた感じの語・句で,親しい人同士の会話・手紙に用いる)

※用例での主語などの代名詞は,自明な場合は訳出していない.

     He mollycoddles his daughter. 娘を猫かわいがりする.

あ

■あい【愛】

love 自分に喜びを与える人や物を心から好む感情《最も一般的な語》: a mother's *love* for her children わが子に対する母性愛.

attachment 人や無生物に対する強い愛着心: He has a strong *attachment* to the old piano. 古いピアノに強い愛着を感じている.

affection 温かく優しく落着いて,長続きする愛情: She married without *affection*. 愛のない結婚をした.

adoration 尊敬と感嘆の気持ちから生じる愛: a deep *adoration* for the teacher その先生に対する深い敬愛の気持ち.

devotion 人や物に対する献身的な強い愛: her *devotion* to her husband 夫に対する献身的な愛.

■あいそのいい【愛想のいい】

gracious 特に目下の者に対して優しく丁重な《格式ばった語》: a very *gracious* hostess とても愛想のいい女主人.

cordial 友好的で温かい: He gave us a *cordial* welcome. 心のこもった歓迎をしてくれた.

genial 様子や態度が親切で友好的な雰囲気を醸し出す: a *genial* smile 優しいほほえみ.

sociable 真に人との付き合いが好きで,見知らぬ人や目下の者にも進んで交わろうとする: He has a nice *sociable* character. 人付き合いのいい人柄だ.

■あいはんする【相反する】

opposite 〈同種のものが〉特定の点で全く正反対の関係にある: the *opposite* direction 正反対の方向.

reverse 位置・方向・順序などの逆を表す: in *reverse* order 反対[逆]の順序で.

contrary 〈意図や意見が〉極端に離れていて対立する関係で一致する基盤がない: That decision was *contrary* to my wishes. その決定は私の希望に背くものだった.

antipodal 〈二つのものが〉対蹠的な関係で似ても似つかぬ: *antipodal* attitudes toward life 人生に対する正反対の態度.

■あいぶする【愛撫する】

caress 親愛の情を示すために優しくなでる: He *caressed* the baby's face. 赤ちゃんの顔を愛撫した.

fondle 愛情や親愛の情を示すために抱き締めたりキスしたりする《*caress* よりも愛情の示し方が露骨》: She *fondled* her doll. 人形をなで回した.

pet 〈動物を〉両手で愛撫して愛情を示す;《略式》性的な遊戯としてキスしたり触ったりする: She sat by the fire *petting* her dog. 炉端に腰掛けて犬を愛撫していた.

neck 《略式》キスしたり愛撫したりしていちゃつく: They were *necking* in the back of the car. 二人は車の後部席で

いちゃついていた.

cuddle, hug 《略式》愛情をこめて両腕にひしと抱き締める: She *cuddled* her little boy. 坊やをひしと抱き締めた.

■あいまいな【曖昧な】

obscure 真の意味が隠されていてわかりにくい: *obscure* passages 意味のはっきりしない文章.

vague 態度などが正確さ・精密さを欠いてはっきりしない: *vague* promises 漠然とした約束.

noncommittal 態度・意見などがどっちつかずであいまいな《やや格式ばった語》: a *noncommittal* answer あいまいな返事.

ambiguous 二つ以上の解釈を含むのであいまいな: an *ambiguous* sentence あいまいな文.

equivocal 人をだましたり言い抜けたりするためにわざとあいまいにした: an *equivocal* expression 二つの意味にとれる表現.

■あう【会う】

meet 二人以上の人が異なる方向からやってきて偶然または約束して会う: I *met* John in the library this morning. けさジョンと図書館で会った.

see 〈人〉に面会する; 目的をもって〈人〉に会いに行く: I'm glad to *see* you again, Mr. Smith. スミスさん, またお会いできて嬉しいです / You'd better *see* a doctor about that cough. そのせきは医者に診てもらったほうがいいよ.

★なお人に会ったときのあいさつで I'm very glad to *meet* you. は初対面のとき, 2回目以降は I'm very glad to *see* you. が普通.

encounter 特に思いがけなく会う《格式ばった語》; 〈困難など〉に出くわす: He *encountered* an old friend at the theater. 劇場でばったり旧友と会った / *encounter* many difficulties 多くの困難と出くわす.

■あおざめた【青ざめた】

pale 色が失せた; 一時的に顔が青ざめた《原因については何も言わない》: You look *pale* today. 今日は顔色が悪いね.

pallid 疲労・病気などで青ざめた: her normally *pallid* face いつも青ざめている彼女の顔.

wan 病的に血の気がなく青白い: Her face grew pinched and *wan* all of a sudden. 彼女の顔は突然やつれ, 青ざめた.

ashen 死人の皮膚のように顔色が青白い: His face turned *ashen* at the news. その知らせを聞くと顔が蒼白になった.

■あくい【悪意】

malice 他人を苦しめたいという願望《相手が苦しむのを見て喜ぶという含みがある; 格式ばった語》: bear *malice* toward a person 人に悪意を抱く.

ill will 人に対して抱く憎しみまたは悪感情《最も一般的な語》: I feel no *ill will* toward him. 彼には何らの悪感情を持っていない.

malevolence 他人を傷つけたいという願望《格式ばった語》: a look of *malevolence* 悪意のある顔つき.

malignity, malignancy 憎しみにあふれ, 害を与えたいという強い願望《格式ばった語》: *malignancy* against the upper class 上流階級に対する強い悪意.

spite 意地悪でけちなやり方で人を悩まし傷つけようとする気持ち: He ruined the flowers out of *spite*. 意地悪から花をめちゃくちゃにした.

rancor 激しく根深い敵意《格式ばった語》: harbor a feeling of *rancor* 恨みの感情を抱く.

grudge 害を加えられたと思って他人

に対して長期にわたって抱く恨みや不平: I have a *grudge* against him. 彼には恨みがある.

■ **あくとう【悪党】**

villain 自分の欲しいものを手に入れるために人に危害を与えたり法を破る人.

rascal 《古風》卑劣で不正直な男《現在では, 愛情・滑稽味を帯びて「いたずらっ子」の意味で使う》.

rogue 《古風》品性悪く不正直または犯罪的な行為をする人《現在では「悪い人間だが, 憎めない男」の意味で使うことがある》.

scoundrel 《古風》人をだましたり欺いたりする人《現在では,「ずうずうしいが憎めない男」の意味で使うことがある》.

blackguard 《古風》ろくでなしの邪悪な人.

knave 《古》狡猾で不正直な人.

scamp 《口語》いたずらをするが, 憎めない子供.

■ **あざける【嘲る】**

scoff 無礼・不信・不敬の表れとしてあざける: They *scoffed* at his story. 彼の話をあざけった.

sneer 意地悪そうな表情や声の調子と侮蔑的な言葉で軽蔑を表す: "You call this a poem?" he *sneered*.「これが詩と言えるのかい」と彼はせせら笑った.

jeer 激しく下品にまた嘲笑的にやじる: The audience *jeered* at the speaker. 聴衆は弁士をやじった.

gibe, jibe 侮辱的なまたは嘲笑的な言葉を言う: He *jibed* at me for my clumsiness. 私の無器用さを笑った.

flout 公然と無視して軽蔑感を表す: He *flouted* my wishes totally. 私の願いを完全に無視した.

■ **あさせ【浅瀬】**

shallow [the ~s として] 海・川などの浅瀬で水遊びなども可能な場所.

shoal 浅瀬《海・川などの浅くて航行しにくい場所》.

bank 堆(たい)《海・湖などで特に砂などが堆積して浅くなっているが, 小型船が航行できる場所》.

reef 暗礁《海面のすぐ上または下に横たわる岩石・珊瑚などの狭いうね》.

ford 川の浅瀬で歩いて渡れる場所.

■ **あざむく【欺く】**

deceive 真実を隠したり歪めたりしてだます: He *deceived* me into doing it. 私をだましてそれをさせた.

cheat 利益・便宜を得るために〈人を〉欺く《一般的な語》: He *cheated* me at cards. トランプで私をごまかした.

mislead 偽りや間違ったことを教えて〈人〉に真でないことを信じさせる: He was *misled* by the sign into going to the wrong door. 標識につられて間違った戸口へ向かった.

beguile 目先のえさで〈人を〉欺く《格式ばった語》: His pleasant way *beguiled* me into thinking that he was my friend. 彼の感じのよい態度につられて, つい我が友だと思ってしまった.

delude 〈人〉の心・判断を誤らせて偽りを真だと受け取らせる《格式ばった語》: Her beauty *deluded* him to folly. 彼女の容色に迷ってばかなことをした.

betray 忠実を装って〈人〉の信頼を裏切る: Judas *betrayed* his master Christ. ユダは師キリストを裏切った.

■ **あざわらう【嘲笑う】**

ridicule 〈人・物を〉嘲笑する《必ずしも悪意を暗示しない》: He was publicly *ridiculed*. 人前で嘲笑された.

deride 悪意を込めてあざ笑う: They

derided him as unimaginative. 想像力がないと言ってあざ笑った.

mock 不親切に, または人まねをしてあざ笑う: *mock* virtue 美徳をあざける.

taunt 特に弱点や失敗について〈人を〉侮辱的にあざける: They *taunted* me with cowardice. 私を卑怯だと言ってあざけった.

■あそぶ【遊ぶ】

play 娯楽・気晴らしを目的として肉体的・精神的な活動をする: *play* cards トランプをする.

frolic 気楽に快活に浮かれ騒ぐ: They *frolicked* at the party. パーティーで浮かれ騒いだ.

romp 活発に騒々しく走り回ったり跳んだりする: Several boys were *romping* on the playground. 数人の子供が運動場で跳ね回っていた.

gambol 小さい子供や子羊のように跳ね回る《*frolic* よりもいっそうの喜びを含意する》: Let the dogs *gambol* on the lawn. 犬たちを芝生の上で跳ね回らせておやり.

■あたえる【与える】

give 〈物〉の所有権を他に移す《一般的な語》: I'll *give* him this book. 彼にこの本をやろう.

present 《*give* よりも格式ばった語》〈かなり価値のある物を〉特に行事の時に与える: The students *presented* a gold watch to their teacher. 学生たちは先生に金時計を贈呈した.

donate 特に, 慈善的な目的で寄付する: He *donated* ten thousand dollars to the Red Cross. 赤十字に1万ドル寄付した.

bestow 〈称号・賞などを〉授ける《格式ばった語》: The Queen *bestowed* a knighthood on him. 女王は彼にナイト爵を授けた.

confer 目上の者が〈名誉・特権などを〉与える《格式ばった語》: The university *conferred* on him the title of LLD. 大学は彼に法学博士の称号を与えた.

■あたらしい【新しい】

new 「新しい」を意味する一般的な語: *new* timetable 新しい時刻表.

fresh 新鮮さを失っていない: *fresh* eggs 新鮮な卵 / a *fresh* memory 生々しい記憶.

novel 新しく珍奇な: a *novel* dress 新奇なドレス.

recent 時期的についぞ先ごろの: a guide book for *recent* mothers 母親になったばかりの人のためのガイドブック.

hot くだけた表現で, ニュースなどが最新の: *hot* news 最新のニュース.

newfangled 軽蔑的な意味合いで, 物や思想などが新しいがあまりよくない: *newfangled* ideas 新奇な考え.

modern 人や物が現代に属する, 特に現代の特徴を有する: *modern* music 現代音楽.

modernistic 時に軽蔑的な意味合いで, 現代的だが永続性がない: *modernistic* furniture 現代的な家具.

original 新しくてその種で最初の: an *original* plan 初めての計画.

■あつかいにくい【扱いにくい】

unruly わがままで規則や拘束に従わない: *unruly* children 手に負えない子供たち.

ungovernable 〈人・動物・激情など〉荒々しくて制御できない《格式ばった語》: an *ungovernable* temper 激しい気性.

unmanageable 〈人や動物, 特に若い人が〉素行が悪くて手に余る: an *unmanageable* boy 手に余る少年.

disobedient 命令・規律などに従わ

ず反抗的で扱いにくい: *disobedient workers* 反抗的な労働者.

intractable 〈人や物が〉素直でなく扱いにくい《格式ばった語》: an *intractable child* 手に負えない子供.

refractory 〈人や動物が〉頑固に抵抗するので扱いにくい《格式ばった語》: a *refractory horse* 御しがたい馬.

■あつかましい【厚かましい】

bold 《悪い意味で》〈人や行動が〉恥じらいや尊敬の念がなくずうずうしい: He is as *bold* as brass. 鉄面皮だ.

brazen 慎みがなく恥知らずな: a *brazen liar* ずうずうしいうそつき.

forward 厚かましく出しゃばりな: a *forward young woman* 若い出しゃばり女.

presumptuous 《悪い意味で》〈人や行動が〉自信過剰のあまり不遜(そん)な態度を示す: It would be *presumptuous* of him to take success for granted. 当然成功すると思い込むなんて僭越(せんえつ)だ.

■あつめる【集める】

gather 〈物・人を〉一箇所に寄せ集める《最も一般的な語》: *gather* data from various sources いろいろな方面から資料を集める.

collect 通例, 雑多なものの中から注意深く選んで整然と集める: *collect stamps* 切手を収集する.

assemble 〈特に人々を〉特定の目的のために集める: *assemble* the pupils in the hall 生徒をホールに集める.

muster 〈軍隊・船の乗組員を〉検閲・点呼などのために召集する: The troops were *mustered* for inspection. 軍隊は閲兵のために召集された.

congregate 〈人々を〉特に集会に集める: They were *congregated* by the bells. 彼らは鐘を鳴らして集められた.

marshal 〈人・事実などを〉集めて整然と配置する《格式ばった語》: *marshal troops for a review* 軍隊を閲兵のために整列させる / *marshal one's thoughts* 考えをきちんとまとめる.

■あてにする【当てにする】

rely 過去の経験に基づいて〈人や物が〉期待通りにしてくれるものと信頼する: I *rely* on him to get it for me. 彼ならそれを手に入れてくれるものと信じている.

trust 何か根拠に基づいて〈人が〉あることをすると確信する: I *trust* you to make the right decision. あなたがきっと正しい決定をするものと思います.

count 信頼して当てにする: I am *counting* on you to help me. 助けてくれるものと当てにしている.

reckon 人や物を当て込む: I didn't *reckon* on finding you here. ここであなたに会おうとは思いもしなかった.

■あな【穴】

hole 固体の中のうろになった空間で, 片側または両側に開口部のあるもの: dig a *hole* in the ground 地面に穴を掘る / peep through a *hole* in the wall 壁の穴からのぞく.

hollow, cavity 固体の内部の空洞, あるいは表面のくぼみ《後者は通例専門用語》: We spent a night in the *hollow* of the rock. 岩のくぼみで夜を過ごした / the oral *cavity* 口腔.

cave 崖や山腹や地下に自然にできたほら穴: They explored the *caves*. 洞窟を探険した.

cavern 大きな cave《格式ばった語》: a vast *cavern* 広々とした洞窟.

excavation 地面を掘ってできた穴: Many people have visited the *excavations*. 発掘場所を見に来た人たちはたくさんいる.

■アマチュア

amateur スポーツや芸術的な技術を職業としてではなく趣味としてする人《しばしば未熟を暗示する》: an *amateur* golfer アマ・ゴルファー.

nonprofessional 職業集団のメンバーに対し,職業としてではなく競技などをする者《特に未熟を暗示することはない》: a *nonprofessional* player アマチュア[ノンプロ]の選手.

dilettante 《軽蔑》道楽半分に芸術などを愛好する人: a musical *dilettante* 音楽のディレッタント.

dabbler 《しばしば軽蔑》真剣な意図なしに片手間に物事をする人: a *dabbler* in astronomy 道楽半分に天文学をやる人.

■あまやかす【甘やかす】

indulge 欲望を抑えずに満足させる: She *indulges* her children too much. 子供を甘やかしすぎる.

humor 相手の望みどおりにさせて喜ばせる: A sick person often has to be *humored*. 病人は好きなようにさせてやらねばならないことがよくある.

pamper 《しばしば軽蔑》非常に親切にし,いろいろ特別なものを与える: The children are *pampered* by their grandmother. 子供たちは祖母に甘やかされている.

spoil 過度に放任したり大事にしすぎて〈特に子供を〉わがままにしてしまう: Grandparents often *spoil* children. 祖父母はよく子供を甘やかして駄目にする.

baby 《口語》赤ん坊のように過度に甘やかす: She *babies* her son. 息子を赤ん坊のように甘やかしている.

mollycoddle 《通例軽蔑》〈人や動物を〉過度に甘やかし大事にする: He *mollycoddles* his daughter. 娘を猫可愛がりする.

■あやまり【誤り】

error 真実・正確さ・正義などから逸脱することでやや非難の感じを示す: Correct *errors*, if any. 誤りがあれば正せ.

mistake 通例不注意・誤解などから生じる誤り《最も一般的な語》: I used your towel by *mistake*. 間違えて君のタオルを使った.

blunder 愚かな不必要な誤り: make an awful *blunder* とてつもないへまをやる.

slip 会話や書き物で不注意から犯す軽い誤り: He often makes *slips* in grammar. よく文法上の誤りをする.

fault 非難の対象となるほどではないが過失・落ち度・間違いの意味での誤り: a *fault* of emphasis アクセントの誤り.

boner 《米俗》ばかげた間違い: pull a *boner* どじを踏む.

■ありふれた

common 日常どこででも見かけるような: a *common* error ありふれた誤り.

familiar 以前見聞きしたことがあるのですぐ認知できる: a *familiar* face 見なれた顔.

ordinary 型にはまっていて珍しくない: *ordinary* people 普通の人々.

popular 一般民衆の間に広く流布し,受け入れられ[好まれ]ている: *popular* music 通俗音楽.

■あれち【荒れ地】

wastes やや文語的な表現で,耕作も人の住むこともできない荒れ地.

wasteland 荒廃して使い道のない土地.

desert 不毛の乾いた,通例砂の平原.

wilderness 人の住まない荒れ地で,特に木や下生えで厚く覆われて道らしいものが見えない地帯.

■あわ【泡】

bubble あぶくの一つ一つを指す《またあぶくのようにはかないものの意味で比喩的に用いられることが多い》: A big *bubble* formed and soon burst. 大きな泡ができたがすぐ消えた.

foam 液体の表面の白っぽい泡のかたまり《次の *froth* と交換して用いることがあるが, *foam* の方が上品な感じを与える》: the *foam* on the sea 海の表面の白い泡.

froth ビールなどの表面の泡《白くなくてもよい》: the *froth* on a glass of beer ビールのグラスの泡.

lather ひげそりの際の石鹸などの泡: work up a *lather* with a sponge スポンジで石鹸の泡を立てる.

■あわれな【哀れな】

pitiful 人や物があまりに痛ましくて哀れみの念を引き起こす: a *pitiful* sight 哀れな光景.

pitiable 哀れみと同時に軽蔑の念を起こさせる: The great party dwindled to a *pitiable* minority. その大きな党も情けないほどの小人数になってしまった.

piteous 《文語》= *pitiful*.

■あわれみ【哀れみ】

pity 自分より下か弱い者の苦痛や不幸を見て感じる悲しみ《時に軽い軽蔑を含む》: feel *pity* for the poor 貧乏人をかわいそうに思う.

compassion 他人の苦しみに対する同情で, 援助したいという衝動を伴うもの: He was filled with *compassion* for the orphans. 孤児に対する同情でいっぱいになった.

commiseration 哀れみや同情(の表現)《格式ばった語》: *Commiseration* won't help. 哀れみは助けとはならない.

sympathy 他人の不幸を心から理解し進んでそれを共有しようとする感情: They don't want pity. What they need is your thoughtful *sympathy*. 彼らは哀れみを欲しているのではない. 彼らに必要なのはあなたの思いやりです.

■あんじする【暗示する】

hint 直接に言わずに〈ある情報を〉暗に伝えようとする: Father *hinted* that I might go to bed. 父はそれとなくもう寝たらどうかと言った.

suggest 〈考えなどを〉間接的に言う: Are you *suggesting* that he is a spy? 彼がスパイだと言っているのか.

imply 〈言外の意味などを〉ほのめかす《その理解には推論が必要なことを暗示する》: Silence sometimes *implies* consent. 沈黙は賛成を意味することがある.

insinuate 《軽蔑》不愉快な方法でほのめかす《格式ばった語》: I *insinuated* to her that she was an idler. 彼女は怠け者だとほのめかしてやった.

■あんぜんな【安全な】

safe 危険を脱して; 危険のない: *safe* from attack 攻撃される恐れのない / Keep your money in a *safe* place. お金は安全な場所に保管しておきなさい.

secure 客観的に見ても危険・損失などの心配のない: *secure* from burglary 強盗に入られる恐れのない.

■あんらくな【安楽な】

comfortable 平安・満足・くつろぎを与える[感じる]: a *comfortable* chair 座り心地のいい椅子 / I feel *comfortable* in this room. この部屋は居心地がいい.

cozy, snug こぢんまりして気楽で暖かい: a *cozy* flat 住み心地のいいアパート / a *cozy* birthday party 小人数で和気あいあいとした誕生パーティー / a *snug* seat by the fire 暖炉のそばの気持ちのよい席.

restful〈色・音楽・部屋など〉安らぎとくつろぎを与える: I find green a very *restful* color. 緑はとても落ち着ける色だと思う.

い

■いいわけ【言い訳】
apology 誤りを認めてわびまたは言い訳をすること：He offered his *apology* for damaging my car. 私の車を傷つけたことをわびた.

excuse 過失の言い訳をして，罰や叱責を免れようとすること：A bad *excuse* is worse than no *excuse*. まずい言い訳をするよりは言い訳をしない方がましだ.

plea 何かをする[しない]言い訳《格式ばった語》：He did not attend the meeting on the *plea* of ill health. 体の具合がよくないという口実で会に出席しなかった.

pretext 真の理由の代わりに挙げる偽りの理由：We must find a *pretext* for refusing. 断る口実を見つけなければならない.

■いう【言う】
say 〈言葉を〉言う：He said no. ノーと言った.

utter 〈叫びや言葉を〉口で発する《格式ばった語》：He didn't *utter* a single word. うんともすんとも言わなかった.

tell 〈話の内容あるいは考えや思想を〉言葉で述べる：I can't *tell* you how sorry I was to hear the sad news. その悲しい知らせを聞いて私がどんなに気の毒に思ったかとても口では言えない.

state 理由を挙げて正式にまた明確に述べる：He clearly *stated* his opinion to them. 彼は自分の意見をはっきりと彼らに述べた.

remark 気づいたことなどを言う：He *remarked* that he did not like the idea. その考えは気に入らないと言った.

■いかり【怒り】
anger 不快と敵意のこもった強い感情《最も一般的な語》：He was quivering with *anger*. 怒りでぶるぶる震えていた.

indignation 不正・不合理などに対して抱く義憤：Cruelty to animals arouses *indignation*. 動物虐待は人に憤りを感じさせる.

rage 自制力を失うほどの激しい怒り：In his *rage*, he broke the vase. かっとして花瓶を割った.

fury 狂気に近いほどの狂暴な怒り《*rage* とほぼ同じだが，*fury* の方が意味が強い》：He was speechless with *fury*. 激怒して口もきけなかった.

wrath 《文語》相手を罰したいという気持ちにかられた激しい怒り《格式ばった語》：the *wrath* of God 神の怒り.

■いきいきとした【生き生きとした】
graphic 鮮明で真に迫った心象を喚起する：a *graphic* description of the battle 生き生きとした戦闘の描写.

vivid 〈記憶・描写などが〉鮮明で詳しいので心にはっきりと焼き付いている：a *vivid* recollection 鮮明な記憶.

picturesque 〈言葉・文体が〉著しく表現力があり生き生きとした：*picturesque* details 生き生きと描写された細部.

■いきている【生きている】

living 有機体が生命を有している (⇔ dead): all *living* things 生きとし生けるもの.

alive [叙述的] = *living*: Is he still *alive*? 彼はまだ生きているのか.

live [限定的] = *living*: a *live* snake 生きているヘビ.

animate 死んだ有機体や無生物に対して,生命のある (⇔ inanimate): *animate* objects (無生物と対比して)生物.

vital 見るからに元気で活力に満ちた状態で生きている《よい意味で比喩的に用いられる》: a *vital* man 活気あふれる男 / a *vital* style 活々した文体.

■いきのびる【生き延びる】

outlive 他人よりも長く生きる: He *outlived* his son by five years. 息子よりも5年間長生きした.

survive 〈災害・危機・事故などを〉切り抜けて生き残る;身近な関係の人よりも長く生きる: *survive* a war 戦争を生き延びる / *survive* one's wife 妻に先立たれる.

■いぎょう【偉業】

exploit 冒険的・英雄的,または輝かしい行為: He won the medal for his *exploits* in the war. 戦争中の武功により勲章を授けられた.

feat 体力・器用さ,さらにしばしば勇気に基づく偉業: Climbing Mount Everest is a *feat*. エベレスト登頂は偉業である.

achievement 特に困難や抵抗を冒して成就しためざましい努力: brilliant *achievements* of science 輝かしい科学の業績.

accomplishment 価値ある目的を立派に達成・完成させた行為,あるいはその仕事[成果]: the literary *accomplishments* of the Brontë sisters ブロンテ姉妹の文学上の功績.

■いきょうと【異教徒】

heathen 《古風》宗教を持たない人,特にキリスト教・ユダヤ教・イスラム教以外の宗教を信じる人に対する軽蔑語.

pagan 世界の主な宗教を信じていない人,特にギリシャ・ローマ人のようなキリスト教以前の多神教徒.

gentile ユダヤ人以外の人;モルモン教徒間では,モルモン教徒でない人.

■いけいのねん【畏敬の念】

awe 恐怖または驚きの混じった尊敬の気持ち: He felt a deep *awe* for the sublimity of the universe. 彼は宇宙の荘厳さに深い畏敬の念を感じた.

reverence 神聖なものに対して抱く愛情の混じった深い尊敬: I have a profound *reverence* for the truth. 真理を深く尊敬している.

veneration 古いあるいは過去の人や物に対する崇敬の念《格式ばった語》: The Japanese hold their ancestors in *veneration*. 日本人は祖先を敬う.

■いけん【意見】

opinion あることについて十分考えて到達した考え《正しいとは限らない》: *Opinion* differs about its values. その価値についてはいろいろな意見がある.

view 多少とも個人の感情や偏見などに色づけされた *opinion*: a sane *view* 妥当な見解.

comment ある問題・作品などについて価値判断を含めての意見: She gives frank *comment* on my work. 彼女は私の作品について率直な意見をくれる.

idea 頭に浮かんでくる考え,物事についての見解で個人的な意見: exchange *ideas* on education with parents 親たちと教育についての意見を交換する.

sentiment ある題目に関して考えたり感じたりしたことの総体: These are my *sentiments*. これが私の感想です.

■いしきして【意識して】

aware あることについての知識・意識を持っている: I am well *aware* of the difficulty. その困難さはよく承知している.

conscious 注意力を集中して, 何が起こっているか気づいている: She is *conscious* of her shortcomings. 自分の欠点に気づいている.

mindful 事柄などを考慮に入れ, 心に留めていること《格式ばった語》: She was *mindful* of her duties. 彼女は自分の責任を忘れなかった.

sensible 《古風》*aware* とほぼ同じで, 感覚を通して気づいている: He was vaguely *sensible* of the danger. その危険に漠然と気づいていた.

■いじめる【苛める】

bait 意地悪いことを言って〈人を〉いじめて喜ぶ: He *baited* his wife for wasting money. 無駄遣いすると言って妻をいじめた.

badger しつこくいじめて[悩まして]追い詰める: The lawyer *badgered* the witness with questions. 弁護士はうるさく証人を質問攻めにした.

bully 弱者をいじめる: Stop *bullying* him その子をいじめるのはやめなさい.

heckle 公開の席上でしつこく質問したりあざけったりして〈演説者を〉困惑させる: A speaker must endure *heckling*. 弁士はやじを我慢しなければならない.

torment 〈人や動物に〉面白半分に, 意地の悪いことをする: She *tormented* her mother by asking silly questions. ばかな質問をして母親を悩ました.

ride 《特に米口語》ひやかしたりあら探しをしたりしていじめる: They *rode* me about my pimples. 彼らは私のにきびをからかっていじめた.

■いしゃ【医者】

doctor 専門を問わず「医者」を表す最も一般的な語: go to the *doctor* 医者に診てもらいに行く.

physician *doctor* と同義であるが, 《米》では格式ばった語, 《英》では古語.

general practitioner 《英》一般開業医《特に専門をもたず全ての病気を診る; 格式ばった語》.

specialist 専門医.

■いじょうな【異常な】

abnormal 標準・平均からはずれていて, 好ましくないという感じ: *abnormal* behavior 異常なふるまい.

unusual めったにあることではないの意味で, よい意味に使われることが多い: a man of *unusual* ability 異常な才能の持ち主.

extraordinary 好ましい意味で, 想像を超え, 並はずれている: *extraordinary* goodness 並はずれた善良さ / at *extraordinary* speed ものすごいスピードで.

■いぜんの【以前の】

previous 時間・順序に関して, 前にくる: a *previous* engagement 先約 / the *previous* owner of the house その家の前の持ち主.

preceding 時間的・空間的に, すぐ前の (⇔ following, succeeding): the *preceding* year その前年 / the *preceding* chapter 前章.

foregoing 前に述べた《陳述に限られる》: the *foregoing* statement 上述したこと.

former 時間的に, 前の (⇔ latter): the *former* president 前社長.

■いそがしい【忙しい】

busy 「忙しい」の意の最も一般的な語: Sorry, I'm too *busy* to come. 悪いけど忙しくて行けないよ.

engaged 特定の仕事を一所懸命やっている: She's *engaged* in writing letters. 彼女はせっせと手紙を書いている.

occupied 特定の仕事で忙しい: He's *occupied* in writing a novel, I hear. 彼は小説を書くのに忙しいらしいよ.

engrossed 特定の仕事を一所懸命楽しげにやっている: He was *engrossed* in the novel. 彼はその小説に夢中になっていた.

■いそぎ【急ぎ】

haste あることを(あまりにも)急いですること: We went straight to the scene in *haste*. 急いで現場へ直行した.

hurry 興奮・騒ぎなどのためあわてること: Why are you in such a *hurry*? なぜそんなにあわてているのか.

speed 運動・操作が急速なこと: The more haste, the less *speed*. 《諺》急がば回れ.

expedition 容易に効率よく仕事を行うこと《格式ばった語》: They proceeded with their work with *expedition*. てきぱきと仕事を続けた.

dispatch 《古風》仕事を即座に片づけること: The general commanded that we should act with *dispatch*. 将軍は我々に迅速に対処せよと命じた.

■いちばんの【一番の】

chief 〈人や物が〉階級・権限・重要性において第一位の: a *chief* examiner 主任試験[審査]官.

principal 〈人や物が〉大きさ・地位・重要性の点で他よりもすぐれている《chiefよりも格式ばった語》: the *principal* products of Japan 日本の主要産物.

main 同類の物の中で大きさ・重要性において秀でている: the *main* street of a city 都市の本通り.

foremost 先頭の位置にある: He is among the *foremost* painters of this century. 今世紀屈指の画家の一人だ.

leading 率先して指揮する能力のある: the *leading* men of the day 当代の指導的人物.

■いちような【一様な】

steady 運動が規則正しく,偏り・変動がない: a *steady* light 揺るがない光.

even 不規則・不ぞろいがない: an *even* beat of the heart 心臓の規則正しい鼓動.

uniform いつも[どこも]一様で変化がない: boxes of *uniform* size 同じ大きさの箱.

regular 《通例よい意味で》形にむらがなく整っている: *regular* features 整った目鼻立ち.

constant 〈程度など〉一定不変の: Keep it at a *constant* temperature. 一定の温度に保ちなさい.

■いったい【一隊】

troop 人や動物の一隊・一群《軍隊の意味では複数形》: a *troop* of schoolboys 男子生徒の一団.

troupe 俳優やダンサーなどの一座: a ballet *troupe* バレエの一座.

company 特定の(特に商業上の)目的のために団結した一群の人々: a theater *company* 劇団.

band 共通の目的で結びついた一群の人々: a *band* of robbers 盗賊団.

■いっちする【一致する】

agree 〈二つの話・計算・合計などが〉お互いに同一である: Your explanation does not *agree* with the facts. 君の説明は事実と一致していない.

coincide すべての点で完全に一致する: My taste in clothes *coincides* with that of my wife. 私の衣服の趣味は妻のとぴったり合う.

conform 法律・基準に従う[合致する]: This does not *conform* with our arrangements. これは私たちの取り決めに合致しない.

accord 〈二者が〉ぴったり適合する《格式ばった語》: His account of the accident *accords* with yours. その事故に関する彼の話は君のとぴったり一致する.

harmonize 〈互いに異なる物が〉うまく調和する: Red *harmonizes* with black. 赤は黒と調和する.

tally 〈二つの数または陳述が〉符合する: His theory does not *tally* with the facts. 彼の説は事実と合わない.

■いっつい【一対】

pair 同種の二つの物で必ず二つをひと組にして用いられるもの: a *pair* of shoes 一足の靴 / a *pair* of scissors はさみ一丁.

couple 何かの点で結びついている同種の二つの物《しばしば＝two》: a married *couple* 夫婦 / a *couple* of weeks 2週間.

brace 主に犬や猟鳥の一つがい: a *brace* of partridge ヤマウズラの一つがい.

■いっぱんてきな【一般的な】

prevailing 一定の時に最も広くまた優勢に行なわれている: the *prevailing* opinion among conservative people 保守的な人々に一般的な見解.

prevalent 一定の時と場所に流行している《*prevailing* と違って最も広く行なわれていることは必ずしも意味しない》: ideas *prevalent* in the Renaissance ルネサンスに流行していた概念.

widespread 地域的に広くゆきわたった: *widespread* flooding 広範囲にわたる洪水.

current 現代において広く受け入れられている: The superstition is still *current*. その迷信はまだ広く受け入れられている.

■いつもの【何時もの】

usual たいていの場合に行なわれる: the *usual* supper いつもの夕食.

customary 個人または集団の慣例に一致する: It is *customary* for me to get up at seven. 7時に起きるのが私の習慣だ.

accustomed *customary* とほぼ同意の格式ばった語; ある個人に特有の習慣となり, すっかりなじんでいて普通の: her *accustomed* attitude of optimism 彼女のいつもの楽天的な態度.

habitual 〈行為が〉習慣によって固定した: a *habitual* drinker 常習的な酒飲み.

■いつわりの【偽りの】

false 本物らしく見せかけて作った《時に人を欺く意図を含む》: *false* teeth 義歯 / a *false* coin 偽造硬貨.

sham あるものに見せかけた《通例人を欺く意図がある》: *sham* compassion 見せかけの同情.

counterfeit 〈金・宝石などが〉本物として通るほど入念に偽造されている《常に人を欺く意図を含む》: *counterfeit* money にせ金.

fictitious 現実・事実とは違う架空の, 虚構の意《常に人を欺く意図とは限らない》: under a *fictitious* name 偽名で.

spurious 格式ばった語で「本物でない」の意《必ずしも人を欺く意図を含まない》: a *spurious* MS 偽筆の稿本 / *spurious* gaiety 見せかけの陽気さ.

bogus にせものの《人を欺く意図を含

む)): *bogus* ten-dollar bills にせものの 10 ドル紙幣.

fake 時に人を欺くために本物らしく見せかけたまやかしの: *fake* pearls 模造真珠.

■いと・もくてき【意図・目的】

intention あることをしようとする気持ち: He had no *intention* of going back. 戻る意志は少しもなかった.

intent 〔法律〕しようと考えていること((*intention* よりも熟慮の意味が強い)): He entered the building with a criminal *intent*. 犯意をもってその建物に入った.

purpose 明確な決意を伴った目的: For what *purpose* are you doing that? 何の目的でそんなことをしているのか.

aim 明確な努力目標: Her *aim* is to become a teacher. 彼女の目標は教師になることだ.

design 心に抱いているもくろみ: sinister *designs* 腹黒い計画.

goal 努力・野心などの到達点((達成したら努力をやめるという含意がある)): achieve a *goal* 目標を達成する.

end 原理原則に則った目的((格式ばった語)): The *end* justifies the mean. 目的は手段を正当化する.

object 努力・行為・希望などに向けられる目標: He has no *object* in life but to make money. 金もうけ以外に何も人生の目的がない.

objective 達成することのできる具体的な目的: My *objective* for the present is to write a historical novel. 当面の目標は歴史小説を書くことだ.

■いどうする【移動する】

move ある場所から他の場所へ動かす((一般的な語)): *Move* your chair nearer to the fire. いすを暖炉のもっと近くに動かしなさい.

remove 〈人や物〉を元の位置あるいは通常の場所から新しい場所へ動かす: *remove* a poster from the wall 壁からポスターを撤去する.

shift 場所や方向を少し変える((不安定・不安を暗示することがある)): The wind has *shifted*. 風向きが変わった.

transfer 別な場所・仕事・乗り物などに変わる[変わらせる]: *transfer* the office from Boston to New York 事務所をボストンからニューヨークに移す / At Glasgow I *transferred* to another train. グラスゴーで別の列車に乗り換えた.

■いとする【意図する】

intend 特定の目的の達成に心を向けている: I *intend* to go to France this summer. この夏フランスへ行くつもりだ.

mean, aim *intend* とほぼ同義に用いるが, 前者は目的達成の意味が弱く, 後者は強い: I've been *meaning* to write to you all week. 今週ずっと君に手紙を書こうと思っていた / *aim* for the world record 世界記録を狙う.

design 明確な意図をもっている((格式ばった語)): He *designed* his son for a doctor. 息子を医者にするつもりだった.

propose 用意周到な計画を立てている((格式ばった語)): I *propose* to visit Sydney this summer. この夏シドニーを訪れるつもりだ.

■いとてきな【意図的な】

intentional ある行為を偶然にではなく意図的に行った: *intentional* damage 故意の損傷.

deliberate 前もって計画し, 偶然ではなく意図的な: a *deliberate* lie 故意のうそ.

willful 他人に害を与えることを知りながら, それを意図して: a *willful* injury 故意の傷害.

■いなかの【田舎の】

rural 都会生活と対立した田園・田舎の《田舎の楽しい、のどかな面を強調する》: *rural* life 田園生活.

rustic 田舎の《粗野・素朴さを強調し、よい意味でも悪い意味でも用いられる》: *rustic* charm 素朴な田舎の味 / *rustic* furniture 粗野な家具.

pastoral 《文語》理想化された田園生活の: *pastoral* scenery 田園風景.

■いにんする【委任する】

commit 〈人や物を〉他の人の保管・管理に委ねる《基本的な語》: The child was *committed* to the care of an aunt. 子供はおばの手に預けられた.

entrust 相手を信頼して〈大事な物を〉委ねる: I *entrusted* my door keys to my neighbor. 戸口の鍵を隣人に預けた.

confide 全面的に信用して預ける《格式ばった語》: Can we *confide* the future of this country to these people? わが国の将来をこの連中に任せてはおけようか.

consign 〈人や物を〉他の人の管理に移す《格式ばった語》: He *consigned* his guns to the care of his nephew. 彼は自分の銃の管理を甥(おい)に任せた.

■いのちとりの【命取りの】

fatal 「死をもたらす、死につながった」の意味で、結果として死に至ることを意味する: a *fatal* wound 致命傷.

deadly 命にかかわるほどで、おそらく死を引き起こしそうな: Cyanide is a *deadly* poison. 青酸カリは劇毒である.

mortal 状態・出来事などについて、死を思わせるような: a *mortal* illness 死病.

lethal 死をもたらす(力のある)《格式ばった語》: a *lethal* dose of poison 致死量の毒薬.

■いふく【衣服】

dress 男女の外部に付ける衣類; 狭義には、婦人・少女用のワンピース型の衣服: in formal *dress* 正装をして / She made a *dress* for her doll. 人形にドレスを作ってやった.

clothes 「衣服」を意味する一般的な語《シャツ・上着・ズボン・ドレスなど》: He wears very expensive *clothes*. 大変高価な服を着る.

garment 通例 *clothes* の一点を指すが、衣類全般を指すやや気取った語でもある.

clothing *clothes* の総称、または特殊なタイプの *clothes*: food, *clothing*, and shelter 衣食住 / You'll need waterproof *clothing*. 防水服が必要でしょう.

costume ある国・時代・民族に特有の服装《しばしば舞踏会・舞台で使用される》: the *costume* of the Elizabethan era エリザベス朝のコスチューム.

apparel 《主に米》衣服 (*clothing*) を指す特に商店・業界用語; 《英・文語》(特に特別な機会に着る)服装: Fall *Apparel* Fashion Show 秋のファッションショー / a young woman in full wedding *apparel* ウェディングドレスに正装した若い女性.

attire 通例修飾語を伴ってある印象を与える服装《格式ばった語》: his strange *attire* 彼の奇妙な服装.

garb 人が着ている衣類一式《特に奇抜な服や職業を示す服》: a judge's *garb* 判事の衣服、法服.

raiment 《古》= *clothing*.

■いみ【意味】

meaning 最も意味の広い語で言語・記号・身振り・絵画などが指示する[表す]もの: the *meaning* of a word 語の意味.

sense 特に語句の特定の意味: This word has several *senses*. この語にはい

くつかの意味がある.

import 特に明確に表現されていない意味《格式ばった語》: I could not grasp the full *import* of his words. 彼の言葉の意味を十分に理解することができなかった.

purport 言明・手紙などの全体的な意味《格式ばった語》: the *purport* of his telegram 彼の手紙の要旨.

signification 語・記号の表す意味《格式ばった語》: the usual *signification* of this word この語の普通の意味.

significance あるものの意味; 重要性: the real *significance* of his words 彼の言葉の真の意味.

implication 明言されないが話された言葉によってほのめかされる意味: the *implication* of one's remarks 言葉の含み[含蓄].

■いみする【意味する】

mean *denote* と *connote* を合わせた意味を表す一般語: What does this word *mean*? この語はどういう意味ですか.

denote 〈語が〉その必要最小限の定義として意味する: A mother *denotes* a female parent of a child. 母親とは子供の女性の親を意味する.

connote 〈語が〉それから連想される感情や観念を暗示する: The word 'mother' *connotes* affection and tenderness. 母親という語は愛情や優しさを暗示する.

■いやがって【嫌がって】

reluctant 嫌悪・不決断などで気が進まない: *reluctant* to marry 結婚を嫌がって.

disinclined 好みに合わないか不賛成のため意欲が湧かない: I feel *disinclined* to argue with you. 君とは議論したくない.

loath 積極的に強い嫌気を感じている《格式ばった語》: She was *loath* to part from him. 彼と別れたがらなかった.

averse *loath* ほど強い嫌気ではないが, 長期間にわたってあるものを嫌っている《格式ばった語》: I am *averse* to borrowing money. 私は借金するのはいやだ.

■いような【異様な】

fantastic 〈話など〉非常に奇妙で信じがたい; 〈計画・考えなど〉あまりにも極端または現実離れしていて実行できそうもない: a *fantastic* story 途方もない話 / a *fantastic* plan とっぴな計画.

bizarre 驚くべき不調和などのために並外れて風変わりな: *bizarre* behavior 異様な行動.

eccentric 〈人・行為が〉普通とはかけはなれ, 他人に違和感を抱かせる《好ましくないという意味をもつ》: an *eccentric* person 変人.

grotesque 外見が滑稽なまでに不自然にゆがめられている: *grotesque* monsters グロテスクな怪物.

■いらだてる【苛立てる】

irritate いらいらさせて怒らせる: His silly questions *irritated* me. ばかな質問で私はいらだった. (⇨怒らせる)

exasperate 激しくいらいらさせる: He was *exasperated* by her continual banter. 絶えずからかわれてかっとなった.

nettle 一時的にむっとさせる: She was *nettled* by his rude questions. 無礼な質問でむっとした.

rile 《口語》いらいらさせて怒らせる: Don't get *riled*. いらいらしなさんな.

peeve 《俗》いらいらさせる, じらす: He was *peeved* about it. そのことでむしゃくしゃしていた.

provoke 挑発して強いいらだちを起こさせる: Don't *provoke* the dog. その犬を怒らせてはいけない.

aggravate ((口語)) 絶えずじらして怒らせる: He was *aggravated* by her continual complaints. 彼女ののべつの不平に腹を立てた.

■いれる【入れる】

introduce なかったものを加える: He *introduced* some new data in the second edition of his book. 彼は自著の第二版に新しいデータを付け加えた.

insert 二つのものの間に差し込む: *insert* a key in a lock 錠前に鍵を差し込む.

insinuate 徐々に入り込む: The ivy *insinuates* itself into every crevice. ツタはどんなすき間にも徐々に入り込む.

interpolate 本などに本来なかった語句を書き入れる: These sentences were evidently *interpolated* into the manuscript by two different scribes. これらの文は明らかに二人の異なった写字生が写本に書き入れたものだ.

interject, interpose 突然〈言葉を〉差しはさむ((共に格式ばった語で, 前者は突発的, 後者は意図的といったニュアンスがある)): *interject* [*interpose*] a question 不意に質問をする.

■いわう【祝う】

celebrate (儀式・祭典によって)〈喜ばしい出来事を〉祝う: They *celebrated* their golden wedding. 金婚式を祝った.

commemorate 儀式を挙げて〈人や出来事〉の思い出に敬意を表する: *commemorate* Washington's birthday ワシントンの誕生日を祝う.

solemnize 宗教上の儀式を挙げて〈特に結婚式を〉執り行なう((格式ばった語)): *solemnize* a wedding 厳粛に結婚式を執り行なう.

observe 〈祭日・誕生日・記念日などを〉規定された方法で祝う: We *observe* Christmas. クリスマスを祝う.

congratulate (…のことについて)〈人を〉祝う: I *congratulate* you on your marriage. ご結婚おめでとう.

■いんご【隠語】

jargon, cant ある職業や学問分野で使用される, 他の人にはわけのわからない専門語((通例軽蔑)): legal *jargon* 法律上の特殊用語 / sociological *cant* 社会学の特殊用語.

lingo ((戯言または軽蔑)) 自分にわからない外国語または専門語: I can't understand a word of the stockbroker's *lingo*. 株屋用語はてんでわからない.

argot 特に盗賊・浮浪者の使う特殊用語: The *argot* of thieves is meaningless to other people. 盗賊の隠語はほかの人たちにはわけがわからない.

う

■うえつける【植え付ける】

implant 〈思想などを〉人の心に植え付ける《格式ばった語》: My father *implanted* a hatred of violence in my mind. 父は私の心に暴力を憎む気持ちを植え付けた.

imbue, infuse 〈人(の心)〉に〈感情・思想などを〉吹き込んで活気づける《共に格式ばった語であるが, 後者は一時的な影響の含みがある》: He was *imbued* with communism. 共産主義を吹き込まれていた / He *infused* patriotism into the minds of the citizens. 彼は市民の心に愛国心を吹き込んだ.

inculcate 思想・主義などを反復して〈人(の心)〉にたたき込む《格式ばった語》: He *inculcated* the child with a love of knowledge. 子供に知識愛を吹き込んだ.

ingrain 心や性格にしっかりと刻み付ける: Selfishness is *ingrained* in his character. 利己心が彼の性格にしみ込んでいる.

instill 〈思想などを〉〈人(の心)に〉徐々に吹き込む《格式ばった語》: She tried to *instill* in her son a sense of responsibility. 彼女は息子に責任感を徐々に植え付けようとした.

■うけとる【受け取る】

receive 与えられた[送られた]物を受け入れる《受け取り人の同意を必ずしも含意しない》: *receive* a letter 手紙を受け取る / *receive* a blow 一撃をくらう.

accept 提供されたものを喜んで受け取る: *accept* an invitation 招待に応じる.

take 提供されたものを受け取る[受諾する]: I can't *take* money from you. あなたからお金は受け取れない.

■うごきまわる【動き回る】

itinerant 特に仕事であちこち旅行している《格式ばった語》: *itinerant* laborers 移動労働者 / an *itinerant* library 巡回図書館.

ambulatory, ambulant 歩行のできる: an *ambulatory* patient 歩行可能の患者.

peripatetic あちこち渡り歩く《格式ばった語》: a *peripatetic* preacher 巡回説教師.

nomadic 〈種族が〉定まった住居を持たず家畜とともにあちこち移動する: a *nomadic* tribe 遊牧民.

vagrant 〈放浪者が〉定まった住居を持たず転々と歩き回る: a *vagrant* gypsy 放浪のジプシー.

■うすい・ほそい【薄い・細い】

thin 二つの表面間の距離が少ない; 〈人が〉肉付きが少なくやせている; 比喩的には, 充実・中身がないことを暗示する: *thin* paper 薄い紙 / a *thin* argument 中身のない議論.

slim ほっそりした《時にひ弱さ・やつれを暗示する》; 比喩的には, *slender* よりさらに不十分な: a *slim* waist ほっそりした腰 / a *slim* chance 乏しいチャン

ス.

slender 《よい意味で》〈人や体が〉優美にほっそりした；比喩的には，僅少・薄弱を意味する： a *slender* woman ほっそりした女性 / a *slender* income わずかな収入．

slight 〈物事が〉ほんのわずかな；〈人が〉非常にほっそりしてひ弱そうな： a *slight* difference ほんのわずかな違い / a *slight* woman きゃしゃな女性．

■ **うそ**【嘘】

lie 人をだますための偽りの発言で，強い非難の感じを持つ： You're telling *lies*. そんなのうそだ．

untruth 事実ではなく間違った陳述の意味で，客観的な表現《しばしば *lie* の婉曲語》： I'm afraid you are telling an *untruth*. どうも君の言っていることは真実ではないようだ．

falsehood 人を欺くために事実を曲げたり隠したりした陳述《格式ばった語》： He told a *falsehood* about his ancestry. 家系についてうそを言った．

fib 実害がなく些細なうそ《しばしば自分または他人の顔を立てるためのもの》： a polite *fib* 儀礼上ついた軽いうそ．

■ **うたがわしい**【疑わしい】

doubtful 〈事が〉不確かである；〈人が〉疑いをいだいている： a *doubtful* story 不確かな話 / I am *doubtful* of its accuracy. それが正確かどうか疑わしい．

dubious 〈事が〉不審・疑いをいだかせる；〈人が〉漠然とした疑惑を感じている《通例否定的判断》： *dubious* gains 不審なもうけ / I am *dubious* of its accuracy. それが正確かどうかいささか怪しい．

suspicious 〈事が〉疑いをかけられるような；〈人が〉疑い深い： *suspicious* actions うさん臭い行為 / a *suspicious* nature 疑い深い性質．

questionable 〈事が〉真実性などについて疑うべき理由がある《しばしば道徳上の強い疑惑を表す》： *questionable* conduct いかがわしい行為．

■ **うちきな**【内気な】

shy 性格的に，または未経験から人に接したがらなかったり，他人の前で話をするのをいやがる： He is *shy* with girls. 女の子に対してはにかむ．

bashful 内気でぎこちなく憶病な： She is *bashful* with strangers. 見知らぬ人に恥ずかしがる．

modest 才能・学識がありながら態度が謙遜な： He is *modest* about his achievements. 自分の業績のことを自慢しない．

■ **うつ**【打つ】（⇨たたく）

beat 手や棒などで繰り返したたく《最も一般的な語》： *beat* a drum 太鼓をたたく．

pound 重い物でどしんどしんとたたく： He *pounded* the fence with a hammer. ハンマーでフェンスをどしんどしんとたたいた．

pummel 〈人を〉こぶしで連続的にめった打ちにする《通例 *beat* よりも傷害が大きい》： I *pummeled* his nose. 彼の鼻をげんこでめった打ちにした．

thrash 〈人や動物を〉特に罰としてつえやむちで繰り返しなぐる： He *thrashed* the boy for stealing an apple. 男の子がりんごを盗んだのでつえで打ちすえた．

flog 罰として〈生徒などを〉棒やむちでびしびしなぐる： The teacher *flogged* the lazy boy. 先生は怠惰な生徒をびしびしむち打った．

whip 〈人や動物を〉特に罰としてむちで打つ： *whip* a mule ラバをむち打つ．

■ **うつくしい**【美しい】

beautiful 感覚・精神に最も深い喜び

を与える《最も一般的な語》: a *beautiful* scene 美しい光景 / a *beautiful* lady 美しい婦人 / *beautiful* music 美しい音楽. ★ 人の場合は，通例たぐい稀な美しい女性についていう．

lovely 人の心に温かく訴えかけるような美しさについていう: a *lovely* girl 愛らしい少女 / a *lovely* dress 美しいドレス.

handsome 均斉がとれて美しい《男性美・威厳を暗示する》: a *handsome* young man 美青年. ★ 造作(ぞうさく)が大きくて凛(りん)とした魅力をもつ女性についても用いる．

pretty 〈女性が〉きれいでかわいらしい: a *pretty* face きれいな顔 / a *pretty* little baby かわいい赤ちゃん.

good-looking 〈人が〉気持ちよく美しい容貌をした: a *good-looking* boy 男前の少年.

comely 《文語》〈特に女性が〉容姿に健康的な魅力がある: a *comely* young woman 器量よしの若い女性.

fair 《文語》= *beautiful*《特に女性が》: a *fair* maiden 美しい乙女.

■ **うらやましい**【羨ましい】

enviable 〈人を〉うらやましがらせるような: His command of French is *enviable*. 彼のフランス語の力はうらやましい．

envious 〈人が〉うらやましがる，ねたみ深い: I'm *envious* of your command of French. 君のフランス語の力はうらやましい．

■ **うんどう**【運動】

motion 動いている行為・過程《一般的な語で特に抽象的に用いられる》: the *motion* of heavenly bodies 天体の運行．

movement 特定の方向への動き: the graceful *movements* of a dancer ダンサーの優美な動き．

move 動き始めること: He made a *move* to go out of the door. 彼はドアから立ち去る動きを見せた．

stir 静かにしていたものの(かすかな)動き: Not a *stir* was heard. こそとの音もしなかった．

■ **うんめい**【運命】

fate 抵抗しがたく出来事を支配していると考えられる力: It was his *fate* to be exiled. 追放されるのが彼の運命であった．

destiny 必ず起こって変更したり制御したりできないこと《よい結果を暗示することもしばしばある》: It was his *destiny* to lead the nation. 国家を導くのが彼の運命だった．

doom 不幸または悲惨な *fate*: He met his *doom* bravely. 勇ましい最後を遂げた．

fortune 幸・不幸のいずれでもよいが，好ましい運命という感じが強い語；また運命の女神を表す: tell one's *fortune* 人の運命を占う．

lot 《文語》くじで決まるようなでたらめな運の割り当て: It seemed her *lot* to be unhappy. 不幸なのが彼女の定めのようだった．

え

■ えいえんの【永遠の】

eternal 時間上の始まりも終わりもない: the *eternal* God 永遠の神.

everlasting 《文語》いつまでも存在し続ける: *everlasting* fame 不朽の名声.

endless 時間的にも空間的にも果てしがないように思われる《しばしば誇張的》: an *endless* argument 果てしのない議論.

perpetual 動作の持続性を強調し, 絶え間なく永遠につづくの意: *perpetual* damnation 永遠につづく天罰.

interminable 《悪い意味で》我慢できないくらい長たらしい: an *interminable* sermon いつまでたっても終わりそうもない説教.

unceasing 終わることなく継続する: *unceasing* effort 絶え間ない努力.

■ えいきょうする【影響する】

affect 反応を誘発するほど強い刺激を与える: Smoking *affects* health. 喫煙は健康に影響する.

influence 〈動作主が〉特定の方向へ向かうように間接的に働きかける: I was *influenced* more by my father than my mother. 私は母よりも父の影響を多く受けた.

touch 〈人〉に情緒的な反応を起こさせる: The sad story *touched* us deeply. その悲しい話に深く心を動かされた.

move 〈人〉に極めて強い感情(特に悲しみ)を起こさせる《*touch* よりも強意的》: Her sad story *moved* me to tears. 彼女の悲しい身の上話に感動して私は涙を流した.

sway 〈人〉の意見や行動を変えさせるほど強い影響を与える: His opinion may *sway* the whole committee. 彼の意見は委員全員の意見を左右するかもしれない.

■ えいきょうりょく【影響力】

influence 何らかの形で人の思考や行動・状況などに影響を及ぼす力: I have some *influence* with the local businessmen. 土地の実業家に対して少々顔がきく.

prestige 物質的成功または社会的身分による名声または影響力: The firm has acquired an increased *prestige*. その会社は威信を増した.

weight 効果の大きい影響力: His opinion carries a lot of *weight*. 彼の意見は大きな影響力がある.

■ えだ【枝】

branch 大小を問わず木の枝《一般的な語》: The *branches* waved in the breeze. 木の枝が風にそよいだ.

bough 大きな枝で, 通例花・果実が付いたもの: those *boughs* of flowering plums 花の咲いているあのプラムの大枝.

limb 《文語》木の(大きな)枝: The wind broke a whole *limb* from the tree. 風で大枝が一本まるごともぎ取られた.

shoot 若くて伸び切っていない枝: the

fresh *shoots* of the oak 樫の木の若枝.
twig 木ややぶの主な枝から伸びている小さく細い枝: Some birds build nests from *twigs*. 鳥の中には小枝で巣を作るものがいる.
spray 特に木や草の花の付いている小さい枝: a *spray* of apple blossoms りんごの花の小枝.
sprig 低木や草から手折った葉の付いている小枝《飾りまたは料理に用いる》: a *sprig* of thyme 葉の付いたタイムの小枝.

■えらぶ【選ぶ】
choose 自分の判断でいくつかの物から一つを取る: I always *choose* books carefully. いつも本は吟味して選ぶ.
select 広い範囲から慎重に選び出す: *select* a few books for children 子供用に少数の本を選び出す.
pick いくつかの物から選ぶ《choose, select より意味合いが広く, 必ずしも判断力, 慎重さといったニュアンスを含まない》: She *picked* a nice tie for me. 彼女は私にすてきなネクタイを選んでくれた.
elect 〈人を〉公式に投票して選ぶ: He was *elected* mayor of the town. その町の市長に選ばれた.
prefer ほかの物よりも好む: I *prefer* the country to the town. 町よりも田舎の方が好きだ.
cull 良いものをえり抜いて集める《格式ばった語》: phrases *culled* from ancient poets 古代詩人名句集.
single out 多くの中からその重要さゆえに一つ[一人]を選び出す: They *singled* her *out* of the applicants. 志願者の中から彼女一人を選んだ.

■える【得る】
get 努力・意志の有無に関わらず, 手に入れる《最も一般的な語》: *get* a ticket for the concert コンサートの切符を買う / *get* a present プレゼントをもらう.
obtain 〈ほしい物を〉努力して獲得する: He *obtained* a position. 職を得た.
gain 〈有用[必要]な物・ほしい物を〉苦労して手に入れる《格式ばった語》: *gain* a victory 勝利を得る.
acquire 自分の能力・努力・行為によって徐々に手に入れる: You must work hard to *acquire* a good knowledge of English. 英語の十分な知識を身につけるには猛勉強しなければならない / *acquire* a taste for wine ワインの味がわかるようになる.
earn 〈自分に値するものを〉得る: *earn* a reputation for honesty 正直の評判をとる.
win 競争・抵抗に打ち勝って〈望ましい物を〉得る: The book *won* him fame. その本で彼は名声を得た.
procure 工夫・策略によって獲得する: I must *procure* a copy. 一部入手しなければならない.
secure 努力した結果, 確保する《格式ばった語》: I *secured* a seat in the theater. 劇場の座席を確保した.

■えんかい【宴会】
feast お祝いとして多数の客にご馳走を供する宴会: a wedding *feast* 結婚披露宴.
party 公式・非公式をとわず, 相集って飲食をし歓談をすること《最も日常的な語》.
banquet 特定の人・機会を祝う儀式としての公式の宴会: A *banquet* was given in honor of the hero. その英雄を主賓として大宴会が催された.

■えんきする【延期する】

delay 〈早速なすべきことを〉適当な時期まで延ばす《しばしば非難の意味を含む》: I *delayed* seeing the dentist. 歯医者に行くのを先へ延ばした.

defer 好機を待つために将来のある時まで延ばす: I *deferred* going to London until I had more time. もう少し暇ができるまでロンドンへ行くのを延ばした.

postpone 通例一定の時期まで故意に延期する: We *postponed* our meeting for a week. 集会を1週間延期した.

suspend 〈決定の実行を〉一時延期する: *suspend* punishment 処罰を一時延期する.

put off 《口語》= postpone: He *put off* going till next week. 来週まで行くのを延ばした.

■えんぜつ【演説】

speech 集会などで聴衆に向かってする講演: an opening *speech* 開会の辞.

address かなり著名な人物によって周到に準備され,儀式ばった際に行なわれる演説: an inaugural *address* 就任演説.

oration 特に美辞麗句を連ねた,形式ばった公式の講演《格式ばった語》: a funeral *oration* 追悼演説.

harangue 群衆などに対する熱烈で長い演説: launch into a long *harangue* 長広舌をふるい始める.

talk くだけた講話: three *talks* on London ロンドンに関する3回講話.

discourse 特定のテーマについて周到に準備された長い講演: a *discourse* on Shakespeare シェイクスピアについての講演.

お

■おいしい
delicious, good《口語》**, nice**《口語》〈食べ物〉の味がよい: The pie was *delicious* [*good*, *nice*]. パイはおいしかった.

luscious 〈食べ物が〉汁気が多くてとてもおいしい《格式ばった語》: a *luscious* peach とてもおいしい桃.

delectable 〈食べ物が〉非常においしい: *delectable* wine とてもおいしいワイン.

tasty 風味のよい: a *tasty* dish 風味のよいお料理.

■おう【王】
king 通例世襲によって王国を統治する男性の主権者: the *king* of Spain スペイン王.

sovereign 一国の最高権力者としての国王・女王・皇帝《格式ばった語》: the relation between the *sovereign* and the subject 君主と臣民との関係.

monarch《文語》世襲によって一国を統治する国王・女王・皇帝: an absolute *monarch* 絶対君主.

■おうこく【王国】
kingdom 王または女王の統治する国.

monarchy 世襲的に一人の君主 (monarch) が統治している政治形態または国.

realm《文語》《法律》王または女王が統治している国.

■おうへいな【横柄な】
masterful 主人風を吹かせて自分の意志を他人に押しつける: a *masterful* man 横柄な人.

domineering 他人の感情を無視した傲慢な態度で自分の意志に従わせようとする: a *domineering* leader 威張りちらす指導者.

peremptory《軽蔑》自分の命令に質問などさせず, すぐ反応することを期待する《格式ばった語》: *peremptory* commands 有無をいわせない命令.

imperious 自分の権威に服従させようとして高慢な態度で威張りちらす《格式ばった語》: I dislike his *imperious* manner. 彼の高飛車な態度がきらいだ.

magisterial 権威ある地位にあるかのような行為・話し方をする《格式ばった語》: He commanded in a *magisterial* tone. 威張った調子で命令した.

■おおい【多い】
many 数がたくさんの《数は明示されていない》: *Many* people think so. 多くの人がそう考えている.

numerous 非常にたくさんの《*many* より格式ばった語》: *numerous* letters 非常にたくさんの手紙.

innumerable, numberless, countless 数えきれないくらい多数の《しばしば誇張》: *innumerable* bees 無数のミツバチ.

manifold 多数であるばかりでなく多種多様な《格式ばった語》: *manifold* problems 多くのいろいろな問題.

■おおきい【大きい】

large *big* とともにサイズ・量が大きいことを示す一般的な語；*big* に比べると客観的に大きいという感じを表す: a *large* house 大きな家 / a *large* number [amount, quantity] たくさんの数[量]《この場合は *big* は使えない》.

big *large* よりも口語的で, 感覚的に大きいという気持ちを示す: a *big* car 大きな車.

huge やや誇張して「とても大きい」の意味: a *huge* plane 大きな飛行機.

■おおげさな【大袈裟な】

exaggerated 誇張された: an *exaggerated* report [account] 誇大な報告[説明].

bombastic 〈人や言葉が〉大げさで内容がない: His *bombastic* words signify nothing. 彼の大げさな言葉は何の意味もない.

grandiloquent 《軽蔑》〈人や言葉が〉不必要に難しい単語を使用する《格式ばった語》: the *grandiloquent* boast of weak men 弱い男どもの大言壮語.

flowery 〈言葉が〉美辞麗句の多い: the *flowery* style of her letters 彼女の手紙の美文調.

euphuistic 〈言葉や文章が〉極端に技巧的で思想を犠牲にして効果をねらうような: an *euphuistic* writer 美辞麗句を並べる作家.

turgid 《悪い意味で》〈文体が〉仰々しく意味が分かりにくい: His *turgid* style lacks genuine feeling. 彼の仰々しい文体は真情に欠ける.

■おおごえの【大声の】

loud 声が大きくて遠くまで響く《最も一般的な語》: He gave a *loud* laugh. 高笑いをした.

vociferous 人に聞いてもらおうとして大声で騒々しく話す《格式ばった語》: a *vociferous* crowd やかましく叫ぶ群衆.

earsplitting 〈音・声が〉耳が裂けるほど大きな: an *earsplitting* scream 耳が裂けるような金切り声.

stentorian 文語的な語で, 声が大きく力強い: a *stentorian* voice 大音声.

■おきかえる【置き換える】

replace あるものを別のものと取り替える: *replace* autocracy by constitutional government 独裁政治を立憲政治で置き換える.

supercede すぐれた, またはより新しいものが取って代わる: Will airplanes *supercede* trains? 飛行機は鉄道に取って代わるだろうか.

supplant 特に, 策略・陰謀などによって取って代わる: The Prime Minister was *supplanted* by his rival. 首相は政敵に地位を奪われた.

■おく【置く】

put 特定の場所に置く: He *put* his pen on the desk. ペンをデスクに置いた.

place 特定の場所に(特に注意深く)置く《*put* よりも格式ばった語》: He *placed* his car next to mine. 彼は私の車の隣に車を置いた.

■おくびょうな【臆病な】

timid 勇気や大胆さが欠けている《過度の用心深さと冒険を怖がる気持ちを暗示する》: He is *timid* by nature. 生まれつき臆病だ.

cowardly 勇気がなくて危険なことを怖がる: You shouldn't be so *cowardly*. そんなに臆病ではいけない.

timorous 非常にびくびくしてありもしないことまで想像して怖がる《一時的な気分にもいう；格式ばった語》: *timorous* girlhood ひどく気弱な少女時代.

fainthearted ばかげたほど臆病で意

気地がない: He is too *fainthearted* to speak in public. 彼は臆病で人前で話ができない.

■おくらせる【遅らせる】

retard 運動・前進を遅らせる: Bad roads *retarded* the car. 道が悪くて車が遅れた.

delay 妨害して特定時の到着・完成を遅らせる: His trial was *delayed* indefinitely. 彼の裁判は無期限に延期された.

detain 引き止めて遅らせる: I won't *detain* you today. きょうは君を引き止めない.

■おくりもの【贈物】

present あいさつまたは好意の表現として人に贈るもの: a birthday *present* 誕生日のプレゼント.

gift 個人または団体に対する正式の贈物《*present* より格式ばった語》: a *gift* to the library 図書館への寄贈.

donation 多額の金銭的な寄付: a *donation* of fifty thousand dollars to the college 大学に対する5万ドルの寄付.

largess 気前のよい施し物《格式ばった語》: cry *largess* 祝儀を求める.

■おくれた【遅れた】

tardy 指定の時よりも遅れてくる[起こる]: He was *tardy* in coming. 彼は来るのが遅れた.

late 動きが遅いため,通常の[予定の]時に来ない: The train was *late* this morning. 今朝は列車が遅れた.

overdue 到着・支払いが規定の時を越えた: The train is *overdue*. 列車の到着が遅れている / an *overdue* bill 支払い期限の切れた請求書.

behindhand 特に借金の支払いが遅れている: He is always *behindhand* with his rent. いつも家賃が滞っている.

■おくれる【遅れる】

loiter 通例歩行中に,時に仕事中にのろのろして遅れる: *loiter* over a work 仕事をのらくらやる.

delay わざとぐずぐずする: He *delayed* on the work. 仕事をのろのろやった.

dawdle くだけた表現で,特にのろのろして時間を浪費する: He *dawdled* over a cup of tea. 一杯の茶をのろのろと飲んだ.

lag あまりにのろのろして遅れる: He *lagged* far behind in the race. 競走でみんなからはるかに遅れた.

tarry 文語的な表現で,手間取って遅れる: Why did she *tarry* so long? どうしてあんなにぐずぐずして遅くなったんだ.

■おこたる【怠る】

neglect 意図的または非意図的に仕事や義務をおろそかにする: He *neglected* his family. 家族をほったらかしにした.

disregard 意図的に無視する: She *disregards* the wishes of her mother. 母親の希望を無視する.

ignore わざと考慮しない: My plea was blatantly *ignored*. 私の嘆願はにべもなく無視された.

omit 見落とし・不注意・夢中などのためすっかり忘る《格式ばった語》: I stupidly *omitted* to tell him this. うっかりして彼にこのことを言うのを忘れた.

miss *omit* と同義だが,より口語的: He never *missed* lectures. 講義は一度も欠かさなかった.

slight 軽蔑して軽んじる: She felt *slighted* because she was not invited. 招かれなかったので侮辱されたような気がした.

■おこなう【行なう】

perform 自分の仕事・命じられたり

約束したりした仕事をやり遂げる: *perform* an abortion 中絶を行なう.

execute 〈命令などを〉実行する《格式ばった語》: *execute* an order faithfully 忠実に命令を実行する.

conduct 〈業務・研究・調査などを〉管理・指導のもとに行なう: We *conducted* our investigation with the greatest care. 我々はきわめて慎重に調査を行なった.

discharge 〈責任・本分を〉遂行する: I have a duty to *discharge*. 果たさなければならない義務がある.

■**おこらせる**【怒らせる】

anger 強い不快と敵意を起こさせる《最も一般的な語》: He was *angered* at the proposal. その提案に怒った.

enrage 〈事が〉激しく立腹させる: His arrogance *enraged* me. 彼の傲慢な態度が頭にきた.

offend 他人の感情を害する, 不快感を与える: His careless remark *offended* her. 彼の不用意な発言は彼女を怒らせた.

affront 相手を怒らせるつもりで, またはわざと無礼にして深い憤りを覚えさせる: I was greatly *affronted* by his impudent manner. 無礼な態度にひどく腹が立った.

outrage 正義感・誇りなどをひどく傷つける: I was *outraged* at his shameless accusation. 彼の恥知らずな言いがかりに憤慨した.

infuriate, madden 〈事が〉極度に立腹させる《最も意味の強い語だが会話で軽い意味で使うこともある; *infuriate* は格式ばった語》: I was *infuriated* by his answer. 彼の返事に激昂した / a *maddened* dog 凶暴になった犬.

■**おこりっぽい**【怒りっぽい】

irritable すぐに興奮して怒りだす: I was in an *irritable* mood. いらいらした気分になっていた.

irascible *irritable* と同義であるが, 格式ばった語: an *irascible* old man 短気な老人.

choleric 《文語》かんしゃくもちの: a *choleric* gentleman かんしゃくもちの紳士.

splenetic 《文語》習慣的に不機嫌で怒りっぽい: a *splenetic* temper 気難しい性質.

touchy 《口語》すぐに怒りだす: He's very *touchy* today. きょうはとてもぴりぴりしている.

cranky 《米》機嫌の悪い: a *cranky* baby 機嫌の悪い赤ん坊.

■**おこる**【起こる】

happen, transpire 〈ある物事が〉通例偶発的に起こる《後者を誤用とみなす人もいる》: The incident *happened* [*transpired*] yesterday. その事件はきのう起こった.

occur 通例偶発的に起こる《*happen* よりも格式ばった語; 否定文では *occur* の方が好まれる》: His death *occurred* the following day. 彼が死亡したのはその翌日だった.

chance 偶然に起こる《格式ばった語》: She *chanced* to be out when he called. 彼が訪ねたとき, たまたま彼女は不在だった.

take place 〈通例計画した事柄が〉起こる: When will the wedding *take place*? 結婚式はいつ行われるのですか.

■**おしえる**【教える】

teach 学習者に知識・技術を伝える《一般的な語》: She *teaches* us English. 私たちに英語を教えてくれる.

instruct 通例, 特定の科目を系統立てて教授する: *instruct* a person in

mathematics 人に数学を教授する.

tutor 1対1の個人授業で教える: *tutor* a girl in French 女の子にフランス語の家庭教師をする.

educate 特に高等教育で，人の持つ潜在的な能力と才能を秩序だった教授法によって発達させる: He was *educated* at Oxford. 彼はオックスフォードで教育を受けた.

■おしゃべりの【お喋りの】

talkative 長々と話すのが好きな《一般的な語で意味は中立的》: a merry, *talkative* old man 陽気でおしゃべりな老人.

glib ぺらぺらよくしゃべる《軽蔑；皮相・欺瞞を暗示する》: a *glib* shopkeeper 口のうまい商店主.

loquacious べらべらとしゃべり続ける性向のある《格式ばった語》: a *loquacious* hostess 饒舌な女主人.

garrulous つまらない事柄についてうんざりするほどよくしゃべる: a *garrulous* old woman 多弁な老婦人.

■おす【押す】

push 〈人や物を〉自分から離れる方向に押す《一般的な語》: *push* a pram ベビーカーを押す.

shove 乱暴に押す: The guards *shoved* people aside to make way for the movie star. 警備員はその映画スターが通れるように人々をわきへ押しのけた.

thrust 突然にまたは手荒くぐいと押す: *thrust* him away 彼をぐいと押しのける.

propel 前方に押しやる: *propel* a boat by oars ボートをオールで漕ぎ進める.

■おせんする【汚染する】

contaminate 不潔[不純]な物との接触によって不潔[不純]にする: Flies *contaminate* milk. ハエがつくと牛乳は不潔になる.

taint 悪しき物が不純にする[腐敗させる]: His mind was *tainted* from reading bad books. 悪書を読んで彼の心は汚されていた.

pollute 〈水・空気・土地などを〉危険なまでに汚染する: The water at the beach was *polluted* by refuse from the factory. 海辺の水は工場の廃棄物で汚染されていた.

defile 〈清純・神聖なものを〉汚す《格式ばった語》: Many rivers are *defiled* by pollution. 汚染によって多くの川が汚くなっている / *defile* a temple with blood 寺院を血で汚す.

■おそらく【恐らく】

話し手の確信度は次の順に低くなる:

probably 十中八九は: He will *probably* succeed. 十中八九は成功する.

perhaps, maybe ことによると《確率が高い場合に用いる》: *Perhaps* [*Maybe*] he will come. あるいは来るかもしれない.

possibly ひょっとしたら《確率が低い場合に用いる》: It may *possibly* true. ひょっとしたら本当かもしれない.

■おそろしい【恐ろしい】

horrible 身の毛もよだつような恐怖感・嫌悪感を起こさせる: a *horrible* accident ぞっとするような事故.

terrible 恐ろしくて人をおびえさせる: He is *terrible* in anger. 怒ると怖い.

fearful 恐怖感を起こさせる: a *fearful* sight 恐ろしい光景.

dreadful 激しい恐怖・不安を催させる: Cancer is a *dreadful* disease. ガンは恐ろしい病気だ.

awful 人に衝撃・恐怖・悲しみを起こさせる: He died an *awful* death. 彼は恐ろしい死に方をした.

frightful 恐怖で人をしばらく麻痺させるような: a *frightful* experience とて

も怖い経験.

★ 以上の6語は((口語))で「ひどい」という意味の強意語として用いられる: *horrible* weather ひどい天気 / a *terrible* singer へたっくそな歌手 / a *fearful* mistake とんでもない間違い / a *dreadful* meal ひどい食事 / an *awful* lot of work ひどくたくさんの仕事 / a *frightful* bore 退屈きわまる人物.

ghastly まがまがしさのゆえに大きな恐怖感を引き起こす: a *ghastly* crime ぞっとするような犯罪.

grim 気味が悪く恐怖や不安を与える: a *grim* truth [joke] 恐ろしい真実[冗談].

grisly, gruesome 特に外観が人を身震いさせるような: a *grisly* sight 身震いするような光景 / *gruesome* details of murder 殺人事件の身の毛もよだつような詳細.

macabre 死に関するために恐ろしい: a *macabre* tale 不気味な話.

lurid ((軽蔑))表現などがどぎつく嫌悪感を引き起こす: *lurid* tales of murder 恐ろしい殺人の話.

■おだやかな【穏やかな】

calm 〈海・天候・心など〉動揺が全くない: The sea was *calm*. 海は穏やかだった / a *calm* voice 穏やかな声.

tranquil 本質的[恒久的]に平和で静穏な: a *tranquil* life in the country 田舎の平穏な生活.

serene 〈態度・生活などが〉落ち着いた,平静な: a *serene* life 平静な生活.

placid 興奮せず騒ぎ立てない((時に愚鈍を含意する)): a man of *placid* temperament 落ち着いた気性の人.

peaceful 不穏・混乱のない: a *peaceful* life 平和な生活.

■おちつき【落着き】

equanimity 精神が平静で容易に怒ったり動転したりしないこと((格式ばった語)): A wise man bears misfortune with *equanimity*. 賢者は泰然として不幸に耐える.

composure 克己心が強く難局に直面して動じないこと: He accepted the punishment with grave *composure*. 泰然自若として罰を受けた.

nonchalance 落着きはらっていてあまり関心や情熱を示さないこと: He heard the news with *nonchalance*. その知らせを聞いたが平然としていた.

sangfroid 危険・難局にあって極めて沈着冷静であること: He met the difficulty with his usual *sangfroid*. いつものように自若として困難に対処した.

■おと【音】

sound 「音」を表す一般的な語: the *sound* of a trumpet らっぱの音.

noise 通例耳障りな騒音: the *noise* of the city 都会の騒音.

tone 音質・高さ・強さからみた音: *tones* of a harp ハープの音色.

sonance 鳴り響くこと; 有声: All vowels have *sonance*. すべての母音は有声である.

■おどす【脅す】

threaten 命令を聞かなければ罰するぞと言って脅す: They *threatened* to kill him. 彼を殺すぞと言って脅した.

menace 危険にさらす((格式ばった語)): The country was *menaced* by war. その国は戦争に脅かされていた.

intimidate 自分の思いどおりのことをさせるために相手を脅す: The robbers *intimidated* the bank clerks into silence. 強盗は銀行員を脅して黙らせた.

blackmail 金品を巻き上げるために秘密をばらすと言って脅す: *blackmail* a person about his [her] private life 私

生活をばらすと言って脅す.

■おどろかす【驚かす】

surprise 唐突・意外性のために〈人を〉驚かす《一般的な語》: His answer *surprised* me. 彼の返事にびっくりした.

astonish 信じられないほど意外なため人を大いに驚かす: I am *astonished* at your conduct. 君のやり口には驚いた.

amaze 知的混乱を引き起こすほど驚かす: I am absolutely *amazed* at you. 君には全く恐れ入ったよ.

startle 跳び上がるほどびっくり仰天させる: The news of her disappearance *startled* us. 我々は彼女の失踪の知らせにびっくりした.

astound 衝撃的な強い驚きの結果, 思考も行動もできない状態にする: The news *astounded* everybody. その報道にだれもが肝をつぶした.

stun ショックで肝をつぶさせて茫然(ぼうぜん)とさせる: We were *stunned* by the unexpected news. 我々は思いがけない知らせに茫然とした.

flabbergast 《略式》口も利けないほどびっくり仰天させる: I was *flabbergasted* at his deceit. 彼のぺてんにびっくり仰天した.

■おなじの【同じの】

same 同一の; 同種の: the *same* watch that I lost なくしたのと同じ時計 / eat the *same* food everyday 毎日同じ物を食べる.

identical 同一の; 細部までよく似た: The fingerprints are *identical*. 指紋は一致している.

equal 同一物ではないが量・大きさ・価値などの点で全く差異がない: an *equal* amount 同等の量.

equivalent 価値・力・意味などの点で対等である: What is $5 *equivalent* in French money? 5 ドルはフランスの金でいくらに当たるか.

tantamount 同じ効果のある《格式ばった語》: His answer was *tantamount* to an insult. 彼の答えは侮辱に等しかった.

■おもい【重い】

heavy 非常に重い: This box is too *heavy* for me to lift. この箱は重くて私には持ち上げられない.

weighty = *heavy* 《格式ばった語》: a *weighty* package 重い包み.

ponderous 大きくて重い《格式ばった語》: a *ponderous* wardrobe ずっしりとした洋服だんす.

cumbersome, cumbrous 重くかさばっていて扱いにくい: a *cumbersome* old table 重くて扱いにくい古机.

■おもいだす【思い出す】

remember 〈記憶にある過去の事柄を〉自然に思い出す: I dimly *remember* him. 彼のことをぼんやり覚えている.

recall 意図的に〈過去の事柄を〉思い出す: I can't *recall* his name. 彼の名前を思い出せない.

recollect 〈しばらく忘れていたことを〉努力して思い出す: I *recollected* hearing his speech then. その時彼のスピーチを聞いたのを思い出した.

reminisce 〈過去の出来事や経験したことを〉通例なつかしんで考えたり書いたり語ったりする: We *reminisced* about our school days. 学校時代の思い出話をした.

■おもいやりのある【思いやりのある】

thoughtful 他人の気持ちを察して, 思いやりを示す: He is very *thoughtful* of his mother. とても母思いだ.

considerate 他人の感情・立場を考

慮し，苦痛・不愉快を与えないようにする：She is *considerate* of the comfort of old people. 老人をいたわって不自由のないようにする.

attentive 常に周到な気配りを示す：an *attentive* nurse よく気のつく看護師.

■ **おもう**【思う】

think 心の中で意見を持つ：He *thinks* he is a genius. 天才だと思っている.

judge 評価し，見積もってから思う：I *judge* it better not to tell her. 彼女に言わないほうがよいと思う.

suppose 真実だと思うが，確信はない：Will it rain this afternoon?— I *suppose* so. 午後から雨が降るだろうか—たぶん降るだろう.

guess *suppose* とほぼ同意だが，より略式的な語：I *guess* he can do it. 彼はそれができると思う.

imagine 心の中にイメージを浮かべながら思う：I *imagine* she will come. 彼女は来ると思う.

■ **おもしろい**【面白い】

funny 笑いを催させるような《一般的な語》：a *funny* story こっけいな話.

laughable 〈事柄が〉愚かで嘲笑を誘うような：a *laughable* attempt 笑うべき企て.

amusing 愉快で楽しませる：The sight was highly *amusing* to me. その光景はとても面白かった.

interesting 興味をそそるような：an *interesting* book 興味深い本.

droll 奇妙さ・こじつけ・ひょうきんさなどで人を面白がらせる：A jester is a *droll* person. 道化師はひょうきん者だ.

comic 喜劇的な要素を含んでいて，感慨深い笑いを催させる；人を笑わせる意図を持った：Everything has its *comic* side. すべての物には滑稽な面がある / a *comic* book [opera] 漫画本[コミックオペラ]《a *comical* book [opera]とは言わない》.

comical 奇妙で抑制のない笑いを催させる：a *comical* face ひょうきんな顔.

humorous ユーモア・滑稽味があって面白い：a *humorous* remark 面白い発言.

■ **おろかな**【愚かな】

foolish 〈人や行為が〉判断力や常識に欠けている：a *foolish* question ばかげた質問.

absurd あまりにも理性や常識に反していてばかげている：His suggestion is too *absurd* to repeat. 彼の提案は全くばかげていてお話にならない.

stupid 生まれつき頭が悪くて，判断力・理解力が低く，愚かな《強い語調をもつ》：a *stupid* mistake ばかな間違い.

dull 頭の働きが鈍い：a *dull* boy 頭の悪い少年.

slow 物覚えが速くない：He is *slow* at learning. 物覚えが悪い.

ridiculous 非常にばかげているので嘲笑を買うような：He has a *ridiculous* pride in himself. ばかばかしいくらいうぬぼれている.

silly 全く分別に欠けている：You were very *silly* to trust him. 彼を信頼するなんて君もよほどばかだったね.

か

■ かいがん【海岸】

shore 海・湖・川などの岸《一般的な語》.

seaside 《米》では一般に海岸を意味するが，《英》では保養・遊覧地としての海岸.

coast 海に隣接する大陸や大きな島の海岸.

beach 砂や小石の多い，海や湖の平坦な岸辺.

bank 川べりに高く築かれた土手.

■ がいけん【外見】

appearance 人や物の外面の様子《しばしば見せ掛けを含意する》: He gave the *appearance* of honesty. 正直らしく見せ掛けた / The *appearance* of the city is pleasing. その都会の外観は感じがよい.

look 人や物の特定の表情・様子: a *look* of pleasure 喜びの表情 / The house had a sad *look*. 家はわびしげに見えた.

aspect 《文語》人の表情: a man of handsome *aspect* ハンサムな顔つきの人.

guise 特に真実を隠すために装った外貌: He was a thief in the *guise* of a salesman. セールスマンを装った泥棒だった.

■ がいこくじん【外国人】

alien 居住している国に帰化していない外国人《外国籍住民を示す公式の用語》: the *aliens* in this country わが国の外国人.

foreigner 言語・文化を異にする他国からの来訪者または居住者《「よそ者」という意味あいがあり，不快な感じを与えることがある》: an observant *foreigner* 観察の鋭い外国人.

immigrant 定住するために他国から来た人《受け入れ国から見た語；*foreigner* に比べると無難な語》: Asian *immigrants* in America アメリカのアジア系移民.

outlander 《文語》＝ *foreigner*《異様さを暗示する》: His bride was an *outlander*. 花嫁は異国人だった.

stranger 他の国や地方から来てまだ土地の言語・習慣になじんでいない人: a *stranger* in a strange country 異国にいる外国人 / I am a *stranger* here. ここは不案内だ.

■ かいこする【解雇する】

dismiss 勤め先から解雇する《格式ばった語》: He was *dismissed* as a result of restructuring. 彼はリストラで解雇された.

drop 《口語》＝ *dismiss*.

discharge （不満があって）解雇する；正式に許可して病院・刑務所・軍隊を去らせる: He *discharged* his secretary simply because he disliked her. 単に嫌いだという理由で秘書を解雇した / He was *discharged* from hospital this morning. 彼はけさ退院を許された.

cashier 〈特に軍人を〉懲戒免職にする:

All the officers who took part in the coup d'état were *cashiered*. クーデターに加わった将校は全員懲戒免職になった.
fire 《口語》雇い主が有無を言わさず首にする: He *fired* his cook for theft. 盗みを働いたのでコックを首にした.
sack 《英口語》= *fire*: You're *sacked*! お前は首だ!

■かいしする【開始する】
begin 〈ある行為・過程を〉開始する(⇔ end)《最も一般的な語》: He *began* to talk. 話し始めた.
commence 〈予定の行為を〉開始する《その行為が長く続くことを暗示する; 格式ばった語》(⇔ conclude): *commence* legal proceedings 法律手続きを開始する.
start 休止[待機]のあと, ある点から開始する(⇔ stop): He *started* his journey again. 彼はまた旅を始めた.
inaugurate 〈重要な事柄を〉儀礼的に開始する: The mayor *inaugurated* the city library. 市長が市立図書館を開館した.

■かいほうする【解放する】
free 拘束・負担などから自由にする《一般的な語》: Lincoln *freed* the slaves in 1863. 1863年にリンカーンは奴隷を解放した.
release 〈囚人などを〉自由にする: He was *released* from prison yesterday. きのう刑務所から釈放された.
liberate 束縛・刑務所・義務などから解放する《格式ばった語》: *liberate* political prisoners 政治犯を釈放する.
emancipate 法律・政治・社会的に人を隷属状態から自由の身にする: Lincoln *emancipated* the slaves. リンカーンは奴隷を解放した.
discharge 病院・刑務所・軍隊などから去ることを正式に許可する: He was *discharged* at last from the army. やっと陸軍を除隊になった.

■かいりょうする【改良する】
improve 欠けているものを補ってよりよくする: You can *improve* your English with constant use. 絶えず使えば英語が上達します.
better 現状のままでも満足できるものをよりよくする《格式ばった語》: *better* one's previous record 前の記録を更新する.
ameliorate 〈よくない状況を〉改善する《格式ばった語》: *ameliorate* working conditions 労働条件を改善する.

■かう【買う】
buy 〈日用品などやその他高価な物などを〉買う《一般的な語》: *buy* a loaf of bread [a new hat] 食パンひと塊[新しい帽子]を買う《*purchase* は普通使わない》.
purchase *buy* の上品語で,「〈高価な物を〉交渉して購入する」の意《格式ばった語》: *purchase* the land 土地を購入する《*buy* も使用可能》.

■かえる【変える】
change はっきりと違ったものに変化する[させる]《性質の根本的な変化または他の物との置き換えを暗示する》: The weather *changed*. 天候が変わった / He *changed* clothes. 彼は着替えた.
alter 〈人や物〉の外観を局部的に変える《正体は変わらない》: I'd like to have these pants *altered*. このズボンの寸法を直してもらいたいのですが.
modify 〈計画・意見・状況・形などを〉極端でなくしたり改良したりするために少し変える: *modify* one's extreme views 自分の極端な意見を修正する.
vary 種々さまざまに変化させる: *vary* one's diet 食事に変化を持たせる.

■かお【顔】

face 頭部の前面で，額からあごまでの部分《最も普通に使われる語》: a beautiful *face* 美しい顔.

look 「顔の表情，顔つき」を意味する: He gave a queer *look*. 彼は変な顔をした.

countenance *look* とほぼ同じ意味で，より格式ばった語: 情緒や感情を反映する顔の表情: a happy *countenance* 幸福そうな表情.

features 目・鼻・口など顔のつくり全体を指しての顔，顔立ち: fine *features* 上品な顔.

physiognomy 性格を表すものとしての顔《格式ばった語》: He has the *physiognomy* of a playboy. プレイボーイの顔つきをしている.

■かがやく【輝く】

bright 多量の光を発散[反射]する《最も一般的な語》: a *bright* star 輝く星 / a *bright* day 晴れ渡った日.

radiant 太陽のように光を放射する《比喩的にも》: the *radiant* morning sun 燦然(さん)と光り輝く朝日 / a *radiant* face 輝かしい顔.

shining 絶えず不変に光っている: the *shining* sun 輝く太陽.

brilliant 強烈に輝く: the *brilliant* sunlight まばゆく輝く日光.

luminous 特に暗がりの中で光を発する: *luminous* paint 発光塗料.

lustrous 光を反射して柔らかく輝いている: *lustrous* hair 光沢のある髪.

■かきみだす【掻き乱す】

disturb, upset 〈人や物〉の平静さ・注意力をかき乱す《後者は一時的な状態を表す》: The dog *disturbed* me last night. ゆうべ犬が安眠のじゃまをした / I was *upset* at the bad news. 悪い知らせでうろたえた.

perturb 〈人〉の平静さをひどくかき乱して狼狽させる《格式ばった語》: She was much *perturbed* by her son's illness. 彼女は息子の病気でいたく心を乱した.

agitate 〈人〉に精神的な強い動揺を与える: He was *agitated* by grief. 悲しみで心が乱れた.

■かくうの【架空の】

fictitious 想像力によって作り出され，真実のものでない: Characters in novels are usually *fictitious*. 小説中の人物は普通架空のものである.

imaginary 「想像力で考え出した，架空の」の意味《*fictitious* とほぼ同じ意味であるが，それほど堅苦しい感じはない》: *imaginary* animals 架空の動物.

unreal 実体がなく想像上の: an *unreal* continent 架空の大陸.

mythical 実在ではなく神話の中にのみ存在する意味で架空の: The Sphinx is a *mythical* monster. スフィンクスは神話上の怪物だ.

■かくしきばった【格式ばった】

formal 社会通念にかなった規則や慣習に従っている《ややもすると形式ばかりを重んじて，ぎこちないという感じをもつ》; 特に，〈態度・ふるまいが〉堅苦しい: *formal* dress 正装 / *formal* behavior 堅苦しいふるまい.

conventional 行為・作法・趣味などが社会一般に受け入れられた基準にかなっている《独創性や新味のない意味で否定的にも使われる》: a *conventional* note of sympathy 型にはまった悔み状.

ceremonial 儀式の，正式[公式]の: The opening of parliament is a *ceremonial* occasion. 議会の開会式は儀式的な行事である.

ceremonious 非常に形式ばった[い

んぎんな]《格式ばった語》: The Japanese is a *ceremonious* people. 日本人はきわめていんぎんな民族だ.

■かくしん【確信】

certainty 客観的な根拠に照らして疑問の余地がないこと: I can say that with absolute *certainty*. 私は間違いなくそう断言できます.

certitude, assurance *certainty* とほぼ同義だが, より主観的な確信《前者は格式ばった語》: Churchill had definite *certitude* that Britain would win. チャーチルは英国が勝つと確信していた / I have every *assurance* of his innocence. 彼の無実を確信している.

conviction 満足すべき理由があるために抱くようになった確信《以前疑念を持っていたことを暗示する》: I have a strong *conviction* that he is innocent. 彼が無実だということを堅く信じている.

■かくしんして【確信して】

sure 自分の知っていることや信じていることに疑いを抱いていない《一般的な語》: I'm *sure* of his success. 彼の成功は間違いないと思う.

certain 完全に信じている《*sure* とほぼ同意で用いられることもあるが, *sure* が主観的判断を表すのに対して *certain* は客観的な事実や証拠に基づくことを意味する》: I am *certain* about the time. 時間については確かだ.

confident 確信をもってあることを予期している: He was *confident* that he would win. 勝利を得るものと確信していた.

positive 自分の意見・結論が正しいと固く(時に独断的に)信じている: She is *positive* about the existence of God. 神の存在を確信している.

■かくす【隠す】

hide 〈物を〉発見しにくいところに置く《一般的な語》: He *hid* the money under a mattress. その金をマットレスの下に隠した.

conceal 見つからないように注意深く隠す《*hide* よりも格式ばった語で, 意図性が強い》: a *concealed* camera 隠しカメラ.

secrete だれも見つけないように秘密の場所に隠す《格式ばった語》: *secrete* a gun under the roof 銃を天井裏に隠す.

cache 〈宝物・食料品などを〉盗難・風雨に備えて安全に保管[貯蔵]する: *cache* one's supplies in a cave 食料をほら穴に隠匿する.

bury 覆いをして隠す: The letter was *buried* under the papers. 手紙は書類の下に隠れていた.

■かける【欠ける】

lack あるものがほとんどあるいは全くない: He *lacked* the courage to fight. 戦う勇気がなかった.

want 必要なものが足りない《格式ばった語》: The book *wants* a page at the end. この本は最後の1ページが落ちている.

need 欠けているので緊急に必要としている: The book *needs* correction. この本は訂正が必要だ.

■かざる【飾る】

adorn 《文語》〈本来美しい人や場所を〉飾りでいっそう美しくする: She *adorned* her hair with flowers. 髪を花で飾った.

decorate 行事・催之のために装飾品を付け加えて飾りたてる: The walls were *decorated* with pictures. 壁には絵が飾られていた.

display 物品などを展示して飾ること: Various styles of dresses are being *dis-*

played in the shopwindows. さまざまなタイプのドレスがショーウインドーに飾られています.

ornament 付属品を付けて魅力的にする: Her dress was *ornamented* with lace. ドレスはレースの飾りが付いていた.

beautify 〈美しくないもの〉に美を添える, 〈美しいもの〉の美を高める: Flowers *beautify* the rooms. 花は部屋を美しくする.

deck（**out**）［しばしば受身で］〈人や物を〉美しいものや珍しいもので飾る: The hall was *decked* with flowers. 広間は花で飾り立てられていた.

garnish 〈調理品〉に別の食品をあしらって魅力的にする: *garnish* a dish with parsley 料理にパセリをつけ合わせる.

■**かしこい**【賢い】(⇨そうめいな)

wise 読書や経験から得た多量の知識をもち, それを有効に使うことができる《格式ばった語》: a *wise* man 賢人.

sage 年齢・経験・哲学的思考に基づく尊敬すべき知恵を有する: *sage* advice 思慮深い忠告.

judicious 知恵と良識を示す《格式ばった語》: a *judicious* use of money 金銭の賢明な使い方.

prudent 賢く注意深い《格式ばった語》: a *prudent* housekeeper 思慮深い主婦.

■**かす**【貸す】⇨かりる.

■**かたい**【堅い】

firm 物質の構成素が密で強く, 押して変形しても復元する: *firm* muscles 引き締まった筋肉.

hard 堅くて貫通・切断しにくい: This ball is as *hard* as a stone. このボールは石のように固い.

solid 中身が詰まって堅い: build a house on *solid* ground 堅固な土地に家を建てる.

tough 食肉などが堅い: This steak is so *tough* that I can hardly cut it. このステーキは堅くて切れない.

■**かたい**【固い】

stiff 固くてなかなか曲がらない《堅苦しさを暗示》: a *stiff* collar 固いカラー.

rigid 〈物が〉非常に固くて硬直し, 折れるまで曲がらない《厳格さを暗示する》: *rigid* frame たわまない枠.

firm 中身が固くつまっていて, 押してへこませたり, 曲げたりできない: *firm* wood 堅い木.

inflexible 曲げることができない: an *inflexible* metal 曲がらない金属.

inelastic 弾力がない: the *inelastic* bones of old men 老人の弾性のない骨.

■**かち**【価値】

value 人や物の相対的な優秀さ: the *value* of the property その財産の価値.

worth 人や物の本質的な価値: Few people know his true *worth*. 彼の真価を知っている人はほとんどいない.

★ 物の金銭的な価値の意味では, 両語は同義に用いられる: the *value*［*worth*］of a used car 中古車の価値.

merit すぐれたこととして称賛に値する価値: literary *merit* 文学的価値.

■**かちをおとしめる**【価値を貶める】

degrade 〈人〉の徳性・自尊心などを低下させる: You *degrade* yourself when you tell a lie. うそを言うと品位が下がる.

abase 《文語》自ら好んで卑下させる: He *abased* himself before his superiors. 目上の者の前では努めて腰を低くした.

debase 品質・価値・品性を低下させる: He *debased* his character by evil actions. 彼は非行によって品性を落とした.

humble 人の高慢心を抑え, 卑下の気

持ちを起こさせる: One *humbles* oneself before God. 人は神の前ではへりくだる.

humiliate 〈人〉の自尊心を打ち砕き, 屈辱感を起こさせる: The boxer was *humiliated* by defeat. ボクサーは敗北して屈辱を感じた.

■かっきづける【活気づける】

animate 生き生きと陽気にさせる: The soldiers were *animated* by their captain's brave speech. 兵士たちは隊長の勇ましい言葉を聞いて勇気を奮い起こした.

enliven 刺激して活気・元気を与える: The conversation was *enlivened* with jokes. 会話は冗談で活気づいた.

stimulate 沈滞している潜在的な力に刺激を与えて活気づける: This loan will *stimulate* the Australian economy. この貸付金でオーストラリア経済は活気づくだろう.

■かってにさせる【勝手にさせる】

let 反対や禁止・邪魔をしないで[放置して]させておく《最も口語的》: He *let* his wife work. 妻を働かせておいた.

allow 「禁止しない」の意味で let とほぼ同じで, 相手のすることを認めるという感じをもつ: Can I be *allowed* to see it? それを拝見できましょうか.

permit 権限をもって積極的にさせておく《格式ばった語》: *Permit* me to ask you a question. ひとつ質問をさせてください.

leave 干渉しないでさせておく: I *left* the meat to cook for a while. しばらく肉が煮えるままにしておいた.

■かつどうてきな【活動的な】

active 〈人や物が〉〈休んでいるのではなく〉活動している, (特に)活発に活動している: an *active* volcano 活火山 / an *active* market 活気のある市場 / He is an *active* writer. 精力的な作家だ.

energetic 〈人や活動が〉精力・努力を集中する《必ずしも成功を意味しない》: They are conducting an *energetic* campaign. 精力的な選挙運動を行なっている.

vigorous 〈人が〉強健でたくましく精力的な; 〈活動・運動が〉精力的で熱心な: The old man is still *vigorous* and lively. 老人はいまも達者で元気だ / a *vigorous* argument 活発な議論.

strenuous 〈事柄が〉多くの努力や精力を必要とする: He made *strenuous* efforts to improve his English. 英語に上達するために懸命に努力した.

lively 〈人や事柄が〉生き生きとして威勢がよい: Bill is the *liveliest* boy in his class. ビルはクラスで一番元気がいい / We had a *lively* discussion. 活発な議論をした.

■かっぱつな【活発な】

lively 元気がよく生気に満ちて活発な: *lively* talk 活発な話し合い.

animated 人や物がにぎやかで生気に満ちて面白い: an *animated* discussion 活発な討論.

active 物事に積極的で活動的な: The group is now very *active*. そのグループは活発に活動している.

brisk 〈人やその態度が〉きびきびして活発な: a *brisk* pace 活発な足取り.

vivacious (特に女性が)生き生きして明るい: a *vivacious* girl 明朗な少女.

■かどの【過度の】

excessive 数量・程度などがあまりにも大きい: *excessive* drinking 過度の飲酒.

exorbitant *excessive* の度がさらに強く, 「〈金額・欲望・要求などが〉不当に過大な」の意: an *exorbitant* rent 不当に

高い家賃.

extravagant 《軽蔑》〈思想・言葉・行動が〉妥当・普通・必要を越えている: *extravagant* behavior とっぴな行動 / an *extravagant* price 法外な価格.

extreme 最大限に過度な: I was in *extreme* pain. 痛くてたまらなかった.

inordinate 慣習・良識の限度を越えた《格式ばった語》: *inordinate* demands 法外な要求.

■**かなしみ**【悲しみ】

sorrow 喪失感・失望などから生じる深い心の痛み《最も一般的な語》: I felt *sorrow* for his death. 彼の死を悲しんだ.

grief ある特定の不幸・災難などから生じる大きな悲しみ《*sorrow* よりも激しいが, 通例それよりも短期間の悲しみ》: She suffered *grief* at the loss of her son. 息子を失って悲しみに暮れた.

sadness 特殊な原因または一般的な落胆などに起因する意気消沈: She did not speak of her *sadness*. 自分の悲しみを語らなかった.

woe 《文語・戯言》慰められない深い悲しみ・不幸: a tale of *woe* 悲しい物語.

■**かなしんで**【悲しんで】

sad 悲しみや後悔を示す一般語: He was inconsolably *sad*. 慰めようもないくらい悲しんでいた.

sorrowful 喪失・失望などで深く悲しんでいる: The death of his wife left him *sorrowful*. 妻が死んで悲嘆にくれた.

melancholy 慢性的に落ち込んでいる《格式ばった語》: a *melancholy* mood 憂鬱な気分.

dejected 失敗・失望などで意気消沈している: a *dejected* look がっかりした顔.

depressed 心身の疲労などで心が沈んだ: Don't look so *depressed*. そんなにふさぎ込んだ顔をするなよ.

doleful 〈表情・態度・声などが〉深く悲しんでいる《格式ばった語》: a *doleful* expression 悲しみに沈んだ表情.

■**かねもちの**【金持ちの】

rich 金や財産をたくさん所有している《一般的な語》: a *rich* nation 金持ちの国家.

wealthy 金持ちである上に永続的で豪華な生活や社会的勢力を暗示する: a *wealthy* widow 裕福な寡婦.

affluent *wealthy* と同義であるが格式ばった語: the *affluent* society 豊かな社会.

well-to-do ほしいものは何でも買えるくらい裕福な: a *well-to-do* family 裕福な家族.

■**かのうな**【可能な】

probable 確実ではないにしても, 統計上あるいは状況から判断して大いに起こりそう[ありそう]な: A railroad strike seems highly [very] *probable*. 鉄道ストはまず確実と思われる.

possible *probable* ほどではないが, 状況によって理論的に起こりうる[なされうる]: a *possible* event 起こりうる事件.

likely *possible* よりは物事の起こる可能性は大きいが, *probable* よりは確実性が低い: There are a number of *possible* explanations; the first three are all *likely*, but the second seems the *probable* one. 可能な説明はいくつかある. 最初の三つはいずれもありそうな説明だが, 二番目のものが確実性が高いようだ.

■**がまん**【我慢】

patience 苦痛・挑発・遅延などを落ち着きと自制をもって我慢すること: I have no *patience* with delay. 遅れるのは我慢がならない.

endurance 苦痛や苦難を長期にわ

たって耐え忍ぶ能力: come to the end of one's *endurance* 我慢の限界にくる.
fortitude 不屈の勇気から生じる強い忍耐力《格式ばった語》: show *fortitude* in danger 危険に際して毅然としている.
forbearance 怒りを抑えること《格式ばった語》: Try to show some *forbearance*. 少し自制するするように努めなさい.

■かめい【仮名】
pseudonym 作家・俳優・芸人などの仮の名前《不正に本名を隠そうとする意思はない》.
pen name, nom de plume ペンネーム《作家の仮名,筆名》.
alias 特に,犯罪者が身元を偽るために用いる偽名: The thief went by the *alias* of Harrison. 泥棒はハリソンという別名で通っていた.

■かもくな【寡黙な】
silent 〈人が〉一時的に沈黙している; めったに口をきかない: He remained *silent*. いつまでも黙っていた.
quiet 騒音やじゃまな動きがないことを強調する語で,「〈人が〉もの静かで口数が少ない」の意: a *quiet* person 口数の少ない人.
taciturn 生まれつき無口な: By nature he is *taciturn*. 生来無口だ.
reserved 自分の感情や考えをあまり示さない: *reserved* in speech 言葉数が少ない.
reticent いつも(時に一時的に)あまり話したがらない: He was *reticent* on what happened. 出来事については黙っていた.
secretive《通例悪い意味で》自分の行動や考えを隠しがちな: a *secretive* nature 秘密主義の性格.

■からの【空の】
empty 中に何も入っていない: an *empty* bottle 空き瓶.
vacant 〈場所・空間が〉普通中にあるはずのものがない: The house is *vacant*. その家は空き家だ.
blank 〈紙が〉文字・印が書かれていない, 〈テープなどが〉録音されていない: a *blank* tape 空のテープ.

■かりる・かす【借りる・貸す】
hire 金を払って一時的に〈物を〉借りる: *hire* a bus for the picnic ピクニックのためにバスを借りる.
hire out 金を払って一時的に〈物を〉貸す: *hire out* boats ボートを貸し出す.
lease 〈土地・建物を〉正式の契約書を取り交わして借りる[貸す]: The land is *leased* to farmers for 20 years. その土地は20年契約で農夫に賃貸されている.
rent 〈部屋・建物・土地・テレビなどを〉定期的に有料で借りる[貸す]: I *rent* a house from him. 彼から家を賃借した / I *rent* a house to him. 彼に家を賃貸した.
let (**out**)《英》, **rent out** = *rent*. ★ただし「貸す」の意.
charter 〈飛行機・バス・列車などを〉特別な目的のために借りる[貸す]: a *chartered* plane チャーター機.

■かれいな【華麗な】
splendid 〈建物・衣装・美術品などが〉壮麗で印象的な: a *splendid* hotel 華麗なホテル.
gorgeous 絢爛(けんらん)として非常に魅力的な: a *gorgeous* dress 豪華なドレス.
glorious 光り輝いて美しい: a *glorious* sunset 荘厳な日没.
sumptuous ぜいたくで豪華な: a *sumptuous* feast 豪華な祝宴.

■かわ【皮・革】

skin 人や動物の皮膚をいうことが多いが,りんごなどの果物の皮をいうこともある《一般的な語》: a *skin* disease 皮膚病.

hide 馬・牛・象などの丈夫な生の皮: a buffalo *hide* 野牛の皮.

leather 靴・手袋などを作るための動物のなめし革: a *leather* jacket 革のジャケット.

fur 柔らかい短い毛のついた動物の毛皮: a *fur* coat 毛皮のコート.

pelt 貂(てん)・キツネ・羊など短い毛をもつ動物のなめしていない毛皮: beaver *pelts* ビーバーの毛皮.

rind オレンジやスイカなどの果物や,チーズ・ベーコンなどの丈夫な皮: bacon *rind* ベーコンの皮.

peel オレンジ・レモン・バナナなどのむいた皮: a banana *peel* バナナの皮.

bark 木の皮: the rough *bark* of a tree でこぼこした木の皮.

■かんかく【感覚】

sense 五感の任意の一つ: the *sense* of smell 嗅覚.

feeling 肉体的に感じたもの: a *feeling* of hunger ひもじい感じ.

sensation 五官を通して受ける感覚・印象《*feeling* よりも格式ばった語》: a *sensation* of faintness 失神しそうな感じ.

sensibility 印象や影響に敏感繊細に反応する能力: artistic *sensibility* 芸術的な感受性.

■かんきゃく【観客】⇨ちょうしゅう.

■かんけいがある【関係がある】

relevant 当面の事柄に密接な(論理的)関係がある: data *relevant* to the subject その主題と関係のある資料.

germane 密接な関係があって適切な: a remark hardly *germane* to the issue 問題とほとんど関係のない言葉.

pertinent 考慮の対象になっている事柄と決定的に関係がある《格式ばった語》: His answer was quite *pertinent* to the question. 答えは質問にぴったりだった.

apposite 非常に適切な《格式ばった語》: an *apposite* answer ぴったりした答え.

■がんこな【頑固な】

stubborn 《通例軽蔑》性格的に我が強くて自分の主張や態度を変えたがらない: a *stubborn* child 強情な子供.

obstinate 説得や忠告を聞かず自分の意見や決定を変えない: (as) *obstinate* as a mule とても頑固で.

dogged ある目的をあくまでも追求しようと決意している: *dogged* determination 断固とした決意.

stiff-necked 《軽蔑》傲慢で頑固な《格式ばった語》: He is too *stiff-necked* to yield. 傲慢で頑固だから屈しない.

headstrong わがままで強情な: a *headstrong* young man 強情な青年.

pigheaded 《軽蔑》ばかばかしいほど強情で人の言うことを聞かない: *pigheaded* people 強情な人たち.

■かんしゃしている【感謝している】

grateful 人の親切を喜んで感謝している: I'm *grateful* for your help. 助力してもらって感謝している.

thankful 自分の幸運に対して神・運命などに感謝している: I am *thankful* that I am finished with him. あいつと手が切れてありがたい.

■かんじょう【感情】

feelings ある状況に対する精神的・肉体的な反応《一般的な語で,理性や判断力と対立する》: His words hurt my *feelings*. 彼の言葉が私の感情を傷つけた.

emotion 精神的・肉体的に顕現する

強い感情: betray one's *emotions* 感情を顔に表す.

sentiment 感情から生じる思想や判断をも含めたものを意味する《やや格式ばった語》: The movement is supported by strong public *sentiment*. その運動は強い国民感情に支持されている.

■かんしょうてきな【感傷的な】

sentimental 過度に感傷的な: a *sentimental* lyric 感傷的な叙情詩.

mawkish 不誠実・誇張などのために, いや気を催すほど感傷的な: a *mawkish* love story いやに感傷的な恋物語.

maudlin 特に酔った結果, 人生一般または自分の人生について悲しみを感じる: He gets *maudlin* when drunk. 彼は酔うと泣き上戸になる.

soppy 《英口語》〈人・物語などが〉ばかげて感傷的な: a *soppy* film ばかげて感傷的な映画.

■かんぜんな【完全な】

complete すべての要素がそろっている: the *complete* works of Bacon ベーコン全集.

full 特定の限界に達している: a *full* dozen まる1ダース / a *full* moon 満月.

total あらゆるものを合計した: the *total* sum 総計.

whole あるもののすべての部分を含んでいる: a *whole* week まる1週間 / the *whole* school 全校.

entire どの部分も省かれていない《この意味では *whole, complete* と交換可能》: the *entire* city 町全体 / I spent the *entire* day reading the book. まる一日かけてその本を読んだ.

■かんそうした【乾燥した】

dry 湿気がない[不十分な]: *dry* land 陸地 / a *dry* season 渇水期.

arid 〈土地が〉異常に乾燥していて植物がほとんど生えない: Desert lands are *arid*. 砂漠は乾燥している.

■かんどうてきな【感動的な】

moving 強い情緒的な反応(憐れみ・同情など)をかき立てる《最も一般的な語》: a *moving* scene in a play 劇中の感動的なシーン.

affecting 情緒をかき立て涙を誘うような《格式ばった語》: an *affecting* story 哀れな話.

touching 優しさ・同情・感謝などを引き起こさせる: Her concern for her son was most *touching*. 彼女の息子への気遣いは心温まるものだった.

pathetic (時に軽蔑を含んで)罪の無い者がひどい目にあうなど哀れみまたは同情の念を引き起こす: a *pathetic* sight 痛ましい光景.

impressive 強い[よい]印象を与える: an *impressive* speech 深い感銘を与える話.

■かんねん【観念】

idea 観念《知覚または情報に基づいて何かについて心中に描くもの; 最も一般的な語》: her *idea* of hell 彼女の抱いている地獄の観念.

concept 概念《ある事物の多くの事例を見た後に心に抱くその事物の一般化された *idea* で, 論理学用語》: the *concept* of 'tree' 「木」の概念.

conception 特に個人があるものについて心に抱く考え: my *conception* of life and death 私の死生観.

thought 推論・瞑想などの結果, 心に浮かんでくる考え: Tell me your *thoughts* on this matter. この問題についての君の考えを聞かせてくれ.

notion 漠然とした考え; 思いつき: His head is full of silly *notions*. 彼の頭はば

かげた考えでいっぱいだ.

impression 外部の刺激によって心に生じる考え: What is your *impression* of America? アメリカの印象はいかがですか.

■かんのうてきな【官能的な】

sensuous 快く感覚に訴える: *sensuous* music 甘美な音楽.

sensual 《しばしば悪い意味で》肉体的な, 特に性的快楽を求める: *sensual* desire 肉体的な欲望.

erotic 性愛の, 性的刺激の強い《*sensual* が暗に性的快楽をほのめかすのに対して *erotic* は明白に性的快楽を意味する》: *erotic* films ポルノ映画.

voluptuous 官能的な快楽を与える: her *voluptuous* breasts 彼女の悩ましい乳房.

epicurean 美食を主要目的とする《格式ばった語》: an *epicurean* feast 食道楽風のごちそう.

■がんばり【頑張り】

perseverance 困難・障害にめげずある目的に向かって積極的に努力を続けること: He has made a fortune by means of *perseverance*. 不屈の努力で財産を築いた.

persistence 《よい意味で》じっくりと頑張ること; 《悪い意味で》人を困らせるほどのしつこさ: By *persistence* he won the prize. じっくり頑張って賞を得た.

tenacity 目的・信念などを固守すること: I admire his *tenacity* of purpose. 彼の意志の強さに感心している.

■かんれんした【関連した】

related 〈人が〉血縁(時に結婚)により, 〈物が〉共通の起源・相互関係などにより, 密接な関係にある: He is distantly *related* to me. 彼は私の遠縁だ.

linked 〈物が〉鎖の輪のように互いにつながっている; 〈事柄などが〉密接な絆(きずな)で結びついている: These two events are *linked* to each other. これら2つの事件は互いに結びついている.

cognate 〈物が〉共通の起源によって関係づけられている: *cognate* languages 同族言語.

allied 〈人・国家が〉政治的条約によって結ばれた; 〈物が〉同じ範疇に含まれることによって関係のある: *allied* nations 同盟国 / *allied* diseases 同類の病気.

affiliated 〈人や団体が〉より大きいものと結合した: *affiliated* companies 子会社.

き

■きえる【消える】

disappear 視界から去ってしまう: The sun *disappeared* behind the hill. 山の向こうに太陽が沈んだ.

vanish 突然に, 何の痕跡も残さずに消え去る: The figure *vanished* into the darkness. 人影は闇の中に忽然と消えた.

fade 徐々に薄れて見えなくなる: Stars *faded* out in the sky. 星が空からすっかり見えなくなった.

■きおく【記憶】

memory 事実を忘れずに思い出す精神の力; 思い出した事柄: He has a good *memory*. 記憶力がよい.

recollection 半ば忘れていた過去の事柄を思い出すこと; 思い出した過去の事柄: I have a clear *recollection* of doing so. はっきりとそうしたことを記憶している.

remembrance 過去の人や事件についての記憶(《格式ばった語》): He still lives in my *remembrance*. まだ記憶の中に生きている.

reminiscence 《文語》過去の楽しかった事柄などを回想して語ったり書いたりするもの(《格式ばった語》): It is associated with many pleasant *reminiscences*. それは多くの楽しい思い出と結びついている.

■きかい【機会】

opportunity 「機会」を表す最も一般的な語. 特にあることをするのに事情がふさわしい時: I had an *opportunity* to go to London. ロンドンへ行く機会があった.

chance 口語的な語で, 偶然に与えられた都合のよい時期: He refused the *chance* to take part. 参加する機会を拒んだ.

time あることをする[あることが起こる]のに都合のよい時: Now's the *time*. 今が絶好の機会だよ.

occasion 何かを行なう特定の時期・場合: I met him on that *occasion*. そのおりに彼と会った.

■きかん【期間】

period 長短に関係ない時間の広がり(《一般的な語》): the lunch *period* 昼食時 / a *period* of a few years 数年間.

epoch 歴史や発展の特定の時代(の始まり): a great *epoch* in history 歴史上の画期的な時代.

era 歴史上重要な事件から始まる時代: the Victoria *era* ビクトリア時代.

age 顕著な特徴や事件によって識別される時代(《*epoch* や *era* より長い》): the Bronze *Age* 青銅器時代.

■きく【聞く】

hear 意志とは無関係に耳に聞こえる: I can *hear* the music. 音楽が聞こえる.

listen 聞こうとして注意する: I study while *listening* to the radio. ラジオを聞きながら勉強する.

■きけん【危険】

danger 「危険」を表す最も一般的な語: Miners at work are always in *danger*. 就業中の鉱員は常に危険にさらされている.

peril 差し迫った大きな危険《格式ばった語》: He was in great *peril*. 大変な危機に陥っていた.

jeopardy 失敗・損失・傷害などの危険にさらされている状態《格式ばった語》: Their lives were in *jeopardy*. 彼らは生命の危険にさらされていた.

hazard 通例偶発的な健康・安全・計画・名声などに対する危険: The life of an aviator is full of *hazards*. 飛行家の生活は危険に満ちている.

risk 通例個人の自由意志で冒す危険: Don't take a *risk* when you are driving. 車を運転するときは危険を冒してはならない.

■きげん【起源】

origin 発生した根本の原因, あるいはあるものが由来する人や場所: the *origin* of civilization 文明の起源.

source あるものの発展の元, またはあるものが発生する場所・人・状況: indicate the *source* of the infection 感染源を突き止める.

beginnings 「出発点, 始まり」の意味で上の二つとほぼ同じ意味で用いられる《口語的なニュアンスを持つ》: the *beginnings* of Greek culture ギリシャ文化の起源.

root 「根」の意味から, 「あるものの根源」を表す: the *root* of all evil 諸悪の根源.

rise 物事・自然現象などの発生源: This river has its *rise* in the lake. この川はその湖に源を発している.

provenance あるものが出てきた[始まった]場所: the *provenance* of the MS 稿本の出所.

■ぎしき【儀式】

ceremony 宗教的または公式の機会に執り行なわれる儀式: a marriage [wedding] *ceremony* 結婚式.

rite ある特定の集団・社会で執り行なわれる伝統的な儀礼: a *rite* of passage 通過儀礼.

ritual 宗教その他の儀式に執り行なわれる一連の伝統的な儀礼: the Shinto *rituals* 神道の儀式.

liturgy 〔キリスト教〕教会で定められた標準的な礼拝式: differences of opinion about *liturgy* 礼拝式に関する見解の相違.

formality 法律・習慣・作法などで要求される因習的な行為: the *formalities* of social life 社会生活の堅苦しい約束事.

■ぎじゅつ【技術】

technique 広く一般に用いられる方法としての専門的な技術: learn a *technique* 技術を習得する.

art 何かを作ったり, したりする技術で, 「こつ」という感じの意味: Johnson defines grammar as the *art* of using words properly. ジョンソンは文法を語を適切に使う技術であると定義している.

skill あることを巧みにする特殊な能力《特に学習や練習によって身につけたもの》: He has great *skill* in handiwork. 手細工が非常にうまい.

craft 機織・陶芸などのような手を使う技術: He is only an artisan plying *craft*. 技術を使う職人にすぎない.

■きずつける【傷つける】

injure 特に事故で〈人や動物〉に肉体的な損傷を与える: Two children were *injured* in the accident. その事故で子供が二人けがをした.

wound 武器・凶器で傷つける: A bullet *wounded* his leg. 弾丸で足に傷を受けた.

harm 通例故意に傷害・苦痛・苦しみ・損失を与える: Don't *harm* our children. 子供たちに危害を加えないで.

hurt 肉体または感情を傷つける: I don't want to *hurt* his feelings. 彼の感情を傷つけたくない.

damage, impair 〈通例物〉の価値・品質などを損なう《後者は格式ばった語》: Too much washing will *damage* your hair. あまり洗いすぎると髪がいたむよ / Continual smoking *impairs* health. 絶えずたばこを吸っていると健康を損なう.

mar 〈幸福・美などを〉損なう: His wife's death *marred* his happiness. 妻の死が彼の幸福を損なった.

spoil 〈物〉の価値・効用などを損なってだいなしにする《mar よりも意味が強い》: Her poor performance *spoiled* the good play. せっかくの良い芝居も彼女の下手な演技でだいなしだ.

■(...に)**きする**【帰する】
ascribe あることの起源が人や物に帰属すると考える: This poem was formerly *ascribed* to Chaucer. この詩は以前チョーサーの作とされていた.

attribute 〈性質・要因・責任を〉人や物のものであるとする: They *attributed* her acts to her want of morals. 彼女の行為を人持ちの悪さのせいにした.

impute 通例〈悪いものを〉人・物のせいにする《格式ばった語》: They *imputed* the theft to a tramp. 盗みを浮浪者のせいにした.

credit 〈人が〉ある長所・美点を持っていると信じる: They *credited* him with too much idealism. 彼は理想主義が強すぎると信じていた.

■**きたいする**【期待する】
expect 事柄がきっと起こるだろうと思う《よいこと, 悪いこと両方に用いる》: I *expect* them to win. 彼らがきっと優勝すると思う.

anticipate 喜びまたは不安の気持ちで待ち受ける: I eagerly *anticipate* a quiet vacation at a mountain resort. 山の保養地で静かな休みが過ごせると期待しています.

hope 願わしいことの実現を信じて待ち望む: I *hope* you'll be better soon. じきお元気におなりでしょう.

await 〈人や事を〉いつ来るかと待ち受ける: We *await* your early reply. 早いご返事をお待ちしています.

■**きち**【機知】
wit 鋭い当意即妙な表現をする能力: She has a lively *wit*. 生気あふれる機知がある.

humor 滑稽な, またはばかげたことを認めて面白く表現する才能: the *humor* of Chaucer チョーサーのユーモア.

repartee 当意即妙に応答する能力: He is good at *repartee*. 当意即妙の応答がうまい.

■**きにとんだ**【機知に富んだ】
witty 賢く面白い言い方をする: a *witty* person 機知に富んだ人.

humorous 頭のいい, ひょうきんなことを言って人を笑わせたり楽しませたりする: a *humorous* speech ユーモアに富んだスピーチ.

facetious 《軽蔑的》不適切と思われるときにおどけたことを言う: *facetious* remarks おどけた言葉.

jocular 冗談のつもりで言った: a *jocular* reply ふざけた返事.

■**きちんとした**
neat 清潔で整っている: He is always

neat in appearance. いつも身なりがきちんとしている.

tidy 丹精をこめて整然と整頓してある: He keeps his room *tidy*. 部屋をきちんとしておく.

trim よく手入れされて外観がすっきりしている: a *trim* garden きちんと手入れがゆきとどいている庭.

orderly 物や場所が整然と規律正しく整理されている: Her dressing table is very *orderly*. 彼女の鏡台はとてもきちんとしている.

spick-and-span 〈衣服や部屋が〉真新しくこざっぱりした: a *spick-and-span* kitchen こざっぱりした台所.

well-organized 機能的によく整っている: a *well-organized* production line きちんとした生産ライン.

systematic 組織・体系に従った: *systematic* management 組織立った管理.

regular 〈生活・習慣が〉整然とした: lead a *regular* life 規則正しい生活をする.

■きづく【気付く】

discern 肉眼または心で認識する《格式ばった語》: It was difficult to *discern* his motives. 彼の動機を見抜くのは難しかった.

perceive 五官の一つ(特に目)または心で気づく《格式ばった語》: I soon *perceived* that he was lying. 彼がうそを言っていることにすぐ気づいた.

distinguish はっきりと他の物と区別して認める《格式ばった語》: I *distinguished* the oboes in the orchestra. オーケストラの中のオーボエの音が聞き分けられた.

notice 肉眼または心で気づく: I *noticed* a man leaving the house. 男が一人家を出て行くのに気づいた.

■きてい【基底】

base 支えとなる基底: the *base* of a pillar 柱の基底.

basis 根底にある主要原理: the *basis* of his argument 彼の論拠.

foundation [通例複数] 堅固で永続的な基礎; 比喩的には=*basis*: the *foundations* of a building ビルの基礎 / *foundations* of linguistics 言語学の基礎.

groundwork 研究・行動などの基礎をなす準備工作: lay the *groundwork* for diplomatic talks 外交交渉の基礎を敷く.

■きてん【機転】

tact 人を傷つけないような如才なさ・気配り: exercise *tact* 気配りを示す.

poise 厄介な状況で落ち着きを失わないこと: maintain one's *poise* 落ち着きを失わない.

diplomacy 人に対する外交的な扱いの巧妙さ《格式ばった語》: use much *diplomacy* 外交手腕を大いにふるう.

address 事を処理する巧妙な手際: He can solve problems with *address*. 手際よく問題を解決することができる.

■きどり【気取り】

pose 《軽蔑》ただ他人に印象づけるためにとる自然でもなく誠実でもない態度: His liberalism is just a *pose*. 彼のリベラリズムは見せかけにすぎない.

affectation 《しばしば軽蔑》他人に印象を与えようとするわざとらしい行為や話し方: speak with *affectation* 気取って話す.

airs よい作法や上品さを気取ること: give oneself *airs* 気取る.

■ぎねん【疑念】

doubt 確信はないが何となく不審・疑問に思う感じ: hold a *doubt* upon the subject その問題について疑念を抱く.

qualm 自分が正しいことをしているかどうかに関する懸念や不安: He felt *qualms* about letting her go alone. 彼女を一人で行かせることに不安を感じた.

scruple 間違っているかもしれない行為を控えさせる感情, 後ろめたさ: I have *scruples* about lying. うそをつくのにはためらいがある.

■きびんな【機敏な】

quick 生まれつきの能力として反応がすばやい: a *quick* answer 即答.

prompt 生まれつきまたは訓練によりすばやく反応できる: take *prompt* action 機敏に行動する.

agile 〈人や動物が〉すばやく楽々と動くことができる《手足の器用さを強調する》: An acrobat has to be *agile*. 軽業師は敏捷でなければならない.

nimble 指・手・足を敏捷に動かすことができる《あちこち動き回ることを暗示する》: Goats are *nimble* in climbing among the rocks. ヤギは身軽に岩の間を駆け登る.

brisk 〈行動が〉すばやく精力的になされる: a *brisk* walker きびきびと歩く人.

immediate 反応などについて時間的に間を置かないで, すぐさまの: She gave me an *immediate* answer. 彼女はすぐに返事をよこした.

apt 物覚えが早い《格式ばった語》: an *apt* student 物覚えの早い学生.

spry 《通例高齢者が》元気で活動的な: My father is *spry* at eighty. 父は80歳でかくしゃくとしている.

sprightly 《特に老人が》元気がよく活発な《陽気さを暗示する》: a *sprightly* old man 元気な老人.

■きぶん【気分】

mood 一時的な気分《最も包括的な語》: in a merry *mood* 陽気な気分で.

temper 一つの強い感情(特に怒り)に支配された気分: He has a hot *temper*. 怒りっぽい.

humor 《古風》一時の気まぐれな気分: He was in no *humor* for conversation. 会話をする気分ではなかった.

vein 瞬間的な *mood*: in serious *vein* まじめな気分で.

■きまぐれ【気紛れ】

caprice 明白な理由もなく突然心を変えること: the *caprices* of young women 若い女性の気紛れ.

whim 《通例悪い意味で》突然の衝動的な欲望や考え: Let her follow her own *whim*. 気の向くままにさせておけ.

whimsy 奇妙な空想的な気紛れ《格式ばった語》: It seems a *whimsy* seized him. とっぴな考えが彼をとらえたようだ.

vagary 人の行動や状況のとっぴな[思いがけない]変化《格式ばった語》: the *vagaries* of fashion 流行の気紛れな変化.

crotchet 通例つまらない事柄で常識とかけ離れた風変わりな考え: the *crotchets* of an old man 老人の風変わりな考え.

■きまぐれな【気紛れな】

inconstant 〈人が〉気質的に愛情・意図・方針などがしばしば変わる《格式ばった語》: an *inconstant* lover 移り気な恋人.

fickle 《口語》= *inconstant*: *fickle* Fortune 移り気な運命の女神.

capricious 心や気分が衝動的に変わる: a *capricious* child むら気な子供 / a *capricious* climate 変わりやすい気候.

unstable 〈性格など〉感情が落ち着かず信頼できない: His nature is lamentably *unstable*. 彼の性格は嘆かわしいほど落ち着きがない.

mercurial 〈人〉の気分が目まぐるしく変わる《格式ばった語》: a very *mercurial* girl 気分がころころ変わる女の子.

■ぎまん【欺瞞】

deceit 故意に人をだますこと: *Deceit and sincerity cannot live together.* 欺瞞と誠実は両立しえない.

duplicity うわべと腹の中が相反する言葉や行為《格式ばった語》: *To flatter a man whom one despises is duplicity.* 軽蔑している人にお世辞を言うのはふた心である.

cunning 巧みに人をだます能力: *He is full of cunning.* 彼は奸智にたけている.

guile 非常に狡猾(こうかつ)で人を上手に欺く性質《格式ばった語》: a person full of *guile* まったく腹黒い人.

■きみょうな【奇妙な】

strange 見たことも聞いたこともないため, なじみがない《最も一般的な語》: *It's a strange story.* 妙な話だ.

peculiar 特に不快な形で, 他のものと異なって変な: a *peculiar* smell 変なにおい.

curious 好奇心をそそるような不思議さをもった: a *curious* sight 不思議な光景.

odd 普通とは変わっている: an *odd* idea 風変わりな考え.

queer 《古風》異常なほど変で説明しにくい《現在では「同性愛の」の意に用いられることが多い》: a *queer* fish 変人.

quaint 特に古風な点で風変わりで魅力的な: a *quaint* cottage 古風で趣のある田舎家.

outlandish 《軽蔑》異様に奇妙な: *outlandish* clothes 異様な衣装.

singular 《古風》当惑するほど奇妙な: a *singular* sensation 奇妙な感じ.

■ぎゃくさつ【虐殺】

slaughter 本来は家畜を食用に殺すことで, 一度に多くの人々を残酷に不必要に殺すこと.

massacre 無抵抗な人々を無差別に大量に殺すこと.

butchery 本来は家畜を殺す意で, *slaughter* よりさらに残忍な方法で多数の人を虐殺すること.

carnage 通例戦場での大虐殺《累々たる死体を暗示する; 格式ばった語》.

holocaust 戦争などによる大量殺戮. 特に (the 〜の形で) 第二次大戦中のナチスによるユダヤ人の大虐殺.

■ぎゃくにする【逆にする】

reverse 〈物〉の上下・左右・表裏・順序を入れ替える《一般的な語》: *reverse* one's car 車をバックさせる.

invert 上下を逆さにする, 反対にする: *invert* a glass グラスを伏せる.

■きゅうこうばいの【急勾配の】

steep 〈坂や階段が〉急に勾配がきつくなった: *steep* stairs 急な階段.

precipitous 絶壁のように勾配が急で極度に険しい: a *precipitous* wall of rock 切り立った岩壁.

sheer ほとんど垂直の: *sheer* cliffs 切り立った断崖.

■きゅうち【窮地】

fix 《口語》困った[困難な]立場: be in a *fix* 窮地に陥っている.

predicament 特にどうしてよいかわからないような困難な状態《格式ばった語》: be in a dreadful *predicament* 大変な窮地に陥っている.

plight 深刻で困難な状況: be in a sad *plight* 悲惨な苦境に陥っている.

quandary 困難な状況にあってどうすべきか決定できない状態: *I am in a quandary about what to do next.* 次に何をすべきかわからず困り果てている.

scrape 《口語》愚かな行動によって陥った困った立場: *He is always in some scrape or other.* いつも何かへまをやっ

ている.

■きゅうりょう【給料】

wages 特に手先または肉体労働に対して通例週ごとに支払われる賃金.

salary 特に事務的または専門的な仕事をする人に通例一か月ごとに支払われる給料.

stipend 特に牧師・判事などに規則的に支払われる一定の給料.

fee 医師・弁護士・芸術家などの専門的な奉仕に対して支払われる1回ごとの謝礼.

pay 上の4語すべての代わりに使える一般語.

■きょうかい【境界】

boundary 二つの区域を隔てる境界(線): A river forms the *boundary* between the two towns. 川が二つの町の境界となっている.

border 二つの国や地域の境界線(に沿う地域): the *border* between England and Scotland イングランドとスコットランドの境界地方.

frontier 《英》= *border*.

confines ある区域を取り巻く境界線《格式ばった語》: within the *confines* of the city その都市の内部で / beyond the *confines* of human knowledge 人知の範囲を越えて.

■きょうき【狂気】

insanity 精神が正常に働かないこと《医学用語にはならないが,法律用語にはなる》: temporary *insanity* 一時的な精神錯乱.

madness 精神が正常に働かないため,奇妙なふるまいをすること: There's method in his *madness*. 彼の狂気には筋道が通っている.

lunacy 《古風》= *madness*: 狂気のさた: It would be sheer *lunacy* to sail in this weather. こんな天気に帆走するなんて狂気のさただ.

psychosis 〔精神医学〕精神病《人格の機能に支障をきたすような重度の精神障害に対する総称で,機能的なものも器質的なものも含む》.

dementia 〔精神医学〕痴呆.

mania 〔精神医学〕躁病.

■きょうきゅうする【供給する】

supply 必要物を〈人に〉供給する: The butcher *supplies* us with meat. 肉屋は我々に肉を供給する.

furnish 必要品を供給する《*supply* とほぼ同義でより格式ばった語》: *furnish* a person with information 人に情報を提供する.

provide ある事柄に備えて物を用意しておく: You must *provide* yourself with food for the journey. 旅行に備えて食料を用意しておかなければならない.

■きょうせいする【強制する】

force 無理やりにある行動をさせる《一般的な語》: His mother *forced* him to come. 母親が無理やりに来させた.

compel *force* よりやや弱い感じで,否応なくある行為・状態に駆り立てる: His conscience *compelled* him to confess. 良心に責められて告白せざるをえなかった.

oblige 余儀なくある行動をさせる《最も強制の意味が弱い》: I was *obliged* to punish him. 仕方なく彼を罰した.

coerce 権力・威嚇などによって〈いやがる人に〉無理やり…させる《格式ばった語》: He was *coerced* into consent. 無理やりに承諾させられた.

impel 強い欲望や動機によって駆り立てられる: His hunger *impelled* him to beg. ひもじさに駆られて物ごいをした.

■きょうそう【競争】

competition 多くの人が参加して特定の活動で最優秀者を決定する行事: a golf *competition* ゴルフコンペ.

rivalry 力の拮抗する人や会社などの間で行われる激しい争い《しばしば不和・敵意を含意する》: *rivalry* between the two powers 二国間の競争.

emulation 事業・品性などの点で他人に匹敵しよう[追い抜こう]とする努力《格式ばった語》: He is not worthy of *emulation*. あれは張り合うほど価値のある男ではない.

■きょうそうあいて【競争相手】

rival 実力が伯仲している競争相手: *rivals* in love 恋敵.

adversary 試合・議論・戦いの相手: my political *adversaries* 私の政敵.

antagonist 戦い・争いにおける敵対者《明らかに敵意を抱いている》: a formidable *antagonist* 恐るべき敵.

opponent 議論・選挙・競技などの相手《敵意・憎しみを含意しない》: his *opponent* in tennis 彼のテニスの相手.

competitor 特に商売において競争する人: *competitors* in business ビジネス上の競争者, 商売敵.

■きょうそうする【競争する】

compete 他人を負かそうとして競い合う《最も意味の広い語》: *compete* for a prize 賞を目指して競争する.

contend 戦いや競争で相手を打ち負かそうとする《敵意を含意する》: *contend* for power 権力を手にしようと争う.

contest 〈選挙・競争・試合など〉に参加して勝とうとする《格式ばった語》: Three candidates *contested* the by-election. 3 人の候補者がその補欠選挙で争った.

vie いろいろ策を講じて競い合う《格式ばった語》: They all *vied* to win the boss's favor. 皆は所長の歓心を得ようと張り合った.

■きょうだいな【強大な】

mighty 《文語》偉大な力を有している: a *mighty* nation 偉大な国家.

powerful 非常に大きな力・影響力などを有する: *powerful* engine 強力なエンジン.

potent 内在的に強い力や影響力のある《格式ばった語》: a *potent* argument 強力な議論.

omnipotent 〈特に神が〉絶対的な力を有する《格式ばった語》: God is *omnipotent*. 神は万能である.

almighty [しばしば A-] = *omnipotent*: God *Almighty* 万能の神.

■きょうつうの【共通の】

mutual 〈感情などが〉通例二人の間で相互にかつ平等に交換されている: *mutual* affection 相互に抱いている愛情.
★次の表現では *common* の意味: John is our *mutual* friend. ジョンは我々の共通の友人だ.

reciprocal 二人の間で互恵的な《格式ばった語》: *reciprocal* help 相互の助け合い.

common 二人(以上)に平等に所有されている: a *common* interest 共通の利害.

■きような【器用な】

clever 頭の回転が速く身体の動きが器用な: She is *clever* with her hands. 手先が器用だ.

adroit 思考や行動がすばやく巧みな《*clever* よりもいっそう機敏である》: He is *adroit* at steering the yacht. ヨットの操作が巧みだ.

ingenious 《通例よい意味で》〈人や物が〉創意工夫に富む: an *ingenious* method 巧妙な方法.

cunning 《古風》〈特に職人などが〉熟練・発明の才に富んだ: a *cunning* goldsmith 腕のいい金細工師.

dexterous 特に手先が器用で巧みな《格式ばった語》: a *dexterous* surgeon 手先の器用な外科医.

deft 特に手先が軽快ですばやく巧みな: a *deft* needleworker 手利きの裁縫師.

handy 《口語》道具を上手に使う: He is *handy* with a club. 棍棒を巧みに使う.

■きょうふ【恐怖】

fear 危険に陥ったときに感じる大きな不安の感情《最も一般的な語》: He has no *fear* of death. 死をちっとも恐れていない.

dread 危険やいやなことを予期するときの大きな恐怖《格式ばった語》: He had a *dread* of heights. 高所をひどく恐れていた.

fright 突然で瞬間的な強い恐怖: The child took *fright* at the sight of an enormous dog. 子供は大きな犬を見てひどくおびえた.

terror 非常に大きく,多少持続する恐怖: He was frozen with *terror*. 恐怖のために血も凍る思いだった.

alarm 突然に危険に気づいたときの恐怖: He exclaimed in great *alarm*. 肝をつぶして大声を上げた.

panic (特に群衆に感染する)突然の大きな恐怖《しばしば根拠のないことがあり,人々を混乱におとしいれる》: War rumors have created a *panic*. 戦争のうわさが恐慌を来した.

horror 身の毛もよだつほどの激しい恐怖または嫌悪: He was filled with *horror* at the sight. その光景を見て慄然(りつぜん)とした.

■きょうぼうな【狂暴な】

fierce 〈気質・態度・行動が〉荒々しく,見るからに恐ろしい: a *fierce* boar 狂暴ないのしし.

violent 暴力をふるい,周りに危害を及ぼすような: The man turned *violent* suddenly. その男は突然狂暴になった.

ferocious 特に〈気質・行動が〉極端に獰猛(どうもう)な: That man looks *ferocious*. あの男は狂暴な顔をしている.

truculent 《軽蔑》〈顔つき・態度が〉挑戦的かつ攻撃的な: His *truculent* attitude kept them terrified and submissive. 彼の凶暴な態度に彼らは恐れて服従していた.

■きょうゆうする【共有する】⇨ともにする.

■きょか【許可】

permission 権力を持つ者から与えられた何かをすることに対する許可: I have *permission* to see the document. その文書を見る許可を得ている.

sanction 公式の,または慣習上の認可,容認《格式ばった語》: This usage has not get received the *sanction* of grammarians. この語法はまだ文法家によって認められていない.

consent 要求に同意して与える許可,認可: He refused his *consent*. 同意しなかった.

leave 何かをする(特に仕事を休む)許可: ask for a two-week [two week's] *leave* 2週間の休暇を願い出る.

sufferance そうしてほしくないが黙認すること《格式ばった語》: He is here only on *sufferance*. お情けでここにいるだけだ.

■きょだいな【巨大な】

enormous 並の大きさ・量・程度をはるかに越えた: an *enormous* dining

room 非常に広い食堂 / *enormous* expenses 莫大な経費.

immense 測定できないほど大きい《「異常」の意味を含まない》: An ocean is an *immense* body of water. 大洋は広大な水の集まりである.

huge かさ・程度・量が大きい《最も一般的な語》: a *huge* elephant 巨大な象 / a *huge* sum of money 巨額のお金.

vast 広がり・量の大きい: a *vast* expanse of desert 広大な砂漠.

gigantic 大きさ・量・程度が極端に大きい《比喩的にも用いられる》: a *gigantic* tanker 巨大なタンカー / a *gigantic* appetite 旺盛な食欲.

colossal ギリシャのロードス島にある巨像 (Colossus) のように大きい: a *colossal* building 巨大な建物.

tremendous 恐怖や感嘆の念を起こさせるほど大きい《略式体ではしばしば強意語として用いる》: *tremendous* noise とてつもなく大きな音 / a *tremendous* talker 途方もないおしゃべり.

■きり【霧】

mist *fog* よりは薄く, *haze* よりは濃い霧: a thick *mist* 濃い霧.

fog *mist* よりも濃い霧で, 時には透視できないこともある: The *fog* cleared off. 霧が晴れた.

haze 煙やほこりが薄く拡散して物がぼやけて見える状態: A thin *haze* veiled the hills. 山々がかすみに包まれていた.

smog 工業都市などに見られる煙と霧の混合物: photochemical *smog* 光化学スモッグ.

■きれいにする【奇麗にする】

clean 洗濯したりブラシをかけたりほうきで掃いたりして汚れやほこりを取り除く《一般的な語》: *clean* one's shoes 靴を磨く / *clean* a room 部屋を掃除する.

cleanse 特に薬品・消毒液などで洗い清める《しばしば比喩的に》: *cleanse* a sickroom 病室を消毒する / After her confession, she felt that she had been *cleansed* of guilt. 告白のあと自分の罪が清められたような気がした.

sweep 〈部屋などを〉はたきやほうきできれいにする.

dust ブラシや布などでほこりを取り除く.

wipe 拭いてきれいにする.

tidy (up) 物を片づけてきれいにする.

■ぎろん【議論】

argument 証拠と推論に基づく論理的な議論: We usually rely on *arguments* for persuasion. 人を説得するには通例議論に頼る.

dispute 相手の議論に反駁するための議論《通例論争の際の激しさ・怒りを暗示する》: The matter is under *dispute*. この問題は論議中だ.

discussion 問題解決のために意見を交換して行なう討論: I had a *discussion* with him about the plan. 私はそのプランに関して彼と討論をした.

debate 一定のルールのもとに行なわれる公式の討論: the abortion *debate* (妊娠)中絶(是非)論争.

controversy 主に団体の間の重大な問題に関する長期にわたる論争: the *controversy* about the IT project IT プロジェクトをめぐる議論.

■ぎろんする【議論する】

discuss 方針を打ち出すために種々の意見を出し合って話し合う: They *discussed* the best way to take. 採るべき最良の方法について議論した.

argue ある主張を支持または反駁して納得がいくように論ずる: Columbus *argued* that the earth was round. コロン

ブスは地球は丸いと主張した.

debate 通例, 対立意見を持つグループ間で公の問題を討論する《二人の間で debate することも可能》: The teachers *debated* the issue with the parents. 教員たちは親たちとその問題を論じ合った.

dispute 意見が衝突して, しばしば激烈に論争する: I *disputed* against war with Bill. 戦争に反対してビルと激論を交わした.

■ **きんじる**【禁じる】

forbid 通例, 個人的にある行動をしないように命令する《格式ばった語》: I *forbade* my son to smoke. 息子にたばこを吸ってはならぬと命じた.

prohibit 公けに法律または規則で禁止する《格式ばった語》: *prohibit* the sales of cocaine コカインの販売を禁止する.

enjoin 《米》 = *prohibit*: The judge *enjoined* them from building a hotel in that site. 判事は彼らがその土地にホテルを建てることを禁止した.

ban 社会的・倫理的な事柄を法律で禁止する: *ban* all obscene magazines 一切のポルノ雑誌を禁止する.

taboo 原始的な迷信や社会慣行によって忌むべきものとして禁止する: a *tabooed* word 禁句.

■ **きんせつ**【近接】

proximity 通例, 時間的・空間的な近接を意味する: in the *proximity* of a town 町の近くに.

propinquity 通例, 関係・時間・趣味などの近接・類似を意味する《格式ばった語》: *propinquity* of blood 近い血縁関係.

く

■くうきょな【空虚な】
vain 外観だけで中身のない，無意味な《文語的な表現で》: *vain* hopes むなしい望み.

idle 根拠・目的・効果がない: an *idle* talk 無駄な話.

empty 価値・意味・目的のない: *empty* words 無意味な言葉.

hollow 〈感情・言葉・出来事など〉真の価値・意味のない: *hollow* promises から約束.

void 物理的に中身が空虚になっている: a *void* space 空間.

blank 〈顔つきが〉表情がない: a *blank* look ぽかんとした顔つき.

otiose 〈言葉や思想など〉役に立たず無駄な《格式ばった語》: *otiose* epithets 無駄な形容辞.

■ぐうぜんの【偶然の】
accidental 格別の意図なく偶然に起こる《しばしば不幸な結果を暗示する》: an *accidental* death 不慮の死.

fortuitous ほとんど原因がないと思われるほど偶然性が強い《しばしば幸運な結果を暗示する; 格式ばった語》: a *fortuitous* meeting 偶然の出会い.

casual 計画なしに偶然に起こる[なされる]《無関心・不注意の含みがある》: a *casual* visitor 不意の訪問客 / a *casual* discovery ふとした発見.

■くうふくな【空腹な】
hungry 程度を問わず，空腹な《一般的な語》: *hungry* children お腹をすかせた子供たち.

ravenous ひどく空腹な: a *ravenous* wolf がつがつしているオオカミ.

famished 《口語》腹がぺこぺこで: I'm *famished* after a long walk. 遠道を歩いたので腹ぺこだ.

starved 《米口語》, **starving** 《英口語》餓死するほど腹がへっている《*famished* よりもいっそう誇張的な強調語》: I am *starved* [*starving*]. 腹がへって死にそうだ.

■くさい【臭い】
stinking ひどい悪臭を放つ: a *stinking* cell ひどく臭い独房.

smelly 極端なほどではないが嫌なにおいがする: *smelly* feet 悪臭のする足.

malodorous 不快なにおいのする《格式ばった語》: a *malodorous* garbage dump 不快なにおいのするごみ捨て場.

putrid 〈腐敗した有機体が〉強い嫌なにおいを発する: *putrid* fish 腐敗した魚.

rank 強い不快なにおい・味のする: *rank* tobacco 嫌な味のたばこ.

rancid 〈特に腐った脂肪類が〉嫌な味・においのする: *rancid* butter 臭いバター.

■くつう【苦痛】
pain 体や心の痛み《一般的な語》: I have a *pain* in the back. 背中が痛い.

ache 体のどこかの不調による継続的な鈍痛: an *ache* in the stomach 胃の痛み.

pang 鋭い突然の，ずきずきするような一時的な痛み: the *pangs* of toothache ずきずきする歯痛.

twinge 突然の刺すような痛み: I felt a *twinge* in the stomach. 急に刺すような胃の痛みを感じた.

agony 長く続く耐えきれない痛み: It was *agony* having my decayed tooth pulled. 虫歯を抜いてもらうときひどく痛かった.

■ **くつじゅうてきな【屈従的な】**

servile 〈人や態度が〉奴隷のように過度に屈従する: *servile* obedience 卑屈な服従.

subservient 下位または従属的地位であることを意識してへつらったふるまいをする《*servile* より意味は弱い》: *subservient* waiters ぺこぺこする給仕人.

slavish 指図や規則に正確に従おうとする《これらの語の中で一番意味の強い語》: *slavish* adherence to the rules of grammar 文法の規則を後生大事に守ること.

obsequious 特に目上に対して卑屈にこびへつらう《格式ばった語》: *obsequious* to men in power 権力者に卑屈にこびへつらう.

■ **くっつく**

stick 〈人や物が〉くっついて離れない: Stamps *stick* together. 切手は互いにくっつく.

adhere 〈物が〉しっかり付着する《格式ばった語》: This tape *adheres* to most surfaces. このテープはたいていの物の表面にくっつく.

cohere 物質の要素がくっつき合ってひと固まりになる《格式ばった語》: The grains easily *cohere*. 穀物はすぐくっついて固まりになる.

cleave 〈物が〉密接にしっかりと付着する《格式ばった語》: My wet clothes *cleaved* to my body. 濡れた服が体にぴったりとくっついた.

■ **くっぷくする【屈服する】**

yield 強制・懇願・説得などに負ける: *yield* to temptation 誘惑に屈する.

submit 「相手の力に服従する」の意で，前者とほぼ同じだが，前者がより口語的: *submit* to a conqueror 征服者に屈服する.

bow 相手の権威・威厳などに対して幾分の敬意をもって屈服する: *bow* to political pressure 政治的圧力に屈する.

succumb 戯言的に用いて，〈弱い人が〉抵抗しがたい強い力に屈服する《格式ばった語》: He *succumbed* to her charms. 彼女の魅力に屈した.

capitulate 同意した条件で屈服する《格式ばった語》: They *capitulated* to the enemy. 敵に降伏した.

relent 前よりも厳しくなくなる: He *relented* at the sight of her tears. 彼女の涙を見てふびんに思うようになった.

■ **くつろぎ【寛ぎ】**

ease 労苦・心配・緊張などから解放されている状態: A tatami room makes me feel at *ease*. たたみの部屋だとくつろげます.

rest 労働をやめて，心身の疲れをいやしている状態《最も意味の広い語》: You need a good *rest*. たっぷり休まなくてはだめだ.

comfort くつろいで不安がなく，特に気持ちの上で完全に満足している状態: He lives in ease and *comfort*. 安楽に暮らしている.

relaxation 心身の緊張から解放されていること: He found *relaxation* in her company. 彼女と一緒にいるとくつろぎを感じた.

■ぐにゃぐにゃした

limp 固さを失ってぐにゃぐにゃしている: *limp* lettuce（歯ごたえがなくなった）しおれたレタス.

floppy だらりと垂れている: The dog has *floppy* ears. その犬の耳はだらりと垂れている.

soft 適用範囲が広く，一般に「物が軟らかい」の意味: The ground is *soft* after the rain. 雨あがりで地面がぐにゃぐにゃです.

flabby 《軽蔑》柔らかくてたるんでいる: *flabby* breasts たるんだ乳房.

squashy 水分が多く，つぶれやすく，ぐにゃぐにゃしている: a *squashy* tomato ぐにゃぐにゃしたトマト.

flaccid 〈筋肉・茎など〉力なくたるんでいる: *flaccid* muscles たるんだ筋肉.

sleazy 〈織物・服など〉薄っぺらで軽い: *sleazy* cloth ぺらぺらの布.

■くのう【苦悩】

affliction 病気・損失などによる精神的または肉体的な苦痛《忍耐心を試すという含みがある》: Blindness is a great *affliction*. 目が見えないのは大変な苦悩だ.

anguish 精神的に耐えがたいほどの苦しみ: There was a look of *anguish* on her face. 彼女の顔には苦悩の色が見えた.

trial 我慢しなければならない災難: He is a sore *trial* to his parents. 彼は両親の悩みの種だ.

tribulation 大きな悩みや苦しみを引き起こす悲しい事件や病気《格式ばった語》: Life is full of *tribulation*. 人生は苦難に満ちている.

■くらい【暗い】

dark 十分な明るさがないため物がはっきり見えない: a *dark* night 暗い夜.

dim 薄ぼんやりして物が不明瞭にしか見えない: a *dim* room 薄暗い部屋.

dusky 《文語》たそがれ時のように灰色がかってほの暗い: a *dusky* autumn evening ほの暗い秋の夕暮.

obscure はっきりと見えない: an *obscure* hallway 薄暗い廊下.

murky 霧・煙が立ち込めてどんよりと暗い: the *murky* sky over Paris パリを覆うどんよりした空.

gloomy 陰気に暗い: a *gloomy* church 薄暗い教会.

■くらべる【比べる】

compare 〈二つ(以上)の物を〉比較して相違点［類似点］を指摘する: He *compared* Shakespeare with Chikamatsu. シェークスピアと近松を比較した.

contrast 相違点を明らかにするために〈二つ(以上)の物を〉比較する: *contrast* country life with town life 田園生活と都会生活を対照する.

collate 〈同じテキストの異本を〉詳細に批評的に比較する: *collate* one copy with another 二つの異本を校合する.

■くりかえす【繰り返す】

repeat 繰り返して言う［行なう］《繰り返しの回数の限定はない；一般的な語》: He *repeated* his promise. 彼は重ねて約束した.

iterate もう一度または繰り返して言う《格式ばった語》: *iterate* a warning 警告を繰り返して言う.

reiterate 数回繰り返して言う［行なう］《繰り返しの回数が多いことを強調する；格式ばった語》: *reiterate* a demand 何度も要求を繰り返す.

recapitulate 〈演説や討論〉の要点を最後にかいつまんで繰り返す: *recapitulate* some heads いくつかの項目の要点を繰り返して述べる.

■くるしみ【苦しみ】

distress 精神・肉体の大きな苦しみ: He suffered *distress* from the loss of his wife. 妻を亡くして傷心した.

suffering 痛み・苦悩・災難を経験し耐えている状態: bear intense *suffering* 激しい苦しみに耐える.

anguish 特に，激しい精神的な苦痛《格式ばった語》: She cried out in *anguish*. 苦悩のあまり大声を上げた.

agony 耐えがたいほど激しい精神的・肉体的な苦しみ: She died in great *agony*. もだえ苦しみながら死んだ.

■くるしめる【苦しめる】

torment 苦痛や苦労を与えて苦しめる: *torment* a person with questions 人を質問で苦しめる.

torture 激しい肉体的または精神的な苦痛を与える: He was *tortured* by a sense of failure. 挫折感にさいなまれた.

rack いてもたってもいられないような肉体的または精神的な苦痛を与える: He was *racked* with toothache. 激しい歯痛に苦しんだ.

■ぐんしゅう【群衆】

crowd 秩序なく密集した多数の人々: He threaded through the *crowd*. 人込みの中を縫うように進んでいった.

throng 特に押し合いへし合いする群衆《格式ばった語》: *Throngs* of people gathered to see the procession. 大勢の人々が行列を見に集まった.

multitude おびただしい群衆: a great *multitude* 大変な人の群れ.

press 密集した人の群れ《格式ばった語》: There was a terrible *press* in the hall. 広間には人々がびっしりと詰め掛けていた.

swarm 大勢で動き回る人々の群れ: a *swarm* of sightseers あちこち動き回る観光客の群れ.

horde 《通例軽蔑》通例粗野で乱暴な人の群れ: *hordes* of vagrants 浮浪者の群れ.

mob 破壊的行動をしかねない無秩序な群衆: subdue a *mob* 危険な群衆を鎮める.

host 人や物の大きな集団: She has a *host* of friends. 彼女には多数の友人がある.

rabble 騒々しく無秩序な群衆: At last the *rabble* broke up. ついにやじ馬が解散した.

け

■けいかく【計画】

plan ある事をするためにあらかじめ練った方法で,詳しいものも漠然としたものも含む: make *plans* for the holiday 休暇の計画を立てる.

design 技術・技巧面の計画に重点があるが,しばしば術策・奸計も含意する: frustrate his *design* 彼の計画をくじく.

blueprint 細微な点まで決定された完璧な計画: a *blueprint* for a better future よりよい未来の青写真.

project 特に組織的な事業のための計画: complete a huge *project* 巨大な計画を完成する.

scheme 仕事や活動の詳しい計画: The *scheme* was frustrated by lack of funds. その計画は資金不足で挫折した.

schedule 時間的に割り当てられた計画,その一覧表: behind [ahead of] *schedule* 計画より遅れて[早く].

■けいけんな【敬虔な】

devout, pious 神や宗教を深く敬う《通例前者は精神について,後者は態度についていう; なお後者は皮肉に使うことがある》: a *devout* Christian 敬虔なキリスト者 / She is *pious* at church. 教会では敬虔である.

religious 特定の宗教を信仰し,その教義を常に守る: a *religious* woman 信心深い女性.

sanctimonious 《悪い意味で》非常に信心深く道徳的に見えるように努める: a *sanctimonious* hypocrite 信心家ぶる偽善者.

■けいこう【傾向】

tendency 人や物が特定の方向に進む傾向: Prices show a rising *tendency*. 物価は上昇の傾向を示している.

trend 不規則で曲折しているにもかかわらず,大体の方向を示す動き: a recent *trend* in American literature アメリカ文学の最近の動向.

current 変化することがあるが,明確な方向を示す進路: the *current* of public opinion 世論の趨勢.

drift (特に悪い)あるものに着実に向かう傾向: a *drift* toward nationalism 民族主義への傾向.

inclination ある物事を志向する心の傾き: He had no *inclination* to go. 行きたい気持ちは少しもなかった.

leaning あるものに対する傾向・好み《格式ばった語》: He has a *leaning* toward socialism. 社会主義に傾いている.

bent 自然の傾向・好み《格式ばった語》: He has a *bent* for mathematics. 彼は数学向きだ.

propensity, proclivity 生まれつきの通例悪い傾向《共に格式ばった語》: He has a *propensity* for getting into trouble. ともすればいざこざを起こす癖がある / a *proclivity* to falsehood うそをつきたがる癖.

■けいこくする【警告する】

warn 危険などのことを前もって告げる《この意味では最も普通の語》: The patrol boat *warned* us not to go there. 巡視船は私たちに対して、そこへ行かないようにと警告した.

forewarn しばしば受け身で用いられ，あることが起こる前に警告する: He was *forewarned* against going there alone. 一人でそこへ行くなと前もって注意された.

caution 注意するように警告する: They were *cautioned* to protect the fruit from frost. 果物を霜から守るように注意された.

■けいさんする【計算する】

calculate 数量を数学的に厳密に計算する: The scientists *calculated* when the commet will return. 科学者たちはその彗星がいつ戻るかを算定した.

compute 具体的なデータを基に大がかりな計算を行なう《専門的な語》: *compute* the period of the earth's revolution 地球の公転の周期を算定する.

reckon 暗算でできるような比較的簡単な計算をする: *reckon* the number of apples りんごの数を数える.

estimate 数量の概算を出す: *estimate* the value of a painting 絵の価値を見積もる.

■けいしする【軽視する】

disparage 〈人や物を〉評価していないことを，特に不当に暗示する《格式ばった語》: *disparage* a person's merits 人の取り柄をやんわりとけなす.

depreciate 〈物事を〉価値がないと言う《格式ばった語》: We mustn't *depreciate* her kindness. 彼女の親切を軽視してはならない.

denigrate 〈人や物を〉不当におとしめる《格式ばった語》: *denigrate* the effectiveness of the police 警察の有能さを中傷する.

belittle 〈人や物を〉ばかにして重要でないように見せる: Why do you *belittle* everything he does? なぜ君は彼のすることにいちいちけちをつけるんだ.

minimize 評価を最小限にとどめる: Don't *minimize* the help he has given you. 彼がしてくれた援助をなおざりにすべきではない.

trivialize 〈重要な物を〉つまらないものとして扱う: They *trivialize* marriage into the enjoyment of a mere instinct. 彼らは結婚を矮小化して単なる本能の楽しみにしている.

■けいべつする【軽蔑する】

despise 〈人や物を〉価値がないと思って見下す: I *despise* hypocrites. 私は偽善者を軽蔑する.

scorn 〈人や物〉に怒りの混じった強いさげすみを感じる: They *scorned* me as a liar. 私のことを嘘つきだといってさげすんだ.

disdain 〈人や物を〉劣ったものとして尊大に軽蔑する: He *disdains* foreigners. 外国人をさげすむ.

contemn 〈人や物を〉低級・卑劣なものとして激しく軽蔑する《格式ばった語》: I *contemn* their behavior. 彼らの行動を軽蔑する.

scout 〈人や物を〉つまらないものとしてはねつける: He *scouted* the offer of a bribe. 買収をはねつけた.

■げきてきな【劇的な】

dramatic 非常に刺激的で印象的な: a *dramatic* meeting of leaders 指導者たちの劇的な集まり.

theatrical 〈ふるまいが〉不自然に芝居がかっている: Her sorrow is *theatrical*.

彼女の悲しみようは芝居がかっている.

histrionic 《軽蔑》〈声・しぐさ・感情表現などが〉過度に芝居がかった: a *histrionic* show of grief 芝居がかった悲嘆の表現.

melodramatic 感傷的で大げさな: The paper gave a *melodramatic* account of the child's murder. 新聞はその子の殺人事件をメロドラマ的に報道した.

■げざい【下剤】

physic 下剤の一般的な語.

laxative 鉱油・寒天・ある種の果汁などによる弱い下剤, 緩下薬.

aperient 軟下薬(*laxative* に対する医学用語).

purgative ヒマシ油などのより強い下剤.

cathartic 瀉下(しゃか)薬(*purgative* に対する医学用語).

■けしき【景色】

sight 目に入る景色: a touching *sight* 感動的な眺め.

view 特定の場所からの眺め: a distant *view* of a castle 城の遠景.

scene 特定の場所からの限られた範囲の景色で特に美しい眺め: The boats on the lake make a beautiful *scene*. 湖に舟が浮かんでいるのは美しい風景だ.

scenery 一地方の自然の風景全体: the *scenery* of the Lake District 湖水地方の景色.

spectacle 壮大な眺め: a magnificent *spectacle* すばらしい光景.

■けす【消す】

erase 〈書いたり描いたり彫ったりしたものを〉こすり取る: *erase* the blackboard 黒板の字を消す.

efface 表面からすっかりこすり取る(*erase* よりも強意的): Years of weathering *effaced* the inscription from the monument. 長年の風雨のために碑文がすっかり消えてしまった.

obliterate 完全に消し去って跡形もなくなる: The heavy rain *obliterated* the footprints. 大雨で足跡が跡形もなくなった.

cancel 〈線などを引いて記載事項を〉取り消す: *cancel* the registration 登録を取り消す.

delete 〈不要部分の文字などを〉削除する: The word should be deleted. その語は削除すべきだ.

■けちな

stingy 《口語・軽蔑》自分の所有物を手放すのを卑しげに渋る: He's *stingy* with his money. 金を出し渋る.

close 自分が獲得したものをしっかりと握っている: He's very *close*. ひどい握り屋だ.

niggardly ひどくけちで金を使ったり与えたりしたがらない: a very *niggardly* old man ひどくしみったれた老人.

mean 心が狭く意地悪なほどけちな: *mean* about [over] money matters 金銭のことになるといやにけちけちする.

parsimonious 《軽蔑》極度に倹約する(《格式ばった語》): a *parsimonious* person 大層な締まり屋.

miserly 通例相当の富を持つ人がみっともないほどけちん坊で: a *miserly* old man けちな老人.

■けっかん【欠陥】

defect 本質的な不完全さ, 不十分さ, 欠陥: No person is without *defects*. 欠点のない人はいない.

blemish 外観を損なう表面上の不完全さ: a *blemish* on the face 顔のしみ / the only *blemish* on his record 彼の経歴の唯一の汚点.

flaw 構造的または実質的な不完全さ:

Jealousy is a great *flaw* in her character. 嫉妬心が彼女の性格上の大きな欠点である.

imperfection 完全さを損なう局部的な欠点: I noted several *imperfections* in his essay. 彼の論文にいくつかの不備が認められた.

■**けつごうする**【結合する】

join 二つ(以上)の別個のものを結合する: I *joined* the two strings together. 二本のひもをつないだ.

conjoin 〈別個のものを〉一つに結合する《格式ばった語》: a loosely *conjoined* nation ゆるやかに連合した国民.

unite 別個のものを結合して統一体を構成する: the *United* Kingdom 連合王国.

connect 連結物によって二つのものを結びつける: In 1988 the four main islands of Japan were completely *connected* by rail. 1988年, 日本の主たる四つの島は鉄道で完全につながった.

link (鎖の環でつなぐように)しっかりと連接する: They are *linked* together in a common cause. 共通の目的で堅く連携している.

combine 二つ(以上)のものを融合して一つのものを作る: *combine* the factions into a party 分派を合同して党を作る.

associate 心の中で結びつける: We *associate* Freud's name with psychoanalysis. フロイトと言えば精神分析を連想する.

relate 二つの事実・事件の間に関係があることを示す《格式ばった語》: *relate* high wages to labor shortage 高い賃金は労働不足と関係があるとする.

■**けっこん**【結婚】

marriage 結婚式: 結婚した状態: a long and happy *marriage* 長い幸福な結婚生活.

matrimony 結婚した状態《主に法律・宗教的文脈で用いられる; 格式ばった語》: holy *matrimony* 神聖な結婚.

wedlock 〖法律〗結婚した状態《格式ばった語》: a child born out of *wedlock* 非摘出子.

wedding 教会または登記所で行なわれる結婚式と披露宴: *wedding* dress ウェディングドレス.

■**けっていする**【決定する】

decide 討議・熟慮の末に〈疑問・論争など〉にけりをつける: The matter has been quite *decided*. その問題はすっかり片がついた.

determine 〈行動方針・問題を〉決定する《格式ばった語で, 決定に至る過程に重きをおく; *decide* より意味が強い》: One's course of action is often *determined* by circumstances. 人の行動方針はしばしば周囲の事情で決まる.

settle 〈疑念・論争を〉最終的に帰結させる: The dispute was peacefully *settled*. その係争は穏やかに解決された.

conclude 慎重な調査や推理の後で結論を出す: From the evidence we *concluded* that he was innocent. 証拠から推して彼が無実であるという結論に達した.

resolve 〈問題・論争・困難〉の解決策を見つける: The controversy has not yet been *resolved*. その論争はまだけりがついていない.

■**けっていてきな**【決定的な】

decided (受動的に)明確で疑う余地のない: His height gave him a *decided* advantage. 長身が彼にとって決定的な利点となった.

decisive (能動的に)明白な結果を生じる: the *decisive* evidence 決め手とな

■けってん【欠点】

fault 性格や組織の不完全なところ《最も一般的な語》: His *fault* is stubbornness. 彼の欠点は頑固な点だ.

failing *fault* よりも軽い, 人や機械の小さな欠点: Short temper is one of his *failings*. 短気が彼の欠点の一つだ.

shortcomings 人や事物にみられる短所・弱点を指し, ごく軽い意味での欠点: With all his *shortcomings*, he is a wonderful person. いろいろと欠点はあるがすばらしい人だ.

weakness 性格の弱さから起こる小さな欠点: We all have our little *weaknesses*. 人間だれしもちょっとした欠点がある.

foible 小さな, 通例罪のない性格上の癖または弱点の意味の欠点: Nervous giggling is one of her *foibles*. 神経質なくすくす笑いが彼女の癖の一つだ.

drawback 落ち度・不利益をもたらす点という意味での欠点: The plan has one hidden *drawback*. その計画には1つ隠れた欠点がある.

■げひんな【下品な】

indecorous 上品な社交界の作法にかなっていない: *indecorous* behavior はしたないふるまい.

improper その場にふさわしくない: Laughing is *improper* at a funeral. 葬式で笑うのは場違いだ.

unseemly 〈ふるまいなど〉状況に不適当で上品な人のひんしゅくを買う《格式ばった語》: *unseemly* conduct みっともない行動.

unbecoming 〈ふるまいが〉身分や状況にふさわしくない《格式ばった語》: conduct *unbecoming* to a soldier 軍人にふさわしくない行為.

indelicate 他人の感情を損なわないように十分な注意を払っていない《格式ばった語》: *indelicate* language 慎みのない言葉.

indecent 道徳的, 特に性的に不適切な: an *indecent* joke 下品なジョーク.

■…けれども

though 事実・仮定のどちらの譲歩にも用いる《一般的な語》: *Though* he is poor, he is satisfied with his condition. 貧乏だけれども, 境遇に満足している / We will not defer our trip, *though* it rains tomorrow. あす雨でも旅行を延期しない.

although 事実についての譲歩を表す《従節が文頭にくるときに好まれる: *though* より格式ばった語》: *Although* my room is small, it is comfortable. 私の部屋は小さいけれども快適です.

■げんいん【原因】

cause 結果を引き起こす直接の原因: the *cause* of the accident その事故の原因.

reason 行動・信念などをもたらす理由: What is your *reason* for resigning? あなたが辞める理由は何ですか.

antecedent のちに起こる事件・事情の原因となる先行の事件・事情(⇔ consequent)《格式ばった語》: the war and its *antecedents* その戦争とそれに至る事情.

determinant 結果の性格を決定づける原因: Your own will is the only *determinant* of all you do. あなたの行動すべてを決定づけるのはあなた自身の意志のみである.

occasion ある事件の直接の原因・きっかけ《格式ばった語》: Her aggressiveness was the *occasion* of a quarrel. 彼女の勝気な態度が口論のもととなった.

■けんお【嫌悪】

dislike いやに思うこと，嫌悪感: He had a *dislike* for crowds. 人込みに嫌悪感を抱いた.

aversion 強くて永続的な嫌悪感: She shrank from the snake with *aversion*. ヘビを毛嫌いして尻込みした.

antipathy 強い敵意や反感《格式ばった語》: I have a natural *antipathy* toward caterpillars. 生来イモムシがきらいだ.

repugnance 自分の思想・趣味などに合わないものに反発し嫌悪する感情: She felt a *repugnance* for male eyes. 男の目に嫌気を起こした.

disgust 正しくないまたは良くないと感じるものに対する強い嫌悪感: To my *disgust* he again asked for money. また金をくれと言ったのであいそが尽きた.

loathing 激しい嫌悪の感情: He looked at the woman with a bitter *loathing*. 激しい嫌悪感をこめてその女を見た.

repulsion 思わず避けたくなるような強い嫌悪と嫌気の感情: She felt a *repulsion* toward the dandy. その伊達男に嫌悪感を覚えた.

abhorrence 激しい嫌悪感: I have a great *abhorrence* of medicine. 薬が大きらいだ.

■けんか【喧嘩】

quarrel 激しい言葉の上の争い: He is quick to start a *quarrel*. 彼はけんか早い.

argument 意見の相違に基づく口論，口げんか: *Arguments* broke out between supporters of the two teams. 2つのチームのサポーターの間で突然けんかが始まった.

wrangle それぞれが自説を強く主張する論争で，特に長期にわたるもの: a legal *wrangle* over a will 遺言書をめぐる法律上の論争.

fight 腕力に訴えるけんかで，殴り合い，取っ組み合いなど: a hand-to-hand *fight* 取っ組み合いのけんか.

spat 《米口語》短いつまらない口げんか: He has an occasional *spat* with his wife. 時々妻といさかいをする.

brawl 酒の上などの大騒ぎのけんか: The quarrel developed into a noisy *brawl*. その口論は大げんかになった.

■げんきゅうする【言及する】

refer あることを直接に書く[口にする]: Don't *refer* to that again. そのことは二度と言うな.

allude あることを暗示または比喩によって間接的に言う: He often *alluded* to his poverty. よく貧乏をほのめかした.

■けんげんをあたえる【権限を与える】

authorize 〈権限のある人が〉正式の許可を与える: The President *authorized* him to do this. 大統領が彼にこれをする権限を与えた.

commission 権限を与えて公的な特定の仕事を委任すること: He was *commissioned* to negotiate the matter. 彼はこの件の交渉の権限を与えられた.

empower 公的な機関・団体などに法的権限を与えること《格式ばった語》: The faculty meeting is *empowered* to give entrance examinations. 教授会は入学試験を行なう権限が与えられている.

license 特定の事柄について法律上の許可を与える: We are *licensed* to sell alcohol. 私どもは酒類販売の免許を受けています.

■げんご【言語】

language この意味では最も一般的な語で，人間の言葉または特定の民族の言

語: *language* acquisition 言語習得 / the English *language* 英語.

tongue 文語的な表現で *language* と同意に用いられる: mother *tongue* 母語.

speech 特に話し言葉: *speech* therapy 言語矯正.

idiom 文語的な表現で,ある民族・国の固有の言語: the English *idiom* 英語.

■けんこうな【健康な】

healthy 肉体的・精神的に健康な: The children look very *healthy*. 子供たちはとても健康そうに見える.

sound 申し分なく健康な《*healthy* よりも意味が強い》: a *sound* body 健全な身体.

hale《古風》[hale and hearty の形で] (特に年老いて)壮健な: He is *hale* and hearty at eighty. 80歳でなおかくしゃくとしている.

robust とても丈夫で健康な: He is in *robust* health. 頑健である.

well 病気でない《それ以上の含みはない》: I hope you will soon get *well*. 早く元気になられますように.

■けんこうによい【健康によい】

healthful, healthy 健康を増進する: a *healthy* [*healthful*] climate 健康によい気候.

wholesome〈食物が〉健康によい: *wholesome* food 健康食品.

salutary 健康に効く《格式ばった語》: *salutary* medicine 健康増進薬.

salubrious〈気候・場所など〉健康によい: a *salubrious* mountain resort 健康によい山の行楽地.

sanitary 衛生上の,または衛生的な: *sanitary* engineering (上下水道などの)衛生工事.

■げんじゅうな【厳重な】

strict 厳重にしつけ・規準・規則を守ることを要求する: a *strict* teacher 厳しい教師.

severe 決められたことを厳格に守り妥協を許さない: a *severe* inspection 厳密な点検.

rigid〈人・規則が〉厳密・厳格で融通性がない: *rigid* laws 厳重な法律.

rigorous〈人・規則などが〉超人的に厳格な《格式ばった語》: *rigorous* discipline 厳格なしつけ.

stern 断固として情け容赦なく恐ろしいほどの厳しさの: *stern* punishment 厳罰.

stringent〈規則などが〉非常に厳しい《格式ばった語》: *stringent* laws 非常に厳しい法律.

■げんしょうする【減少する】

decrease 量・大きさ・力が次第に少なくなる[する]: The war *decreased* the population. 戦争で人口が次第に減少した.

dwindle 数・大きさ・力が次第に減少して消失しかける: Our savings *dwindled*. わが家の貯金が残り少なくなった.

lessen 大きさ・量・程度・重要性が少なくなる《過程を強調する》: His energy *lessened* gradually with age. 年をとるにつれて精力が衰えていった.

diminish 外的な原因によって減少する《格式ばった語》: The heat *diminished* as the sun went down. 太陽が沈むにつれて暑さが減じた.

reduce 通例人為的に大きさ・量・程度を少なくする: The amount has been *reduced* by one half. 額は半減された.

abate〈強大・過剰なものが〉軽減する《格式ばった語》: The storm has *abated*. あらしが収まった.

■けんそんな【謙遜な】

humble おごりたかぶらず慎ましやか

な《ときに卑屈で自尊心がないという悪い意味になる》: a *humble* attitude 謙遜な態度.

lowly 《古風》= *humble*: answer in *lowly* terms へり下った言葉で答える.

meek 〈人や態度が〉おとなしく不平を言わない: a *meek* and quiet man おとなしく物静かな人.

modest 《よい意味で》気取り・うぬぼれなどがない: *modest* behavior 慎み深い態度.

■けんやくする【倹約する】

thrifty 勤勉で上手にやりくりして多少の貯金をする: a *thrifty* housewife やりくり上手な(専業)主婦.

frugal 極めて質素な食事や衣服で我慢する: *frugal* habits 質素な習慣.

sparing なるべく金や物資を使わないようにする: a *sparing* use of sugar 砂糖を控えめに使うこと.

economical 金銭や物資を慎重に管理して浪費を避ける《*thrifty* よりも適用範囲が広い》: be *economical* of time and energy 時間と精力を節約する.

■けんりょく【権力】

power 身分・地位・人格などから派生する, 支配する能力: enlarge one's *power* 権力を拡大する.

authority 命令を下し, 他人を服従させる権限: exercise one's *authority* 権力を行使する.

jurisdiction 法律的な決定と判断を下す公的な権限: the *jurisdiction* of the court 法廷の裁判権.

sovereignty 全体を絶対的な権力で支配する力, 主権: Japan claims *sovereignty* over these islands. 日本はこれらの島々の主権を主張している.

control 統制・制限する権限: man's *control* over nature 人間の自然支配.

こ

■こうい【行為】

action 単数可算名詞として用いられたときは act とほぼ同義: a kind *action* [*act*] 親切な行為.
★一般的な「ふるまい」は *actions* で表す: You can judge a person by his *actions*. ふるまいで人を判断できる.

act しばしば特定の行為に用いられる: an *act* of folly [cruelty, madness] 愚かな[残酷な, 狂気の沙汰の]行い.
★次の成句でも *act* のみが用いられる: The man was caught in the *act* of stealing. 男は盗みの現行犯でつかまった.

■こううんな【幸運な】

lucky 何の因果関係もなく, 全くの幸運に恵まれた: a *lucky* shot まぐれ当たり.

fortunate 神の加護があったのかと思わせるくらい運がよい: I am *fortunate* in my son. いい息子がいて幸せだ.

happy *lucky* と同義((格式ばった語)): I met him by a *happy* chance. 運よく彼に会えた.

providential 神助によるかのように幸運な((格式ばった語)): It is *providential* that I did not die. 死ななかったのは全く幸運だった.

■こうかい【後悔】

regret したいと思ったことができなかったり, しなければよかったと思うことをしたために感じる悲しみ: I have no *regrets* about not going to college. 大学に行かなかったことを後悔していない.

penitence 過ち・非行に対する悲しみ: *penitence* for a fault 過失の後悔.

repentance 罪や非行に対する後悔((悔い改めようとする意志を暗示する; 格式ばった語)): Confession is a mark of *repentance*. 懺悔は悔悟のしるしである.

remorse 非行のことで心を深く苦しめる自責の念: One minute I was full of *remorse*. 一瞬自責の念で心がいっぱいになった.

■こうかいする【後悔する】

regretful 〈人が〉過去の行為などに対して後悔している.

regrettable 〈事が〉人に後悔の念を起こさせる: He is *regretful* for his *regrettable* performance. 遺憾な行為に対して後悔している.

■こうかんする【交換する】

exchange 〈同種のものを〉取り交わす, あるものを他のものと交換する((一般的な語)): They *exchanged* greetings. あいさつを交わした / Will you *exchange* this camera for yours? このカメラを君のと交換してくれませんか.

interchange あるものと他の物とを相互に置き[入れ]換える((特に継続的であり, 相互でということを強調する; やや格式ばった語)): L and r were frequently *interchanged* in many languages. l と r とは多くの言語でよく置き換えられていた.

barter 物と物を交換する: *barter* oil

for machinery 石油を機械類と交換する.
trade 物と物,異種のものなどを交換する: They *traded* furs for rifles. 彼らは毛皮とライフル銃を交換した.

■こうきしんのつよい【好奇心の強い】

curious 《よい意味で》興味をもって物事を知りたがる;《悪い意味で》他人のことをいろいろと詮索したがる: He's always *curious* to learn. いつも好奇心をもって知りたがっている / She's too *curious* about other people's affairs. 他人のことをやたらに知りたがる.

inquisitive 《悪い意味で》いろいろと質問をして,特に他人のことを知りたがる: We have a very *inquisitive* neighbor. 近所にひどく詮索好きな人がいる.

meddlesome 《悪い意味で》他人のことによけいなおせっかいをする: a *meddlesome* old woman おせっかいなおばあさん.

prying 《悪い意味で》特に他人の秘密を見つけだそうとする: I hate her *prying* eyes. 彼女の詮索好きな目つきがきらいだ.

nosy 《口語;悪い意味で》自分に関わりのないことに興味を持ち,嗅ぎまわろうとする: a *nosy*, disgusting reporter 詮索好きで,うんざりするレポーター.

■ごうけい【合計】

sum 個々の単位を加えて得た数《手元にあるものの総数をいう》: The *sum* of two and three is five. 2と3の和は5である.

aggregate 個々の項目を集めた全部: the *aggregate* of all past experience 過去のすべての経験の総和.

total 種々の小計を足した合計《通例大きな数量についていう》: The *total* came to $1000. 合計は千ドルになった.

whole まとまりのある総計: Two halves make a *whole*. 半分が二つで一つにまとまる.

■こうげきする【攻撃する】

attack 特に武器をもって攻撃する《最も一般的な語》: *attack* the enemy 敵を攻撃する.

assault 突然乱暴に襲撃する: The man *assaulted* her with a club. 男は棍棒を振るって襲いかかった.

assail 激しくまたは繰り返し攻撃する《格式ばった語》: He *assailed* me with blows. 私に殴りかかってきた.

charge 激しい動作で襲いかかったり,突進して攻撃する: The dog suddenly *charged* some children. その犬は突然子供たちを襲った.

storm 嵐のように突然の激しい攻撃によって〈城・砦(とりで)などに〉攻め入る: We *stormed* the fortress. 砦に猛攻を加えた.

bombard 〈場所を〉砲撃または爆撃する;《比喩的》質問などで攻め立てる: The German army *bombarded* Paris. ドイツ軍はパリを砲撃した / They *bombarded* him with questions. 彼を質問攻めにした.

■こうげきてきな【攻撃的な】

aggressive 《悪い意味で》〈人や動物が〉すぐ攻撃する傾向がある;《よい意味で》積極的な: an *aggressive* country 侵略的な国 / an *aggressive* businessperson 積極的なビジネスマン.

militant 《しばしば悪い意味で》〈人や政治的集団が〉暴力に訴えてでも社会的・政治的変革をもたらそうとする: a *militant* reformer 闘争的な改革者.

pugnacious 〈人や行動が〉けんかや争いを好む《格式ばった語》: a *pugnacious* disposition けんか好きな性格.

combative 《時に悪い意味で》すぐけ

んかや論争をしたがる: a *combative* youth 争い好きな若者.

■こうさつする【考察する】

consider 決断するために考えをめぐらす: He *considered* going to college. 大学へ行くことを考えてみた.

contemplate 特に行動方針について深く徹底的に考える: He is *contemplating* a new work. 新しい仕事を目論んでいる.

study 何かを発見するために注意深く吟味する: He *studied* the map. 地図をよくよく調べた.

weigh 判断または決断を下すために比較考量する: *Weigh* your words carefully when you speak to her. 彼女と話すときは慎重に言葉を選びなさい.

■こうしんする【更新する】

renew 〈古いものや摩損・消耗したものを〉新しいもので置き換える《最も一般的な語》: *renew* one's attack on the government's policies 改めて政府の政策を批判する.

renovate 〈痛んだ部分などを〉修理して新しい状態に戻す《格式ばった語》: *renovate* a historic monument 史跡を復元する.

restore 疲労・病気・荒廃などの後で元の状態に戻す: *restore* one's health 健康を回復する.

rejuvenate 若々しい外観・元気などを回復する: *rejuvenate* an old building 古い建物を改装する.

■こうずい【洪水】

flood 川などの氾濫によって普段は乾いている土地の上に大水があふれること: The river is in *flood*. 川が氾濫している.

deluge 特に大雨による大洪水《格式ばった語》: The *deluge* destroyed all the crops. 洪水で作物がみなやられた.

inundation 川の氾濫・高潮などにより,あたり一面が水でおおい隠されること: The *inundation* of low-lying areas has been forecast for nearly fifty years. 今後50年間にわたって低地に洪水が起こりうることが予測されている.

■こうせん【光線】

ray 太陽・ろうそくなどの発光体から放射または反射される細い一筋の光: the sun's *rays* (差しこむ)太陽の光線.

beam しばしば *ray* の束から成る強い光線: a *beam* from the lighthouse 灯台の光.

■こうせんてきな【好戦的な】

belligerent 〈人・態度・言葉が〉怒ってけんかをしそうな: a *belligerent* attitude 好戦的な態度.

bellicose 争い好きな気質をした《格式ばった語》: a *bellicose* nation 戦争好きな国民.

quarrelsome 通例つまらないことで争いたがる: He is *quarrelsome* when drunk. 飲むとすぐけんかをしたがる.

contentious しつこく議論やけんかをしたがる《格式ばった語》: A *contentious* person argues about trifles. 議論好きな人はつまらぬことであげつらう.

■こうぞくする【後続する】

follow 後からくる[起こる]《前後の間には特別な因果関係はない; 一般的な語》: Monday *follows* Sunday. 日曜日の次に月曜日がくる.

ensue 結果として生じる《前後の間にはっきりとした因果関係がある; やや格式ばった語》: He hit the man, and a fight *ensued*. 男をなぐったのでけんかになった.

result ある原因から結果が生じる《特に因果関係を強調する》: His illness *resulted* from eating too much. 彼の病気

は食べ過ぎが原因だった.

succeed 後に続くものが前のものに取って代わる: Who *succeeded* Wilson to the Presidency? ウィルソンの次にだれが大統領になったのか.

■こうつごうな【好都合な】

favorable ある目的を達成するのに状況などがはっきりと有利な: a *favorable* climate for oranges オレンジ栽培に好適な風土.

convenient 必要や目的に便利がよくて好都合な: If that is the case, it would be *convenient* for us. もしそうならば私たちには好都合です.

propitious 〈事情・時が〉事を始めるのに有利な《格式ばった語》: *propitious* circumstances for reform 改革に好都合な事情.

■こうどうする【行動する】

behave [様態の副詞を伴って] 特定のふるまいをする: He *behaves* respectfully toward his superiors. 目上に対して丁重なふるまいをする.

★ *behave* (oneself) では, 通例「〈子供や青少年が〉行儀よくする」の意味: Did the children *behave*? 子供たちは行儀がよかったですか.

conduct [oneself+様態の副詞を伴って] 特定のふるまいをする《毅然としたふるまいというニュアンスがある; 格式ばった語》: She always *conducts* herself like a princess. いつもプリンセスらしくふるまう.

deport, comport, acquit [oneselfを伴って] *conduct* oneself と同義であるが, 格式ばった語: He always *deports* [*comports, acquits*] himself like a gentleman. 彼はいつも紳士らしくふるまう.

■こうとうの【口頭の】

oral 書き物その他の方法ではなく, 口から直接の: an *oral* examination 口述[口頭]試験.

verbal 元来は書き言葉・話し言葉に関係なく,「言葉を使って」の意味だが, しばしば oral と区別なしに「口頭の」の意味に使われる: a *verbal* promise 口約束.

spoken 「声による」の意味で「口頭の」: *spoken* instructions 口頭による指示.

■こうふく【幸福】

happiness 喜びと満足の状態《一般的な語》: Money does not bring *happiness*. 金は幸福をもたらさない.

felicity 大きな幸福《格式ばった語》: enjoy *felicity* 大きな幸福を味わう.

beatitude 至高の幸福《格式ばった語》: a sense of deep *beatitude* 深い至福感.

bliss 幸福・喜悦が頂点に達した感情: the *bliss* of health 健康の幸せ.

blessedness 特に, 神の大きな恵みを受けている感情: single *blessedness* 独身のありがたさ.

■こうふくな【幸福な】

happy 喜びや満足の感情を抱いている《一般的な語》: a *happy* life 幸福な生涯.

glad 喜悦の感情を抱いている: I was *glad* for his sake. 彼のために喜んだ.

cheerful 幸福で朗らかなのが態度に現われている: a *cheerful* face 機嫌のいい顔.

joyful 通例, 特定のことを喜んでいる: a *joyful* countenance 喜びにあふれた顔つき.

joyous 《文語》= *joyful*: a *joyous* heart 喜びに満ちた心.

■こうへいな【公平な】

fair 自分の感情・利害とは無関係に他の人を平等に扱う《一般的な語》: He is *fair* even to people he dislikes. 嫌いな人にも公平だ.

just 倫理・正義・合法の基準を堅く守る: Our teacher is *just* in his grading. 先生は公正に評点する.

impartial 一方にかたよることなく, すべての関係者にえこひいきしない《やや格式ばった語》: an *impartial* chairperson 公平な議長.

unbiased 「先入観や偏見がなく公平な」の意味で, *impartial* より強い語調《やや格式ばった語》: an *unbiased* jury 公平な陪審員.

unprejudiced *unbiased* とほぼ同じ意味で,「偏見・先入観などにとらわれていなくて公平な」: an *unprejudiced* mind 公平な心.

objective 個人的な感情・利害に影響されない: I always try to take an *objective* view of things. いつも物事を客観的に見ようと努めている.

■**ごうほうてきな**【合法的な】

lawful 法律に従って存在している: a *lawful* marriage 合法的な結婚.

legal 法律で許されている: It's not *legal* for people under 18 to buy alcohol. 18歳以下の人がアルコールを買うのは違法である.

legitimate 法律や習慣・伝統・適切な権威・論理から見て権利・資格などが正当と認められる: a *legitimate* claim 正当な権利.

■**こうまんな**【高慢な】

proud《よい意味で》〈人が〉誇りを持っている;《悪い意味で》高慢な: He is *proud* of his success. 成功を誇りとしている / He is *proud* as a peacock. ひどくうぬぼれている.

arrogant《悪い意味で》自分はほかの人々よりもずっと重要だと考えている: a rude, *arrogant* man 無礼で傲慢(ごうまん)な男.

haughty 自分の生まれ・身分・人物を過度に意識し, 自分より下の者をはっきりと軽蔑する: a *haughty* air 尊大な態度.

self-important 自分が実際より偉いかのようにふるまう: a *self-important* official もったいぶっている役人.

overbearing 他人に対して極端に横柄で無礼な: an *overbearing* employer 威張り散らす雇い主.

disdainful 目下の者に対して強い軽蔑心を抱く《格式ばった語》: a *disdainful* glance 侮蔑的な一瞥(いちべつ).

■**こうもく**【項目】

item 特にリストの中のいくつかのもののうちの一つ: two *items* on the list リストの中の2項目.

detail 小さな特定の事実［項目］: every *detail* of the contract その契約の一つ一つの細目.

particular 個々の事項: I remember all the *particulars* about the incident. その事件の細部を全部覚えている.

■**こくそする**【告訴する】⇨ひなんする.

■**こくみん**【国民】

citizen 特定の国の一員で国家に対して忠誠の義務を負い, 出生または帰化によって完全な市民権を有する人: an American *citizen* living in Japan 日本に住んでいるアメリカ国民.

subject 特に君主を首長とする国の一員: a British *subject* 英国国民.

people 文化的・社会的に見た国民: we, the *people* of Japan 我々日本国民.

nation 政治的に見た国民: the French *nation* フランス国民.

national 特定の国の国民で特に外国に在住する者《格式ばった語》: American *nationals* in France フランス在住の

アメリカ人.
native ある場所に生まれた人: a *native* of London ロンドン生まれの人.
race 人類学的・民族学的に見た民族: the Caucasian *race* コーカサス人種, 白色人種.

■こころからの【心からの】
sincere 見せかけ・偽善がなく, 友好的でありのままの真実を述べる: *sincere* apology 心からの謝罪.
honest つつみ隠さずありのままの《*sincere* よりは弱い語》: an *honest* opinion 率直な意見.
unfeigned 飾り気がなく, ありのままで自然な《格式ばった語》: *unfeigned* joy 心からの喜び.
wholehearted 《よい意味で》心からの, 熱心な: *wholehearted* support 満腔の支持.
heartfelt 深く感じた, 心からの: *heartfelt* sympathy 心からの同情.
hearty 温かい友好的な感情を示す: He received a *hearty* welcome. 心のこもった歓迎を受けた.

■こそこそうごく【こそこそ動く】
prowl 動物が獲物を求めたり, 泥棒が盗みの機会をねらったりしてうろつく: *prowl* the streets for girls 女の子を探して街を徘徊する.
skulk こそこそ忍び歩く《臆病・恐怖・邪悪な意図を暗示する》: Reporters *skulked* around his house. 新聞記者が彼の家の周りをこそこそ忍び歩いた.
slink 怖くて, または恥ずかしくてこそこそ歩く: *slink* away こそこそ逃げる.
sneak ［副詞語句を伴って］人に見聞きされないようにこっそりどこかへ行く: *sneak* into a room こっそり部屋に入る.
lurk 邪悪な意図を持ってこそこそ歩く: *lurk* about こそこそ歩き回る.

creep 忍び足で歩く: *creep* up the staircase 階段を忍び足で上がる.

■こたえる【答える】
answer 言葉・文書・動作で返答する《一般的な語で以下の各語の代りにも用いられる》: *answer* a letter 手紙に返事を出す / She *answered* the doorbell. 取り次ぎに出た.
reply 特定の問いに言葉・文書で回答する《質問にいちいち答えるという含意がある》: I will *reply* by letter. 書面で御返事いたします.
retort 批判などに即座に鋭く口答えする: "Mind your business," he *retorted*. 「よけいなお世話だ」と彼はやり返した.
respond 人が言ったりしたりしたことに言葉・動作で反応する《格式ばった語》: She eagerly *responded* to his invitation. 彼の招待にぜひ参りますと返答した.

■こていする【固定する】
fasten ひも・バンド・にかわ・釘などで〈ある物を〉他の物に結合する《以下の語に比べて最も一般的で強い意味をもつ》: *fasten* a shelf to the wall 壁に棚を固定する.
fix しっかりと動かないように固定する: He *fixed* a mirror on the wall. 鏡を壁に固定した.
secure ある箇所へ絶対に取れないよう念を入れて固定する: He *secured* the parcel tightly to the back of his motorcycle. その小包をオートバイの荷台にしっかりと固定した.

■こどく【孤独】
solitude 独りぼっちの状態: A hermit lives in *solitude*. 隠者は一人で生活する.
isolation しばしばやむを得ない事情で他から分離していること: an *isola-*

tion hospital 隔離病院.

seclusion 隠れ家などに閉じこもり,外界との交際を絶っている状態: live in *seclusion* 隠遁生活をする.

■こどくな【孤独な】

alone 〈人が〉他の人と一緒にいないことで必ずしも孤独感を含意しない: He lives all *alone*. 独りで暮らしている.

solitary 単独で仲間がいない: I felt *solitary* in the crowd. 群衆の中で孤独を感じた.

isolated 他から隔離されて孤独な: live an *isolated* life 孤独な人生を送る.

lonely 友達も話し相手もなく不幸な: a *lonely* wife 寂しい妻.

lonesome 《特に米》= *lonely*: He began to feel weary and *lonesome*. 疲れて寂しくなってきた.

■ことなる【異なる】

different 〈人や物が〉互いに異なる《最も一般的な語》: Your ideas are no *different* from mine. 君の考えは私のと少しも変わらない.

diverse 種類が様々で《格式ばった語》: They have extremely *diverse* opinions. 実に様々に異なる意見を持っている.

divergent 〈経路・意見などが〉互いに異なる《融和できないことを強調する》: *divergent* views 互いに異なる見解.

distinct 同じタイプの他の物と明確に異なっている: Hares and rabbits are *distinct* from each other. 野ウサギとアナウサギとは明確に異なっている.

dissimilar 外見・性質などに類似点がない《格式ばった語》: They have very *dissimilar* tastes. ひどく異なる趣味を持っている.

disparate 性質・量・種類などが本質的に異なる《相互間に何の関係もないことを強調する》: Music and sculpture are *disparate* art forms. 音楽と彫刻は全く別々の芸術形式だ.

various 種類・タイプなどが多種多様な: a man of *various* gifts 多才の人.

■ことばづかい【言葉遣い】

diction 思想や感情を効果的に表すための単語の選択と配列の仕方: clear *diction* 明晰な言葉づかい.

phraseology 特定のスタイルによる単語の選択と言い回し: That ridiculous *phraseology* is so much in fashion among the students. そのばかばかしい言い回しが学生の間で大流行している.

wording 意味を表すための単語の選択とその配列: The *wording* of a will should be exact. 遺言書の言葉づかいは厳密でなければならない.

■こどもらしい【子供らしい】

childish 《悪い意味で》〈成人およびその行動が〉未熟で子供っぽい: *childish* selfishness 子供っぽいわがまま.

childlike 〈外見・性格・行動が〉子供らしい好ましい性質のある: *childlike* innocence 子供のような無邪気さ.

■ことわざ【諺】

saying 知恵と真実を含んだ,よく知られた簡潔な言い習わし《例: More haste, less speed. 急がば回れ》.

maxim 格言《行為の基準として役立つ一般原則を諺の形に表現したもの; 例: Honesty is the best policy. 正直は最善の策》.

adage 金言《人間の経験について賢明なことを言うよく知られた句; 例: In wine there is truth. 酒に真実あり》.

proverb 諺《人生について助言を述べるよく知られた短い文; 例: It is no use crying over spilt milk. 覆水盆に返らず》.

motto モットー《人・学校・機関などの行為の信条を述べた短い文; 例: Strike

while the iron is hot. 鉄は熱いうちに打て》.

aphorism 金言《一般的な真理を述べた，簡潔で気の利いた文；例: Art is long, life is short. 芸は長く人生は短い》.

epigram 警句《ある思想をしばしば逆説的，諷刺的で機知に富んだ面白い形で述べた短い文や詩；例: Brevity is the soul of wit. 簡潔は機知の神髄》.

■**ことわる**【断る】

decline 〈招待・提案などを〉丁重に断る《格式ばった語》: I *declined* the invitation to the party. そのパーティーへの招待を断った.

refuse 〈依頼・要求などを〉きっぱりと，時にぶっきらぼうに断る: He *refused* to go. 行くのはいやだと言った.

spurn 〈人・申し出などを〉軽蔑してはねつける: The judge *spurned* the bribe. 判事はわいろをはねつけた.

reject 受諾を積極的に拒む: He has decidedly *rejected* the offer. その申し入れを断固はねつけた.

repudiate 受諾・承認を拒否する《格式ばった語》: I *repudiate* the imputation. その非難は認めがたい.

■**ごまかし**

deception 人を欺く言葉や行為《最も意味の広い語》: A magician uses *deception*. 手品師はごまかしを使う.

fraud 人をだまして財産・権利などを奪う行為: The whole affair was a *fraud*. 事件はすべていかさまだった.

subterfuge 難局を避けるための策略《格式ばった語》: Her headache was only a *subterfuge* to avoid taking the test. 彼女の頭痛は試験を受けまいとする口実にすぎなかった.

trickery 策略・ぺてんを使って人をだます行為《格式ばった語》: I cannot stand their *trickeries*. 彼らのごまかしには我慢ならぬ.

chicanery 特に訴訟において三百代言的な手段を弄すること: Only a dishonest lawyer will use *chicanery* to win a lawsuit. 訴訟に勝つために三百代言を弄するのは不正直な弁護士だけだ.

double-dealing 特に商取引において二枚舌を使うこと: They accused him of *double-dealing*. 彼が二枚舌を使ったと非難した.

■**ころす**【殺す】

kill 〈人や動植物〉の生命を奪う《一般的な語》: He was *killed* by a fall from a horse. 落馬して死んだ.

slay 《文語・米》〈人を〉暴力的に殺す: *slay* one's enemy 敵を倒す.

murder 〈人を〉不法かつ意図的に殺す: He was *murdered* by his nephew. 彼は甥に殺害された.

assassinate 〈重要な政治家を〉殺す: An attempt was made to *assassinate* the president. 大統領を暗殺する企てがなされた.

execute 〈犯罪者を〉法的に処刑する: The man was *executed* for murder. 男は殺人罪で処刑された.

butcher, slaughter 〈動物を〉食用に殺す，〈多数の人々を〉残酷に[不必要に]殺す: All the people were *butchered* by the terrorists. すべての人はテロリストによって虐殺された.

massacre 罪のない人々を大量に殺す: The bandits *massacred* all the women and children. 山賊は女子供を皆殺しにした.

dispatch 《古風》〈人や動物を〉殺す: He *dispatched* the dog with one shot. 一発の弾丸で犬を処分した.

■こわがっている【怖がっている】

afraid (習慣的に)人や物に対して恐怖や不安を感じている《最も一般的な語》: She is *afraid* of snakes. ヘビを怖がっている.

frightened 突然の一時的な恐怖に襲われている: The boy was *frightened* by a sudden noise. その少年は突然の物音に(びっくりして)怖がった.

scared ひどくおびえていて冷静にふるまえない: He was too *scared* to speak. ひどくおびえて口がきけなかった.

fearful 事の成行きなどにびくびくしている《小心・臆病を暗示する》: He was *fearful* of the consequences. 結果を心配していた.

apprehensive (不愉快なまたは恐ろしいことが起こりはしないかと)心配[恐怖]を感じている: They were *apprehensive* of another war. また戦争が起こりはしないかと心配していた.

terrified 激しい恐怖を感じている: She stood still, too *terrified* to cry. あまりの恐ろしさに叫び声も出ず立ちすくんでいた.

■こわがらせる【怖がらせる】

frighten 突然恐怖・不安を与える《最も意味の広い語》: She was *frightened* by a rat. 彼女はネズミを見て怖がった.

scare 突然の恐怖を与える: The dog was *scared* by the thunder. 犬は雷におびえた.

panic はっきりした根拠もなく突然に怖がらせる: His appearance *panicked* them. 彼が現れたので彼らは急に怖くなった.

alarm 差し迫った危険によって不意の恐怖を抱かせる: He was *alarmed* at what he had just heard. いま聞いた話で彼は不安になった.

terrify 激しい恐怖心を起こさせる: Heights *terrifies* me. 高所はたまらなく怖い.

■こわす【壊す】

break 衝撃を与えてばらばらにする《最も一般的な語》: The hooligans *broke* the shopwindows. フーリガンたちはショーウィンドーを割った.

smash がちゃんと騒々しい音を立てて打ち砕く: The vase was *smashed* to pieces. 花瓶は粉々に打ち砕かれた.

crush 外部から圧力を加えて原形をとどめないほど粉砕する: He *crushed* an egg in one hand. 片手で卵を握りつぶした.

shatter 突然に激しくこっぱみじんにする[なる]: I *shattered* the vase when I dropped it on the floor. 花瓶をがちゃんと床に落として粉々にした.

crack ひびを入れる: The dish was *cracked*, not broken. 皿は割れたのではなく,ひびが入っていた.

fracture 〈堅いもの,特に骨を〉砕く,折る《格式ばった語》: He *fractured* his leg. 足の骨を折った.

splinter 〈木・骨などが〉細長く鋭い断片に裂ける: The tree was *splintered* by the thunderbolt. 木は落雷のために裂けた.

■こわれやすい【壊れやすい】

fragile 構造が脆弱(ぜいじゃく)で非常に壊れやすい: a *fragile* plate 割れやすい皿.

brittle 弾性を欠くため容易に壊れ[砕け]やすい: Glass is *brittle*. ガラスは砕けやすい.

breakable 精密機器・ガラス製品・陶器などのように壊れやすい: Is there anything *breakable* in the bag? カバンの中には壊れやすいものはありませんか.

crisp 〈新鮮なセロリ・ビスケットなど

が〉歯ざわりよく砕ける: *crisp* crackers ぱりぱりしたクラッカー.

friable 容易にぼろぼろになる: Dry soil is *friable*. 乾いた土はすぐぼろぼろになる.

こんせき【痕跡】

trace 動物や車両の通過後に残る印・足跡など: the *traces* of a deer 鹿の足跡.

track 連続した痕跡で跡をついて行けるもの: motor car *tracks* 自動車のわだち.

vestige 消滅したもののかすかな痕跡《格式ばった語》: the *vestige* of an ancient civilization 古代文明のなごり.

こんなん【困難】

difficulty するのが難しいこと[物]: I have *difficulty* going to sleep. 私はなかなか眠れない.

hardship 堪え難い苦しみや悩みを生じさせる状況: He has gone through many *hardships*. 多くの辛酸をなめてきた.

rigors 特定の状況を堪え難くするもの: the *rigors* of a long winter 長い冬の厳しさ.

こんわくさせる【困惑させる】

puzzle 答えがわからなくて困惑させる: The problem *puzzled* him. その問題で迷った.

perplex 困惑させ悩ます: He *perplexed* me by his silence. 黙っているので当惑した.

confuse 精神的な混乱を与える: Your answer *confused* me deeply. あなたの答えにいたく面くらっている.

confound 〈事が〉理性が働かないほど完全に混乱させる: This difficulty quite *confounded* me. この困難にはすっかりうろたえてしまった.

baffle 驚いてどうしてよいかわからなくさせる: I was completely *baffled* by his remark. 彼の発言で全く当惑してしまった.

bewilder 特にいろいろ異なった問題が同時に出てきて困惑させる: He looked *bewildered* when he saw the examination questions. 試験問題を見るとうろたえた様子だった.

dumfound 一時的に口もきけなくなるほどまごつかせる: I was *dumfounded* by the shock. そのショックで物も言えないほど驚いた.

さ

■さいがい【災害】

disaster 破壊をもたらす不測の大きな不幸: The failure of the bank was a *disaster* for the farmers. その銀行の倒産は農場主にとって災難であった.

calamity *disaster* とほぼ同義だが,結果として伴う悲惨な気持ちに重きがおかれる《格式ばった語》: Aids is one of the greatest *calamities* of our age. エイズは現代の最悪の災厄の一つだ.

catastrophe 大きな不幸と破壊をもたらす突然の事件《結果に重点をおく》: environmental *catastrophe* 環境破壊.

cataclysm 《文語》突然の激しい変化《洪水・地震・大戦・革命など》: World War II was a *cataclysm* for all Europe. 第二次世界大戦は全欧州にとって大異変であった.

■さいごの【最後の】

last 順序の終わりで, 連続の終わりにくる: He was the *last* one to leave the room. 彼が部屋を出た最後の人でした.

final 〈決定など〉最終的で, 仕上げとしての最後の: the *final* chapter 最終章 / the *final* answer 最終的な答え.

latest 最も現在に近い: his *latest* book 彼の最近の本.

terminal 範囲・期限のあるものについての終わりを示す: the *terminal* station 終着駅.

concluding 講演・章・プログラムなどの終わりを示す: the *concluding* speech 結びのあいさつ.

ultimate ある過程の終わりに生じる《格式ばった語》: my *ultimate* objective 私の究極の目的.

■ざいさん【財産】

property 人が正当に所有する動産・不動産を含む財産: immovable *property* 不動産.

goods 家財その他の動産: household *goods* 家財.

belongings 土地・家屋などの不動産や金銭などを除いた所有物・財産: my personal *belongings* 私の身の回りの品.

effects 法律上から見たあらゆる種類の個人の動産としての所有物《衣類・化粧品なども含む; 格式ばった語》: gather one's personal *effects* 私物をまとめる.

means 物を購入できる財力, 収入: live within [beyond] *means* 身分相応[不相応]な暮らしをする.

estate 遺言の対象となる一切の財産: He left an *estate* of $100,000 to his son. 彼は10万ドルの遺産を息子に残した.

■ざいせいてきな【財政的な】

financial (特に莫大な)金銭上の問題に関する: The firm has a good *financial* standing. その会社は財政的に基盤がしっかりしている.

fiscal 政府や公共団体の歳入・歳出に関する: the end of the *fiscal* year 《米》会計年度末.

monetary 金・通貨に関する: The *monetary* unit of Japan is yen. 日本の貨幣単位は円だ.

■さいのう【才能】

talent 特定の仕事に対する生まれつきの才能《錬磨によってさらに発達させられるもの》: a *talent* for music 音楽の才.

gift 努力して身につけたのではなく, 生まれつき持っている特殊な能力: a *gift* for languages 語学の才.

faculty 先天的または後天的な特殊な能力で, 特別な苦労なく即座に発揮できるもの: the *faculty* for making friends easily すぐ友達を作る才能.

genius 後天的に習得不可能な例外的にすぐれた知的または芸術的な天与の能力: the *genius* of da Vinci ダビンチの天才.

aptitude ある特別の仕事に対する生まれつきの適性: mathematical *aptitude* 数学の才能.

■さくりゃく【策略】

trick 悪知恵を用いて人をだますために言ったりしたりすること: find out a person's *trick* 人の策略を見破る.

maneuver 自分に都合のよいように人や事態を巧みに操ること: He is only doing that as a political *maneuver*. 政治上の策略としてそれをやっているだけだ.

artifice 巧みに人をだます行為・計略: She used (an) *artifice* to get what she wanted. 自分のほしいものを得るためにペテンを使った.

wiles 人をだましたり誘惑したりするための手管: feminine *wiles* 女性の手管.

ruse 間違った印象を与えようとする計略: concoct a *ruse* to disguise a crime 犯罪を隠すための策略を仕組む.

■さけぶ【叫ぶ】

shout 相手の注意を引くために大声を発する: She *shouted* for help. 彼女は大声で助けを求めた.

scream 恐怖・苦痛・興奮の長い甲高い叫びをあげる: She *screamed* with pain. 苦痛の叫びをあげた.

shriek 恐怖などで大きな甲高い叫びを発する《*scream* よりも激しい》: She *shrieked* for help. 金切り声で助けてと言った.

screech 耳障りな金切り声を発する: The parrot suddenly *screeched* loudly. オウムが急にすさまじい金切り声をあげた.

squeal 喜び・苦痛・笑いなどのキーキー声をあげる: The children *squealed* excitedly. 子供は興奮してキャーキャー言った.

yell 注意を引くため, あるいは恐怖・興奮・スポーツの応援などのために非常に大きな声を発する: Stop *yelling* at me. 大声でどなるのはよしてくれ.

holler 《特に米・略式》大声をあげる: *holler* for help 大声で助けを求める.

■ささげる【捧げる】

devote 特定の目的のために〈時間・精力・自分を〉捧げる: He *devoted* himself to historical research. 歴史研究に専念した.

dedicate 高貴な目的のために〈時間や精力を〉捧げる: He *dedicated* his life to the study of science. 科学研究に生涯を捧げた.

consecrate 神聖[特別]な用途に〈生命などを〉捧げる《*dedicate* よりも強意的》: He *consecrated* his life to the service of God. 神への奉仕に生涯を捧げた.

■さしせまった【差し迫った】

imminent 〈危険・災い・不幸などが〉差し迫った: War was *imminent*. 戦争が今にも起こりそうだった.

impending 〈通例不愉快なものが〉差し迫った《格式ばった語》: the *impending* election 差し迫った選挙 / the *impending* storm 今にも来そうな嵐.

■**さすような【刺すような】**
pungent 〈味・においなどが〉刺すような: 〈言葉や批評などが〉辛辣な: *pungent* criticism 辛辣な批評.

spicy 香料のきいた; 〈批評などが〉痛快で小気味よい; 〈話など〉ややショッキングまたは際どいためにおもしろい: *spicy* criticism 小気味よい批評 / a *spicy* story 際どい話.

piquant 〈味が〉ぴりっと辛い《格式ばった語》; 比喩的に, 興味をそそる: *piquant* situation 興味のある状況.

racy 〈酒・果物など〉芳しい; 〈文体・話し方など〉きびきびした: a *racy* style きびきびした文体.

■**ざせつさせる【挫折させる】**
frustrate ある目的に向けられている努力をはばむ: The police *frustrated* the bandit's attempt to rob the bank. 警察は賊の銀行襲撃を未然に防いだ.

defeat 〈計画や希望などを〉否定し, 失敗させる: Their lack of understanding *defeated* his plan. 彼らの理解不足で彼の計画は挫折した.

thwart 遮って〈人や計画を〉失敗に終わらせる《格式ばった語》: He was *thwarted* in his plans. 彼の計画は失敗に帰した.

foil 〈人や計画〉の邪魔をして失敗させる: He was *foiled* in his attempt to become chairman. 議長になろうとする企てが失敗した.

balk 《古風》〈人や行動を〉邪魔して妨げる: He was *balked* in his purpose. 目的を妨げられた.

■**さつじん【殺人】**
homicide 殺人《一般的な語で殺意の有無を問わない》: involuntary *homicide* 過失殺人.

murder 〔法律〕謀殺《殺意のある殺人》.
manslaughter 〔法律〕故殺《殺意がなくて人を殺害すること》.

■**ざったな【雑多な】**
miscellaneous いろいろな種類のものが雑然と集められた《格式ばった語》: a *miscellaneous* collection of pictures 種々雑多な絵の収集.

mixed 雑多なことを表すが, *miscellaneous* ほど多様ではない: a *mixed* voice choir 混声合唱団.

heterogeneous 異成分から成り, 均一性に欠けた: a *heterogeneous* group of people 雑多な人々のグループ.

promiscuous いろいろなものが乱雑に集められた《これらの語の中で雑多の度合いがいちばん強い; 格式ばった語》: *promiscuous* reading 手当たり次第の乱読.

motley 《しばしば軽蔑的》あまり好ましくない雑多なものが不調和に集まった: a *motley* crowd of rubberneckers 種々雑多な見物人の群れ.

■**さまたげる【妨げる】**⇨じゃまする.
■**さまよう【さ迷う】**
wander 特別な目的もなくあちこち歩き回る: I *wandered* lonely as a cloud. 雲のように独りさまよった.

roam 当てもなく広い地域を歩き回る《自由と喜びを暗示; 格式ばった語》: *roam* (over) the hills 丘をさまよう.

ramble ぶらぶら歩き回る《無造作・無目的を暗示》: *ramble* through the woods 林の中をぶらつく.

rove 《文語》あちこちさまよう《特殊な目的・活動を暗示する》: They *roved*

through the area hunting game. 彼らはその地帯を獲物を求めて歩き回った.
range 物を捜して広い地域を歩き回る: buffalo *ranging* over the plains 平原を歩き回る野牛.
stray 一定の場所・進路からさまよい出る: *stray* from one's companion 連れとはぐれる.

■**さびしい**【寂しい】
desolate, forlorn 〈場所が〉荒れ果てて人けがなくわびしい《後者は格式ばった語》: a *desolate* old house 住む人のない古い家 / The village stood *forlorn*. その村は廃村と化していた.
lonely 人けがない, あるいは人里離れて訪れる人もない: a *lonely* street 人けのない通り.
lonesome 《米》= lonely: a *lonesome* hunting box 人里離れた狩猟小屋.

■**ざらざらした**
rough 表面が滑らかでなくざらざらした《一般的な語》: *rough* paper ざらざらした紙 / a *rough* board でこぼこの板.
uneven 面や線が不揃いな: *uneven* ground でこぼこの地面.
bumpy 〈表面が〉ごつごつした: a *bumpy* road でこぼこ道.
harsh 手で触ると不快にざらざらした: a *harsh* texture 手触りの悪い織物.
rugged 〈地表面が〉でこぼこで岩だらけの: a *rugged* mountain 岩だらけの山.
jagged 端がのこぎり歯になった: *jagged* leaves ぎざぎざした葉.

■**さる**【去る】
go 現在いる所から離れていく《一般的な語》: He *went* to France. フランスへ行った.
depart 通例, 旅に出掛ける《格式ばった語》: He *departed* for Italy. イタリアへ出発した.
leave しばしば帰る意志なしに〈場所を〉去る: He *left* Japan for America. 日本を発ってアメリカへ向かった.
quit 《口語》〈束縛しているもの〉から離れる: I *quit* teaching last year. 去年教職をやめた.
withdraw 今いる所を去って, 別な(もっと静かな)所へ行く: He *withdrew* into his den. 私室に引き下がった.
retire 別な(静かな)所へ引き下がる《格式ばった語》; 引退する: He *retired* at the age of seventy. 70歳の時に引退した.

■**さんかする**【参加する】⇨ともにする.

■**ざんこくな**【残酷な】
cruel 人や動物に対して意図的に苦しみを与え同情を示さない: Children are sometimes *cruel* to animals. 子供は時に動物に対して残酷だ.
atrocious 極めて残酷な: an *atrocious* crime 極悪非道な犯罪.
brutal けだものじみて残酷で乱暴なふるまいをする: a *brutal* killing 残忍な殺し.
inhuman 人間にふさわしい感情が全くない: an *inhuman* treatment of children 非人間的な子供の扱い方.
pitiless 同情や哀れみを全く示さない《格式ばった語》: a *pitiless* tyrant 血も涙もない暴君.
ruthless 敵や目下の者に非常に厳しい: *ruthless* Death 無慈悲な死神.

■**さんじ**【賛辞】
tribute 尊敬・感謝を表すための賛辞・贈物など: deserve (a) high *tribute* 大いなる称賛に値する.
eulogy 人や物を口頭または文章で公に激賞すること《人の場合は特に葬儀の折などに用いる; 格式ばった語》: deliver a *eulogy* for the deceased 故人に賛辞

[頌徳の言葉]を呈する.

commendation 勇敢さや業績に対する公的な称賛の言葉: Many people came to him to express their *commendation*(s). 大勢の人が彼のところへ来て称賛の言葉を述べた.

encomium 人や物に対する熱烈な賛辞《格式ばった語》: his *encomiums* of humble life 素朴な生活に対する彼の称賛.

■**さんびか**【賛美歌】

hymn 通例, 教会で会衆が合唱する賛美歌《*psalm* と異なり聖書の一部ではない》.

psalm 礼拝式で歌われる聖歌, 特に聖書の詩編 the Book of Psalms から採ったもの.

carol 特に, クリスマスに歌われる祝歌: Christmas *carols* クリスマス祝歌.

し

■しおれる【萎れる】

wither 〈植物が〉樹液を失って乾燥し, 枯れたりしなびたりする: The grass *withered* after the long drought. 長い日照り続きで草が枯れた.

shrivel 暑さ・寒さ・乾燥などで縮まったりしわになったり巻き上がったりする: Plants *shriveled* in the heat. 植物は暑さでしおれた.

fade 次第に勢いがなくなりしおれる: The roses have *faded*. バラがしおれた.

wizen 老齢・栄養失調などで縮んでしわを寄せる: a *wizened* old woman しわくちゃな老婦人[老婆].

■しかし

but 対立・対照を示す最も一般的な語: He is rich *but* not happy. 金持ちだが, 幸福ではない.

however (今述べたことは真ではあるが)にもかかわらず《やや格式ばった語》: I hate concerts; I shall go to this one, *however*. コンサートは嫌いだ, でもこれには行く.

yet (前言にもかかわらず)次のような驚くべきことがある: This story is strange *yet* true. この話は不思議だが, 本当なのだ.

still (前言にもかかわらず)次のことも真である: The pain was bad, *still* he did not complain. 痛みはひどかったが, それでも不平を言わなかった.

nevertheless (今言ったことは認めるが)次のことも強調せざるをえない: There was no news; *nevertheless* she went on hoping. 何の知らせもなかったが, それでも希望を捨てなかった.

■...しがちな

apt 〈人や物が〉性質上...しがちな: He is *apt* to be careless. えてして不注意になりがちだ / Long poems are *apt* to be dull. 長い詩は退屈になりがちだ.

likely 特定の状況・範囲の中で将来...する蓋然性がある: It's *likely* to snow today. きょうは雪が降りそうだ.

liable 不利をこうむる, 危険にさらされるなどの状況にありがちな: We are *liable* to be overheard. 我々は盗み聞きされる恐れがある.

prone 〈人が〉性格的にある傾向を帯びている: She is *prone* to get angry. 彼女は怒りっぽい.

■しかめる(顔を)【顰める】

frown 不賛成・当惑を感じて, または考えこんでまゆをひそめる: He *frowned* at her want of judgment. 彼女の不見識にまゆをひそめた.

scowl いらだち・怒りのために顔をしかめる: He *scowled* with discontent. 不機嫌で顔をしかめた.

glower 激しい怒りで怖い顔をしてにらみつける: She *glowered* impatiently at me. 彼女はいらいらして私に向かって顔をしかめた.

grimace 苦痛・不快などでしかめ面

をする: He *grimaced* with pain. 苦痛で顔をしかめた.

■しかる【叱る】

scold 特に非行をした子供を怒ってしかる: She *scolded* her daughter for being out late. 遅くまで外を出歩いたといって娘をしかった.

rebuke 公式な立場で激しく厳しく非難する: The minister *rebuked* the official for his misconduct. 大臣はその公務員の不行跡を厳しくしかった.

reprimand 公式あるいは正式に権威をもって非難する: He was sharply *reprimanded* for his negligence. 彼は職務怠慢のかどでひどく叱責された.

reproach 愛想を尽かして非難あるいは批判する: He *reproached* me for being careless. 彼は私の不注意をしかった.

reprove 相手をたしなめる調子でおだやかにしかる: The teacher *reproved* me for being impolite. 先生は私の不作法をたしなめた.

upbraid 非行を激しく非難してしかる《格式ばった語》: The boss *upbraided* me for my carelessness. 社長は私の不注意をしかりつけた.

berate がみがみとしかる[非難する]《格式ばった語》: She kept *berating* her husband. 夫をののしり続けた.

■しきさい【色彩】

color「色」を意味する一般的な語《色相・明度・彩度の3属性によって定義される》.

hue《文語》= *color*; *shade* の意味で使われることもある.

shade 一つの色の異なる色合い: various *shades* of green 緑のさまざまな色合い.

tint *shade* とほぼ同義だが専ら淡色についていう: a delicate blue *tint* ほのかな青の色合い.

tinge 全体に少し混じっている色: Her hair has a *tinge* of red. 髪が赤みがかっている.

■しきべつする【識別する】

distinguish ある特徴によって〈ある物を〉他から識別する: I cannot *distinguish* between the twins. あの双子は見分けがつかない.

discriminate 似通ったものの間の微細な差異を識別する: *discriminate* true from false modesty 真の謙遜と偽りの謙遜とを区別する.

differentiate 特徴を詳細に比較して,紛らわしい物の間の特殊な差異を見分ける: *differentiate* between real pearls from imitations 本物と偽物の真珠を見分ける.

■しげきする【刺激する】

provoke ある感情・行動を起こさせる: *provoke* laughter [violence] 笑いを誘う[暴力を誘発する].

excite 強く感情や情緒をかき立てる: My curiosity was *excited* by the rumor. そのうわさで私の好奇心がかき立てられた.

incite 人をそそのかしたり煽動してある行動を起こさせる《格式ばった語》: *incite* a mob to riot 暴徒を煽動して騒動を起こさせる.

stimulate 刺激してもっと活動的または機敏にさせる: *stimulate* the growth of plants 植物の発育を刺激する.

■じこ【事故】

accident 思いがけない事故で,負傷や死を伴う不慮の出来事: He was killed in a car *accident*. 自動車事故で死んだ.

mishap ちょっとした事故で特に失望や落胆を伴うもの: All the skaters finished the exhibition without *mishap*. スケーターは全員無難にエキシビジョンを終えた.

casualty 事故による死傷者・犠牲者を意味する: *casualties* on our coast わが国の海岸での事故(犠牲者).

■じこしゅちょうがつよい【自己主張が強い】

assertive 自己の信念・能力に対する強い自信を表明する: John is an *assertive* boy, always insisting on his own rights and opinions. ジョンは押しの強い子で常に自分の権利や意見に固執する.

aggressive 《よい意味で》進取の気性に富み, 積極的な;《悪い意味で》押しつけがましい, 強引な: A salesman has to be *aggressive*. セールスマンは意欲的でなければならない.

pushing 《よい意味で》やり手で活動的な;《悪い意味で》でしゃばりな: an energetic, *pushing* manager 精力的でやり手のマネージャー / a bold, *pushing* man 厚かましくでしゃばりな男.

■しごと【仕事】(⇨しょくぎょう)

work あることを行なうための精神的・肉体的な努力《一般的な語》: a day's *work* 一日分の仕事.

labor 通例骨の折れる肉体的な仕事: hard *labor* 重労働.

business 職務としての商売・業務上の仕事: go about one's *business* 仕事にとりかかる.

job 特定の内容をもった具体的な仕事で, 収入を伴う《work よりも口語的な》: do a good *job*. よい仕事をする.

task しなければならない仕事で, 困難なまたは不愉快なもの: He has the *task* of answering letters. 彼には返信を書く仕事がある.

duty 道徳的または法律的にしなければならないこと: do [perform] one's *duty* 本分を尽くす

assignment 権限を持つ人から割り当てられた特定の仕事: today's *assignment* きょうの課題.

chore 特に掃除・洗濯・皿洗いなどの家庭内の毎日の仕事: do domestic *chores* 家事をする.

grind 《口語》退屈で長い仕事: Sawing is a considerable *grind*. のこぎりを使うのはなかなかつらい仕事だ.

toil 長くて疲れる精神的・肉体的な仕事: hours of *toil* 何時間にもわたる骨折り仕事.

■しさくてきな【思索的な】

pensive あることを夢見心地で考え込んでいる: You're looking awfully *pensive*. ひどく考え込んでいるようですね.

contemplative 対象に深くじっくりと思いをひそめる: a *contemplative* life 瞑想にふける生活.

reflective 論理的に分析推理してはっきりした理解・結論に達しようとする: I am in a *reflective* mood and need to be alone. 熟考したい気分なので一人になる必要がある.

meditative 特に思考の対象は決めず, しばしば宗教的な感じで瞑想にふける: a *meditative* walk in the wood 瞑想しながらの森の散策.

■しじする【支持する】

support 〈人や事〉に援助・支持を与える: *support* a friend loyally 友人を忠実に支持する.

uphold 〈攻撃されているものを〉言論などによって守る: *uphold* democracy 民主主義を守る.

sustain 〈人や物を〉継続的に努力して積極的に支持する: He was *sustained*

by his hope for the future. 将来への希望によって支えられた.

maintain 良好な状態に保つ: *maintain* one's car very well 車を大変よく保守する.

back 〈人や行動を〉背後から強力に支持する: *back* up a friend financially 友人を財政的に援助する.

■しじん【詩人】

poet 詩を作る人で,想像・直感・表現の能力のすぐれた人.

versifier 本来は作詞家の意だが,つまらない詩を書く人という軽蔑的な意味が強い.

rhymer つまらないことを押韻詩に作るへぼ詩人《*versifier* よりさらに軽蔑的》.

poetaster *rhymer* と同じく軽蔑的な語で,へぼ詩人.

■しずかな【静かな】

still 動きも音もない: a *still* lake 静かな湖.

quiet よけいな音や騒音がなく,また動きもない: a *quiet* street 騒がしくない通り.

noiseless 騒音がなく静かな;また動きがあっても音がしない: with *noiseless* footsteps 足音を立てずに.

silent 音がしない: a *silent* night 静かな夜.

hushed 音響を押さえた: in a *hushed* voice 声をひそめて.

■しずめる【鎮める】

relieve 〈苦痛・苦悩・不安などを〉我慢できる程度に減じる: *relieve* a person from pain 人の痛みを軽減する.

alleviate 一時的に〈苦痛・不幸などを〉軽減する《その根源はまだ残っていることを暗示する》: This drug will *alleviate* a toothache. この薬で歯痛が軽くなるはずだ.

lighten 〈圧迫・抑圧〉の重荷を減じる: *lighten* the cares of life 人生の苦労を軽くする.

lessen 〈強さや厳しさを〉部分的に軽減する: This will greatly *lessen* the pain. これで痛みがずいぶん減るでしょう.

mitigate 〈怒り・苦痛・悲しみ・罰などを〉軽減する: *mitigate* his anxiety 彼の不安を和らげる.

■しせい【姿勢】

posture 特に人が立ったり歩いたり座ったりするときにとる姿勢: have good [bad] *posture* よい[悪い]姿勢をしている.

position 体全体のとる姿勢: in a sitting [kneeling, standing] *position* 座った[ひざまずいた,立った]姿勢で.

attitude 体の姿勢《格式ばった語》: in a relaxed *attitude* くつろいだ姿勢で.

pose 美術的効果のために意識的にとる姿勢: strike a *pose* for the camera カメラのためにポーズをとる.

stance 野球やゴルフでボールを打とうとする際の立ち姿勢: change one's batting *stance* バッティングの構えを変える.

■じぜんてきな【慈善的な】

philanthropic 人類の福祉に関心を寄せる《特に慈善的な寄贈などの形で示されるもの》: *philanthropic* foundations 慈善財団.

humanitarian 〈行為や見方や政策が〉人類の福祉を増進することに関心を持つ: a *humanitarian* outlook 人道主義的なものの見方.

charitable 金銭その他を貧しい人々に与える: *charitable* to the poor 貧しい人々に慈悲深い.

benevolent 気質的に慈悲深い: *benevolent* actions 慈悲深い行為.

beneficent 慈善心に富み情け深い: a *beneficent* institution 慈善救護施設.

■したい【死体】

body 人間の死体を表す一般的な語《口語的》.

corpse 特に人間の死体を客観的に表す語.

carcass 通例動物の死体.

remains *corpse* と同義であるが，格式ばった語.

cadaver 特に医学の研究用に供される人間の死体.

■したしい【親しい】

familiar 絶えず交際しているので家族のように親しい: I'm not *familiar* with cousins on my father's side. 父方のいとこたちとは親しくしていない.

friendly 友達として仲のよい関係を意味し，広い範囲で親しい間柄を示す最も一般的な語.

close 愛情・利害の点で非常に近しい関係にある: *close* friends 親友.

intimate 親しく付き合っていて気心がよくわかっている《異性間に用いるときは性的な関係を暗示することがある》: They have an *intimate* relationship. ごく親しい間柄だ.

■じっこうかのうな【実行可能な】

practical 〈人や考えなどが〉実際的な: *practical* knowledge 実際的な知識.

practicable 〈計画など〉今後実行の可能性がある: a *practicable* plan 実行可能な計画.

★ 一部の人は *practical* を *practicable* の意味に使い始めている: a *practical* [*practicable*] suggestion 実行可能な提案.

■しっそう【疾走】

sprint 単距離を全力疾走すること.

spurt 活動・努力・スピードを短時間に急に高めること: put on a sudden *spurt* 急にスパートする.

■...してもよい

can 主語の行動を妨げるものが外部の状況の中に存在しない: You *can* smoke in here. この部屋では喫煙してもいいですよ / *Can* I go for a swim?—No, you *can*'t. 泳ぎに行ってもいい—いいえ，いけません.

may 権威のある話し手が許可を与える: You *may* go now. もう帰っていいですよ. ★「許可」の *may* は尊大な感じを伴うので，会話では「行動の自由」を表す *can* の方が多用される.

■じてん【辞典】

dictionary ある言語のすべての語彙の意味用法を同一のまたは別の言語で説明し，ABC 順などに配列した本《一般的な語》: a biographical *dictionary* 人名辞典.

glossary 難解な語に注釈を付け，ABC 順などに配列した巻末のあるいは独立した辞書: a Shakespeare *glossary* シェークスピア用語集.

vocabulary 特定の題目を扱う本の補遺として付けられた用語集: This book has a good *vocabulary* at the back. この本には巻末にすぐれた単語集が付いている.

lexicon 特に，古典語の辞書: a Greek-English *lexicon* 希英辞典.

■しぬ【死ぬ】

die 生命がなくなる《最も一般的な語》: He *died* young. 若死にした.

decease〔法律〕= *die*: his *deceased* wife 彼の亡き妻.

expire《文語》最後の息を引き取る: The king pressed her hand and *expired*. 王は彼女の手を握り締めて息を引き取っ

た.

pass away 《婉曲》= *die*: My grandfather *passed away* last year. 祖父は昨年亡くなった.

perish 《文語》戦争や事故などで死ぬ: Many people *perished* in the fire. 火事で多くの人が死亡した.

■しはいてきな【支配的な】

dominant 〈人や物が〉同種のものの中で最も優勢な[重要な, 顕著な]: The idea is *dominant* over all the others. その考えが中でも支配的である.

predominant 人や物の特定の集合のうちで重要性や影響力が最も大きい《格式ばった語》: English is *predominant* in America. アメリカでは英語が最も優勢だ.

paramount 他の何よりも重要な: Loyalty is a duty *paramount* to all others. 忠誠はあらゆる義務の中で最も重要である.

preeminent 〈人や物が〉性質や能力が他よりも卓越している《格式ばった語》: the *preeminent* figure in American politics アメリカ政治における最も卓越した人物.

preponderant 〈人や物が〉量・重さ・力・重要さの点で抜きんでている《格式ばった語》: Buddhism is the *preponderant* religion of the country. 仏教がその国で最も有力な宗教である.

■しばしば

often しばしば起こる出来事についていう《間隔は問題にしない》: He came *often*. 彼はよくやって来た.

frequently *often* より頻度が高く, 短い間隔で反復されることを強調する《*often* よりも格式ばった語》: He *frequently* arrived late. しばしば遅刻した.

■じはつてきな【自発的な】

spontaneous 他人から強制されず, また自らの心の衝動もなくごく自然な: *spontaneous* offer of help 自発的な援助の申し出.

voluntary 〈行為が〉本人の自由意思による: *voluntary* work 自発的にする仕事.

willing 自分から進んで積極的に行なう意味での自発的な: a *willing* help 自発的にする援助.

■しはらう【支払う】

pay 代価・報酬として〈金を〉支払う: *pay* twenty dollars for a book 本代として20ドル支払う.

repay 借金を返済する: I must *repay* him the money. 金を返さなければならない.

compensate 人にサービス・労力などの報酬, あるいは損害などの賠償金を払う: I *compensated* him in cash. 彼に現金で補償した.

recompense 人に労力あるいは損害などの償いをする《*compensate* より格式ばった語》: I *recompensed* him for his services. 彼の奉仕に報いた.

remunerate 人に骨折りなどに対して報酬を与える《格式ばった語》: I must *remunerate* him for his work. 彼の仕事に報いなければならない.

■じひ【慈悲】

mercy 罰しないで喜んで許そうとすること: show *mercy* to one's enemy 敵に慈悲を示す.

charity 他人に対する同情と親切: I employed him out of *charity*. あわれと思って彼を雇った.

lenity 過分な情け深い措置《格式ばった語》: *lenity* to the prisoners 捕虜に対する過分な情け深い措置.

clemency 罪人などへの寛大な措置《格式ばった語》: make an appeal for

clemency 寛大な措置を訴える.

■じまんする【自慢する】

boast 《悪い意味で》自分の業績や能力などについて大きな誇りと満足をもって話す: He *boasted* of his own prowess at fishing. 釣りの腕前を自慢した.

brag 《悪い意味で》(自分自身・持ち物などについて)大げさに自慢する《*boast* よりも見せびらかしが大きい》: He's always *bragging* about his new car. 自分の新車のことをいつも自慢している.

vaunt 《文語》= *boast*.

crow 《口語》《悪い意味で》自分の成功などを勝ち誇って自慢する: The winning team *crowed* over its victory. 勝ったチームは勝利を勝ち誇った.

■しめだす【締め出す】

exclude 〈外のものが〉入ってくるのを拒む: He was *excluded* from membership. 入会を拒まれた.

eliminate 〈内部の不要なものを〉取り除く《格式ばった語》: *eliminate* waste matter from the system 老廃物を体内から締め出す.

debar 法律・規則によって権利の行使などを妨げる《格式ばった語》: In Japan people under nineteen are *debarred* from voting. 日本では19歳以下の人は投票が認められていない.

■しめる【閉める】

close, shut「開いているものを閉じる」という意味でしばしば交換可能である: *close* [*shut*] one's eyes 目を閉じる.

★しかし, *close* a door [gate] はただドアや門を閉めたことを意味するのに対して, *shut* a door [gate] はドアや門を閉めた上に鍵を掛けたりかんぬきを下ろしたりしたという含意がある. *close* a gap (すき間をふさぐ), *close* a shop (閉店する) などで *close* しか適切でないのは, どちらの場合にも, かぎを掛けたりかんぬきを下ろしたりするという明白な含意がないからである. なお, *close* のほうが上品な語とする人もいる.

■じゃあくな【邪悪な】

vicious 邪悪・悪意などの性質を持った: a *vicious* temper 意地悪.

villainous 悪党のようにひどく邪悪な《*vicious* よりも意味が強い》: a *villainous* deed 下劣な行為.

sinful 道徳的・道義的なニュアンスで「悪い, 不埒(ふらち)な」の意: a *sinful* thought ばちあたりの考え.

iniquitous 極端に邪悪で公正さや公序良俗の念に欠けた《格式ばった語》: *iniquitous* bargain 不正な取引.

nefarious 言語道断に邪悪で道徳を全く無視する《*iniquitous* よりも強意的; 格式ばった語》: a *nefarious* crime 極悪な犯罪.

■じゃますする【邪魔する】

(1) ある行為の進行を阻止する

prevent 人や事が…するのを完全に妨げる: What *prevented* you (from) coming? なぜ来られなかったのか.

hinder 人やある行為を一時的に妨げたり遅らせたりする: Rain *hindered* us from completing the work. 雨で我々の仕事の完成が遅れた《*hinder* の代わりに *prevent* を用いると全くできなかったことを意味する》.

interrupt 話の腰を折ったり, 仕事を妨害する: Don't *interrupt* me while I'm talking. 私がしゃべっているときに口出ししないでくれ.

disturb 眠りや心の平静さを乱す: She's asleep, we must not *disturb* her. 彼女は眠っているからそっとしておかねばならない.

preclude ある事情が存在するために

事を不可能にする《格式ばった語》: *preclude* nonprofit organizations from competing with small firms for government contracts 非営利団体が政府契約の仕事の獲得で小企業と競合できないようにする.

obstruct 進路の途中にじゃま物をおいて進行・運動を妨害する: The snowslide *obstructed* traffic. 雪崩のために交通が妨げられた.

(2) 心配や気苦労などで悩ませる

annoy 特にうるさい行為を繰り返して少し怒らせる[いらいらさせる]: We are *annoyed* by the noise in this neighborhood. この近所の騒音で悩まされている.

bother ささいなことでじゃまをしたり, 迷惑を感じさせる: Don't *bother* me; I want to be left alone. じゃましないでくれ. 独りにしてほしいんだ.

worry 不安・心配・気苦労などで心をかき乱す: He was *worried* by her absence. 彼は彼女がいなかったので気をもんでいた.

irk しつこく悩ませていらだたせる《格式ばった語》: It *irks* us to wait for people who are late. 遅刻する連中を待っているといらつく.

■じゆう【自由】

freedom 妨害・制限・抑圧などのないこと《最も意味の広い語》: *freedom* of speech 言論の自由.

liberty 権利としての自由で, 監禁・奴隷状態から解放されていること《過去の抑圧を暗示する; 格式ばった語》: Lincoln granted *liberty* to the slaves. リンカーンは奴隷に自由を与えた.

license 行動・言論・思想などの過度の自由: sexual *license* 性的放縦.

■しゅうい【周囲】

circumference 円形(に近いもの)の周囲: a lake five miles in *circumference* 周囲5マイルの湖.

perimeter 円形のみならず, 三角形・四角形・多角形などの周囲: the *perimeter* of the earth 地球の周囲.

periphery 物の周囲または周辺《格式ばった語》: the *periphery* of the town 町の周辺部.

circuit 物の周囲を一巡すること; 行程: the moon's *circuit* of earth 月が地球を一巡する公転(軌道).

■しゅうかくぶつ【収穫物】

crop 穀物・果物・野菜など畑で栽培されている農作物(2種類以上は *crops*), またはその収穫高: vast fields of *crops* 農作物を植えた広大な畑 / We had a fine *crop* of potatoes this year. 今年はじゃがいもの出来がよかった.

harvest 収穫された農作物, またはその収穫高: a poor *harvest* 不作.

yield 土地・果樹・動物などによって産出された食料品の量; 投資などによる収益, 利回り: the annual *yield* of wheat 小麦の年間収穫量 / a cow's milk-*yield* 牛の牛乳産出量 / a *yield* of 5 percent 5パーセントの利益.

produce 特に農業によって生産されたもの: the *produce* of the fields 農作物.

product 自然または人間によって生産されたもの: farm *products* 農産物 / metal *products* 金属製品.

■しゅうかん【習慣】

habit しばしば繰り返されたため個人にとって無意識にできるようになっている行為: He has the bad *habit* of biting his nails. つめをかむ悪癖がある.

custom 社会全体が長年にわたって行なってきた慣習; 個人的には, 特定の状

況で通例となった行為: It is the *custom* to give presents at Christmas. クリスマスに贈物をするのは慣習である / It is my *custom* to take a shower in the morning. 朝, シャワーを浴びるのは私の習慣です.

practice 規則に反復する行為《*habit* のように無意識性を暗示しない; 格式ばった語》: It is his *practice* to go jogging in the evening. 夕方ジョギングするのが彼の習慣だ.

usage 長い間行なわれてきたために公に承認されるようになった慣習: Some of those practices have grown into *usage*. そういった習わしの中には慣習として確立したものもある.

wont 《古風》習慣的にいつもすること: He went to bed early, as was his *wont*. 例によって早く寝た.

■じゅうじゅんな【従順な】

obedient 権威を持つ人の命令によく従う: an *obedient* child 従順な子供.

docile 素直でおとなしく御しやすい: This dog is very *docile*. この犬はとてもおとなしい.

tractable 〈人や動物や物が〉取り扱いやすい《*docile* のような素直さを暗示しない》: Horses are more *tractable* than mules. 馬はラバよりも扱いやすい.

compliant 自己主張がなく人の言いなりになる《格式ばった語》: a *compliant* little boy おとなしく人の言いなりになる小さい男の子.

yielding 言いなりで従順な: in a *yielding* mood 従順な気持ちで.

biddable 〈主に子供が〉従順な: a very *biddable* child とてもおとなしい子供.

■しゅうぜんする【修繕する】

mend 割れたり破れたり傷ついたものを修繕して原状に戻す《特別な技術を必要としない場合に使う》: *mend* a broken doll with paste and paper こわれた人形をのりと紙で修繕する.

repair 複雑なものを専門的な技術を使って修繕する: *repair* a car 車を修理する.

patch 一時の間に合わせにすばやく[おおざっぱに]繕っておく: *patch* holes in the wall with cement セメントで壁の穴を修繕する.

darn ほころびをかがって繕う: *darn* a stocking ストッキングをかがって繕う.

fix 《口語》= *mend, repair*.

■しゅうどういん【修道院】

cloister 修道院《男女双方の宗教上の隠遁場所で, *convent, monastery* の双方を含む》.

convent 女子修道院.

nunnery 《古風》= *convent*.

monastery 通例, 男子修道院.

abbey 大修道院《大修道院長 (abbot, abbess) の統括する修道院》.

priory 小修道院《小修道院長 (prior, prioress) の統括する修道院で, 時として *abbey* の支部》.

■じゅうなんな【柔軟な】

pliable 柔軟で折れずに曲げやすい; 他人の意志に従いやすい: a *pliable* person 言いなりになる従順な人.

pliant = *pliable*; 従順よりも柔軟な: *pliant* to fate 素直に運命に従う.

plastic 〈漆喰(しっくい)・粘土など〉柔らかくて思うように形づくれる; 従順で感化されやすい: a *plastic* character 感化されやすい性格.

malleable 〈金属が〉打ち延ばしのできる; 〈人・性質が〉外からの力・影響力によって容易に形づくられる: a *malleable* young man 従順な若者.

flexible しなやかな；融通のきく：a *flexible* wire 柔軟な針金 / a *flexible* rule 柔軟な規則.

■しゅうねんぶかい【執念深い】

vindictive 他人から受けた非行・損害などに対して報復を望んでいる：a *vindictive* person 執念深い人.

vengeful, revengeful 両者とも「復讐心に燃えている」の意味で同義だが，前者は特に文語的なニュアンスを持つ《*vindictive* よりも実際に行動に出る意味が強い》：a *revengeful* spirit 復讐心 / The motivation was personal and *vengeful*. 動機は個人的で復讐心から出たものだった.

spiteful 他人に対して悪意を抱いている：a *spiteful* woman 意地悪女.

■じゅうぶんな【十分な】

enough 特定の目的にとって数量が過不足なくちょうど足りる：I have *enough* money to buy a car. 車を買うだけの金はある.

sufficient *enough* とほぼ同じ意味であるがやや格式ばった語：The sum will be *sufficient* for our needs. それだけあれば十分間に合うだろう.

plenty あり余るほどあって十分という意味：We have *plenty* of time. 時間は十分あります.

adequate 特定の目的にとって数量あるいは質が必要最小限だけはある：Your skill in computing is not *adequate* for the job. その仕事をするには君のコンピューターの腕では不足だ.

■じゅうようせい【重要性】

importance 人や物が大きな価値・勢力・影響を持っていること《最も一般的な語》：a matter of great *importance* 非常に重要な問題.

consequence *importance* と同義であるが格式ばった語：With country people time is of no *consequence*. 田舎の人々にとっては時間は重要ではない.

moment [of 〜 の形式で] *importance* と同義であるが格式ばった語：a matter of great *moment* 非常に重大な事柄.

weight 問題になっている人や物の相対的な重要性《格式ばった語》：His opinion carries *weight* in America. アメリカでは彼の意見は大いに重きをなす.

significance 大きな意味・重要性があること《やや格式ばった語》：The movement has a national *significance*. その運動は国家的意義がある.

import ある事柄が人々や将来の事件に影響を及ぼすと考えられる点で重要なこと《格式ばった語》：They fail to grasp the *import* of the scandal. そのスキャンダルの重大さがわかっていない.

■しゅうりょうする【終了する】

end 完成・未完成に関係なく今までやっていたことをやめる：Let's *end* this argument at once. 早速この議論をやめることにしよう.

finish 特に，最後の仕上げを施して〈着手した仕事を〉希望どおりに終わらせる：I have just *finished* the work. その仕事をやり終えたところだ.

■しゅぎ【主義】

doctrine 〈宗教・政治・学問上の〉信念・主義・理論《格式ばった語》：the *doctrine* of evolution 進化論.

dogma 《しばしば軽蔑》疑問の余地なく正しいとされている信念《の体系》：Catholic *dogma* カトリックの教義.

tenet 理論や信念の基になっている原理の一つ《格式ばった語》：the *tenets* of socialism 社会主義の教義.

precept 行動・思考様式の基になる指針：Example is better than *precept*.《諺》

実例は教訓にまさる.

■じゅくした【熟した】

ripe 〈果物・穀物などが〉熟した；行動などの準備が整っている: *ripe* apples 熟れたりんご / The time is *ripe* for revolution. 革命の機は熟している.

mature 〈人が〉精神的にも肉体的にも成熟した: sexually *mature* 性的に成熟した.

mellow 〈果物などが〉熟して甘く柔らかな《格式ばった語》；〈人・性格が〉年齢や経験で円熟した: a *mellow* peach 熟れて柔らかい桃 / *mellow* character 練れた人格.

■じゅくれんした【熟練した】

expert 訓練や研究によって特別の技能・知識を身につけている: an *expert* pilot 練達のパイロット.

proficient 訓練の結果人並み以上に熟達した: He is *proficient* in Japanese. 日本語が達者だ.

experienced 経験をつんで老練な: an *experienced* nurse ベテランの看護婦.

skillful 〈人や動作について〉技術や機敏さを有する: a *skillful* teacher 練達の教師.

skilled 〈人や技術について〉事を上手にやるのに必要な知識と能力とを身につけている: a *skilled* mechanic 腕の立つ職人.

■しゅだい【主題】

subject 談話・講演・書物などで議論または記述される題材や中身を指す一般的な語: the *subject* of a lecture 講演の題目.

subject matter 論文や本などで論じられている題目《*subject* とほぼ同義》: the *subject matter* of a film 映画の主題.

topic 書いたり話したりする題目: broach a *topic* 話題を持ち出す.

theme 議論・論文・芸術作品などの主題: an academic *theme* 学問的なテーマ.

■じゅっこうする【熟考する】

ponder あれこれ思いめぐらして深く考える: *ponder* on when to leave school 学校をいつやめようかと慎重に考える.

cogitate 深く真剣に考え込む(様子をする)《格式ばった語》: He had *cogitated* long before he answered. 答える前に長らく考え込んでいた.

deliberate じっくりと筋道を立てて考えてみる: I am *deliberating* what to do. 何をすべきかを熟考中だ.

reflect 〈過去のことやこれからなすべきことなどを〉じっくりと反省して考える: *reflect* on [upon] one's actions 自分の行動を反省する.

meditate, ruminate 時間をかけてじっくり考える《格式ばった語》: *meditate* [*ruminate*] on the cause of one's failure 自分がなぜ失敗したか思いめぐらす.

muse 深刻な集中力なしに思案にふける《格式ばった語》: *muse* over memories of the past 過去の思い出にふける.

brood 失敗・落胆などでふさぎ込んでじっと考え込む: *brood* over one's misfortunes 身の不運をくよくよと考える.

■じゅよする【授与する】

grant 請願に応じて授与する: *grant* a subsidy 補助金を下付する.

concede 〈権利・特権を〉認めてしぶしぶ与える: *concede* a privilege to a person 人に特権を許す.

accord 〈当然与えられるはずのものを〉与える《格式ばった語》: We *accord* due praise to him. 彼が我々から称賛されるのは当然だ.

vouchsafe 《文語》目下の者に恩恵として与える: He did not *vouchsafe* a reply. ひと言の返事もくれなかった.

■しゅんじ【瞬時】

minute 「1分」の意味から, 測定できるきわめて短い時間を表す: The train will start in a *minute*. 列車はすぐ発車します.

moment きわめて短い時間《*minute*よりも意味が弱い》: Wait a *moment*. ちょっと待ってください.

instant 知覚できないくらい短い時間: Come this *instant*. いますぐ来なさい.

flash きわめて短い時間, 瞬間: It disappeared in a *flash*. それはたちまち消えた.

jiffy 《口語》= *moment*: I'll be back in a *jiffy*. すぐに戻ってきます.

twinkling まばたきをする間: The kettle will boil in a *twinkling* (of the eye). お湯はあっという間に沸きます.

■じゅんしんな【純真な】

naive (若いか無経験のため)言葉やふるまいがありのままで無邪気な: *naive* remarks 素朴な意見.

ingenuous 《しばしば軽蔑》単純で率直で無経験な: an *ingenuous* smile 無邪気な笑い.

artless たくらみがなく自然な: her *artless* beauty 彼女の飾り気のない美しさ.

unsophisticated 無経験で世俗的な知恵に欠けている: an *unsophisticated* girl うぶな娘.

innocent けがれがなく天真らんまんな: an *innocent* child 純真な子供.

simple 《よい意味で》正直で気取らない; 《悪い意味で》お人好しで: I like his *simple* manners. 彼の気取らない態度が好きだ / She is too *simple* to see through his lies. お人好しだから彼のうそが見抜けない.

unaffected 気取りがなく, 自然で正直な: She is friendly and *unaffected*. 優しくて気取りがない.

■しょうがい【障害】

obstacle 前進を妨げる物質的・非物質的な障害: overcome an *obstacle* 障害に打ち勝つ.

difficulty 物事を遂行する上での困難なこと, 障害となる点: One *difficulty* after another arose during the construction of the airport. 空港建設には次々と障害が起こった.

obstruction 通路をふさぐもの: an *obstruction* on the road 道の邪魔物.

block 交通・流れなどの障害となるもの: get over a *block* 障害を回避する.

bar 道路の遮断棒; 《比喩的》障害: a *bar* to progress 進歩の障害.

■しょうこ【証拠】

proof ある事が真であることを決定的に示す証拠: There is abundant *proof* of it. その証拠はたっぷりある.

evidence 法廷において, あることを証明するために利用される情報: circumstantial *evidence* 状況証拠.

testimony 証人が宣誓の上で行う口頭または文書による証言: reliable *testimony* 信頼できる証言.

exhibit 法廷で証拠として出される物件: *exhibit* A 証拠物件第一号.

■しょうじき【正直】

honesty 完全に真実を語り, 何ひとつ隠さない性質《一般的な語》: He is known for his *honesty*. 彼は正直の名をとっている.

honor 人の社会的地位・職業から期待される倫理的規範を忠実に守ること: *Honor* is found in thieves. 泥棒の間にも

仁義はある.

integrity 《よい意味で》正直で道徳的信条が堅固な性質: We should elect men of *integrity*. 高潔な人を選ばなくてはならない.

probity 試練を経て証明された正直・廉潔《格式ばった語》: commercial *probity* 商業上の正直さ.

veracity 真実を語る性質《格式ばった語》: His *veracity* is unquestioned. 彼が真実を語っていることは疑う余地がない.

■ **しょうじきな**【正直な】

upright 〈人が〉公正で正直な: an *upright* man 高潔な人.

honest 〈人・ふるまい・陳述など〉真実を述べ欺瞞や虚偽がない: He was *honest* in what he told me. 彼は正直に私に本当のことを話した.

straight 物事を包み隠さず率直である: He gave me a *straight* answer. 彼は私に正直に答えた.

just 公平でえこひいきしない: He tried to be *just* in his dealings. 処置が公正であろうと努めた.

scrupulous 誤りや不正直なことをしないように気をつける: a *scrupulous* proofreader 几帳面な校正係.

■ **しょうじる**【生じる】

rise 〈ある物事が〉発生する《上昇のイメージを含意する》: A new thought *rose* in my mind. 新しい考えが心に浮かんだ.

arise しばしば因果関係によって発生する: This fear *arises* from ignorance. この恐怖は無知から生じる.

originate 明確な根源・原因から発生する《格式ばった語》: The quarrel *originated* from a misunderstanding. 口論は誤解から生じた.

derive 源から由来・発達する: This word *derives* from Greek. この単語はギリシャ語からきている.

issue 出口から出てくる: Smoke *issued* forth from the volcano. 煙が火山から吹き出した.

emanate 〈考え・うわさ・光などが〉出てくる: Joy *emanated* from his face. 彼の顔は喜びで輝いていた.

stem 起源・原因から発生する: Modern detective fiction *stems* from Poe. 現代の探偵小説はポーに発する.

■ **しょうせつ**【小説】

novel 近代の長編小説《架空のまたは歴史的な人物に関する長い散文の物語》.

romance ロマンス《遠隔または昔の時代の実生活とはかけ離れた恋愛や冒険の物語》.

short story 短編小説《人生の断片を描いた短い小説》.

novelette 中編小説《*novel* よりは短く *short story* よりは長い小説》.

novella 短編物語; 現代では, 中編物語《*short story* よりも長く *novelette* よりも短い》.

fiction 事実の記述ではなく, 想像力による物語で, 以上のジャンルの総称.

■ **じょうたい**【状態】

state ある一定時の人や物の置かれている状況: I was in a very nervous *state*. とてもあがっていた / the *state* of the world today 今日の世界情勢.

condition ある原因によって生じる特殊な状態: The *condition* of the patient is critical. 病人の状態は危篤である.

situation ある事・人の周囲の状況との関係のしかた, つまり置かれた立場; あるいは総合的な周囲の状況・事態: ease the housing *situation* 住宅事情を緩和する.

circumstance あることと同時に起こった周囲の状況《通例複数形で》: *Cir-*

cumstances made us change our plan. 事情があって我々は計画を変えなければならなかった.

status 社会的・法的・職業的な要因によって決まる状態: the *status* of a teacher 教師の身分.

■じょうだん【冗談】

joke 人を笑わせるための言葉や行為: None of your *jokes*. 冗談言うな.

jest =*joke*.

quip 即妙で機知に富んだ言葉《格式ばった語》: make clever *quips* 警句を吐く.

sally からかい・挑発のための機知に富んだ[辛辣な]言葉: I easily fended off his *sallies*. 彼のからかいにものともしなかった.

witticism しゃれた冗談《格式ばった語》: her charming *witticism* 彼女の魅力的な警句.

wisecrack 《口語》皮肉めいた面白い言葉・返事: a sardonic *wisecrack* 冷笑的な軽口.

gag 《口語》見物人を笑わせるための場当たり的な入れせりふ・所作: He is given to *gags*. ギャグを飛ばす癖がある.

■じょうとうの【上等の】

fine 品質が極めてすぐれている《一般的な語》: *fine* wine 上等のワイン.

good 「質・内容が良質で上等の」の意で, 最も一般的に用いられ, 他の語と置き換えが可能: This meat is *good* in quality. この肉は上等です.

choice 入念に選りすぐられている: a *choice* piece of steak 上肉のステーキ.

superior 他のものより格段によいという感じで商品の広告などで使われる: very *superior* cloth 極上の生地.

■じょうねつ【情熱】

passion 理性で制御できないほどの激しい感情: curb one's *passion* 激情を抑える.

fervor 燃え続ける火のように強いゆるがない熱情《格式ばった語》: preach with *fervor* 熱っぽく説教する.

zeal 目的・主義に対する強い熱情で, それを実現するための精力的な活動に現れるもの: They have *zeal* for change. 改革の情熱を持っている.

ardor ゆらめく炎のような落ち着きのない熱情: youthful *ardor* 若者らしい熱情.

■じょうねつてきな【情熱的な】

passionate しばしば衝動的な強い感情を示す: a *passionate* lover 情熱的な恋人.

impassioned 深い感動の表現された: an *impassioned* speech 熱のこもった演説.

ardent 燃えるように熱情をこめた: an *ardent* lover of music 熱烈な音楽愛好者.

burning 燃えさかる炎のような強い感情をいう: a *burning* ambition 燃えるような野望.

fervent 熱心できわめて誠実な《格式ばった語》: *fervent* hope 熱望.

■しょうばい【商売】

business 特に職業としての売買業務: go into *business* 実業界に入る.

trade 大規模で具体的な商取引: Japan's *trade* with America 日本のアメリカとの貿易.

commerce *trade* とほぼ同義であるがやや意味が広い: foreign *commerce* 海外貿易.

industry 商品の大規模な製造: Agriculture is an important *industry*. 農業は

重要な産業である.

■じょうまんな【冗漫な】

wordy 話したり書いたりする際に必要以上の語数を使う《一般的な語》: a *wordy* argument 冗長な議論.

verbose 軽蔑的に用いて,〈話し・文章などが〉だらだらと続く《あいまい・退屈・大ぼらなどの感じを与える;格式ばった語》: a *verbose* speaker 饒舌な話し手.

lengthy 文章・話しなどが長ったらしくてくどくどしている: a *lengthy* sermon 冗漫な説教.

diffuse 〈文体・作家など〉言葉数が多くて明晰さがない: a *diffuse* style 散漫な文体.

redundant 反復・無駄の多い言葉遣いをする: a *redundant* sentence 冗漫な文章.

■しょうり【勝利】

victory 戦争や競争で勝つこと: earn a *victory* 勝利を得る.

triumph めざましい勝利や成功で喜びの感じをもち, *victory* より格式ばった語: win a *triumph* 大勝利を得る.

■しょくぎょう【職業】(⇨しごと)

occupation 生計を立てるための仕事《やや格式ばった語で, 職業を表す最も一般的な語》: He is a teacher by *occupation*. 職業は教師だ.

job 通例収入を伴う仕事で, 永久的・臨時的のどちらでもよい: He's out of *job*. 失業している.

work *job* と同義の一般的な語: What's your *work*? お仕事は何ですか.

career 一生をかけてする職業: I want to make a *career* in music. 私は音楽を自分の職業とするつもりです.

trade 手を使ってする熟練した仕事: He is a printer by *trade*. 職業は印刷工だ.

profession 弁護士や医者のような特殊な訓練と高い教育を必要とする専門職: the *profession* of law 弁護士の職.

calling 教職・看護師のように使命感の強い理由から就く職業《格式ばった語》: Teaching is a sacred *calling*. 教職は神聖な職業だ.

vocation 自分が特に適していると思う職業: Medicine is my *vocation*. 医業が私の職業です.

■しょけん【所見】

remark 意見や判断を言ったり書いたりしたもの: He ignored my *remarks*. 私の言葉を無視した.

observation 注意深い観察に基づく筋の通った判断: *observations* on Japanese culture 日本文化に関する所見.

comment 口頭または文書による事件・人・状況などに関する意見・説明・批評: He listened without *comment*. 何も言わずに耳を傾けた.

■じょげんする【助言する】

advise 特定の状況において, あることをすべきであると〈人に〉勧める: The doctor *advised* him to stop smoking. 医者は彼に禁煙を勧めた.

recommend 専門的な知識をもとにして特定の行動・事物を助言, 勧告する;前者とほぼ同じ意味: The doctor *recommended* a few days' rest. 医者は2,3日休養するようにと勧めた.

counsel 特に重要な問題点につき専門的な助言を与える: He *counseled* girls to cultivate good nature. 娘たちに気立てのよさを身につけるように勧めた.

■じょさいがない【如才がない】

suave 社交的で人の気をそらさず如才がない: *suave* manners 愛想のよい態度.

urbane いんぎんで態度が洗練されて

いる《格式ばった語》: an *urbane* young man 洗練された青年.
diplomatic 人の扱いが上手で怒らせない: a *diplomatic* answer 如才のない返事.
genteel 本来生まれや家柄がよいという意味だが, しばしば軽蔑的に「気取って上品ぶる」の意になる: *genteel* manners 気取った態度.

■じょせい【女性】
woman 成人した女性 (⇔ man)《一般的な語》: a young *woman* 若い女性.
female = *woman*; 特に性の区別に重点をおく場合で軽蔑的なニュアンスがある: three smart-looking *females* 三人のぱりっとした女たち.
lady 元来は上流階級の婦人; 今は *woman* の丁寧語: the *lady* next door 隣の婦人.
girl 若い女性.
womanhood 集合的に女性全体を指す: the *womanhood* of Japan 日本の女性.

■じょせいの【女性の】
female 〈人間や動物が〉子を産む性に属する: the *female* sex 女性 / a *female* elephant 雌の象.
feminine 〈特徴・属性・性質が〉女性特有の: *feminine* curiosity 女性らしい好奇心.
ladylike 〈行動が〉教養があって育ちのよい女性らしい: *ladylike* behavior 淑女らしいふるまい.
womanly 《よい意味で》女性にふさわしいと思われる性質を持った[示す]: *womanly* modesty 女性らしい慎ましさ.
womanish 《軽蔑》〈男性が〉性格・ふるまい・外見が女性のような: *womanish* tears 女々しい涙.
womanlike 欠点などが特徴的に女性的な: *womanlike* expression of sorrow 女らしい悲しみの表現.

■しょぶん【処分】
disposal 無用の物を廃棄すること《格式ばった語》: *disposal* of waste 廃棄物の処理.
disposition きちんと始末すること《格式ばった語》: *disposition* of a property 地所の処分.

■じょぶん【序文】
introduction 書物の内容を説明する冒頭部分: a brief *introduction* 短い序説.
preface 著者による書物のはしがき: the author's *preface* 著者の序文.
foreword 書物の初めにある短い序文で, 通例著者以外の人の書いたもの: The book has a *foreword* by Derek Cooper. その本にはデレック・クーパーの序が付いている.
prologue 詩・戯曲の内容を紹介する予備的な部分: the *prologue* to the *Canterbury Tales*『カンタベリー物語』への序詩.
preamble 法規・条約などの理由・目的などを述べた序文: a *preamble* to the treaty 条約への前文.
exordium 講演・説教などの初めの部分《格式ばった語》: an *exordium* to his sermon 説教の前置き部分.

■しょめい【署名】
signature 手紙や書類にする署名で, 本人が書いたり, 機械で大量に複写することもできる.
autograph 手書きの署名で, 特に有名人の署名を指す.

■しょゆうする【所有する】
have 持っている《最も一般的な語》: I *have* no money with me. 金の持ち合わせがない.

hold 保持する《*have* よりも強い制御力を暗示する》: *hold* a large estate in Karuizawa 軽井沢に大きな地所を持っている.

own 〈通例具体的な物〉の所有権を持っている: I *own* a car. 車を持っている.

possess 特に法的に所有する《*have* よりも格式ばった語》: *possess* a piece of land 土地を所有する.

enjoy 〈よいものを〉幸いにも持っている: He *enjoys* a large fortune. 大きな財産を持っている.

■ **しらせる**【知らせる】

notify 正式に通知して知らせる《格式ばった語》: He *notified* the post office of his change of address. 郵便局に住所変更を通知した.

tell 最もくだけた意味で, 一般的に使われる: She *told* me you were sick in bed. 彼女はあなたが病気だと知らせてくれた.

inform 「ある状況についての知識・情報を与える」の意味で一般的《*tell* よりやや格式ばった語》: He *informed* me of the fact. その事実を知らせてくれた.

announce 広く世間に発表・公表して知らせる: *announce* the birth of a princess 王女誕生を発表する.

advise 〘商業〙相手にとって重要なことを通告・通知する《格式ばった語》: I wish to be *advised* of my legal rights. 私の法的権利をお知らせください.

■ **しらべる**【調べる】

examine ものの性質・効力などを決定するために念入りに調べる: Let's *examine* his proposal carefully. 彼の提案を注意深く検討してみよう.

scrutinize 細かいところまで観察するために, 綿密に徹底的に調べる: *scrutinize* a coin 貨幣を綿密に調べる.

inspect 過失・欠点などを見つけるために, 綿密で批判的な観察をする: He *inspected* the car for defects. 欠点がないか車を念入りに調べた.

investigate 新事実を見出したり, 事実の誤りがないことを確かめるために調べる: The police are *investigating* his death. 警察は彼の死を調べている.

■ **しりごみする**【尻込みする】

recoil 恐れ・嫌悪などで急に後じさりする: *recoil* in horror ぞっとして後じさりする.

shrink 不快なものから縮みあがるように尻込みする: He *shrank* back from the heat of the fire. 暖炉の熱を避けて後じさりした.

flinch 弱さ・臆病のため困難・危険などから尻込みする: *flinch* from danger 危険から尻込みする.

balk 〈人が〉困難なことなどにたじろぐ; 〈馬が〉立ち止まって動かなくなる: The horse *balked* at the last barrier. 馬は最後の障害の前で立ち止まってしまった.

blench 危険などにたじろぐ《*flinch* よりもいっそうの臆病さ・恐怖を暗示する》: *blench* at gunfire 砲火にたじろぐ.

■ **しりょう**【飼料】

feed 動物や家禽の食料《最も一般的な語》: chicken *feed* にわとりのえさ.

fodder 馬・牛などに与える乾燥飼料《乾草・カラスムギなど》: Lack of *fodder* killed the horses. まぐさが無くて馬が死んだ.

forage 放牧中の家畜が食べる草や若葉: Lost cattle can usually live on *forage*. 迷った牛は通例草を食べて生きていく.

■ **しりょふんべつ**【思慮分別】

prudence 将来のことを考えて知恵と用心をもって行動すること《格式ばっ

た語》: act with *prudence* 慎重にふるまう.

discretion 自分の言行について注意深いこと: Use your own *discretion*. 自分で自由に決定しなさい.

foresight 起こりうることを予見し,それに対して思慮深く準備する才能と賢明さ: He lacks *foresight*. 先見の明に欠けている.

forethought 将来に対して十分に準備していること: act without *forethought* 将来のことを考えずに行動する.

■しるし【印】

sign あることを意味するしるし《最も一般的な語》: He fled at the first *sign* of danger. 危険と見るや逃げてしまった.

mark 人や物の内在的特徴を示すしるし: Politeness is a *mark* of good breeding. 礼儀正しさは育ちのよいしるしである.

token 抽象的なものを具体的に表したしるし: a kiss as a *token* of love 愛のしるしとしてのキス.

symptom 病気や混乱の存在が外面に認識できるしるし: *symptoms* of cancer がんの症状.

indication あることを示すしるし・言葉・身振り: Did he give you *indication* of his feelings? 何か感情を示しましたか.

■じんこうてきな【人工的な】

artificial 特に天然のものをまねて人間によって作られた: *artificial* jewels 模造宝石 / The state is an *artificial* society. 国家は人為的な社会である.

man-made 自然にできたものに対して,人間が造り出した構造物など: *man-made* lakes 人工湖.

synthetic 化学的な処理によって合成され,天然物質の代用となる: Nylon is a *synthetic* fabric. ナイロンは合成繊維である.

■しんこくな【深刻な】

acute 〈事態が〉緊急の注意を必要とする: The shortage of water became *acute*. 水不足が深刻になった.

critical 〈事態や時期が〉岐路に立って重大なまたは深刻な: The patient has passed the *critical* stage. その患者は深刻な事態を脱した.

serious 「〈事態が〉重大な,〈様子が〉真剣な」など一般的な意味で用いられる: She had a *serious* expression on her face. 彼女は深刻な顔をしていた.

■しんじつ【真実】

truth 作りごとではなく,事実と一致すること: confess the *truth* 真実を告白する.

verity 一般に真であると考えられている考えや原理《格式ばった語》: the eternal *verities* of life 人生の永遠の真理.

verisimilitude 真実または現実らしく見えること《格式ばった語》: The story has no *verisimilitude*. この物語には真実らしさがない.

■しんじること【信じること】

belief ある事柄が真実である[真に存在する]という感情《最も一般的な語》: He cherishes a *belief* in ghosts. 彼は幽霊の存在を信じている.

faith 人や物のよさを完全に盲目的に信頼すること;宗教的には「信仰」: I have lost *faith* in democracy. 民主主義は信じられなくなった.

trust 人や物を信頼できるという(しばしば直観的な)信念: I have absolute *trust* in him. 彼のことは全面的に信頼している.

confidence 人や人の能力や情報などに対する理性的な信頼: a motion of

no *confidence* in the government 内閣不信任案.

credence 単にある事柄を真であると受け入れること《格式ばった語》: I never give *credence* to gossip. ゴシップはてんで信用しない.

■しんせいな【神聖な】

holy 神または特定の宗教に関わりがあるので崇むべき《意味の最も強い語で,この語だけが神を修飾できる》: the *Holy* Bible 聖書.

sacred 神聖で神(々)と特別な関わりがあると信じられている: *sacred* elephants 神聖な象.

consecrated 神聖な目的のために捧げられた: *consecrated* wine 神酒.

hallowed 神聖化された《格式ばった語》: *hallowed* ground 聖域.

divine 神の, 神に属する, 神から得た: *divine* wisdom 神の知恵 / a *divine* right 神権.

■しんせつな【親切な】

kind 特定の行為が親切で思いやりのある: Be *kind* to animals. 動物に優しくしなさい.

kindly 《特に目下の者に》優しく親しみを示す《優しさが態度などに現れた場合をいう》: She gave me a *kindly* smile. 彼女は私に優しい笑顔を向けてくれた.

benign, benignant 〈人や行動が〉特に目下の者に親切な《格式ばった語》: a *benign* master 親切な主人.

■しんちょうな【慎重な】

careful 過ちを犯さないように注意深い: Emily is a very *careful* driver. エミリーの運転は大変慎重だ.

cautious 危険を避けるために万全の警戒をする: He is *cautious* in making promises. 彼は約束するのに慎重だ.

wary 疑念があるために用心深い: I am *wary* of people who suddenly become friendly. 急になれなれしくしてくる人は警戒する.

circumspect 周りの[自分の置かれた]状況をよく考え, 後ろ指をさされたり自分の身に危険がふりかかったりしないように非常に慎重な《格式ばった語》: You must be more *circumspect* in your behavior. もっと慎重にふるまうべきだ.

prudent 先を見通して思慮深い《格式ばった語》: A *prudent* man saves part of his salary. 分別のある人は給料の一部を貯金する.

discreet 特に社交面で面倒や摩擦を起こさないように留意している: *discreet* in one's behavior 行動が慎重だ.

■しんでいる【死んでいる】

dead 〈人や物が〉生命を失っている《一般的な語》: a *dead* person 死人 / a *dead* tree 枯木 / a *dead* language 死語.

deceased 〔法律〕最近死んだ《格式ばった語》: his *deceased* wife 彼の亡妻.

departed 最近死んだ《主に宗教用語》: the *departed* (最近)死んだ人[人々].

late [the または所有格の後で] 最近死んだ: the *late* Mr. Green 故グリーン氏 / her *late* husband 彼女の最近亡くなった夫.

defunct 〈人が〉死んでいる; 〈物が〉現存[流通]していない: the *defunct* 〔法律〕(今論じている)故人 / a *defunct* magazine 廃刊になった雑誌.

extinct 〈種族・人種が〉絶滅した: The dinosaur is an *extinct* animal. 恐竜は絶滅した動物である.

inanimate 〈物が〉元来生命のない: Rock is an *inanimate* object. 石は無生物だ.

lifeless 元来または現在生命のない: a *lifeless* robot 生命のないロボット / a

lifeless body 死体.

■しんにゅうする【侵入する】

trespass 他人の土地などに不法に侵入する: *trespass* on a person's land 他人の地所に不法侵入する.

encroach 他人の財産・権利などをひそかに不法に侵害する《格式ばった語》: *encroach* on a person's rights 他人の権利を侵害する.

infringe 他人の自由・権利などを侵害する: *infringe* (on) a person's rights 人の権利を侵害する.

invade 〈他国〉に軍隊を率いて侵入する; 人の権利・自由などを侵害する《格式ばった語》: You are *invading* my privacy. 君は私のプライバシーを侵害している.

intrude 招かれない領域へ入り込む: I'm afraid I'm *intruding* on your privacy. 立ち入ったことをうかがって恐縮です.

■しんの【真の】

true 作りごとではなく事実と一致する: a *true* story 実話.

actual 現実に存在していて架空のものではない: an *actual* example 実例.

real 仮想されたものではなく純粋で現実の物として存在する: His fears were *real*, not imagined. 彼の恐怖は想像したものではなく,真正のものだった.

genuine 模造や偽造ではなく本物の: a *genuine* diamond 本物のダイアモンド.

■しんぱい【心配】

care 恐怖・気がかり・重い責任などで精神が乱れること: It is *care* that has made her ill. 病気になったのは心配が元だった.

concern 自分が愛情や関心を寄せている人や物に対する心配: He expressed *concern* over her health. 彼女の健康が気がかりだと言った.

worry 現在または将来の不愉快な事柄に対する不安と恐怖の入り混じった感情: He tried to forget his *worries*. 自分の心配事を忘れようとした.

anxiety 予想される災いに対する不安: I feel *anxiety* for my son's safety. 息子の安否を気遣っている.

solicitude 他人の幸福・安全などに(しばしば過度に)気を使うこと《格式ばった語》: They waited on her with *solicitude*. 気をもみながら世話をした.

■しんぱん【審判】

judge 学識・経験・権限によって判定を下す人: He is on the panel of *judges* at the beauty contest. 美人コンテストの審査員の一人だ.

arbitrator 対立する二者から選ばれて仲裁・裁定する人: three *arbitrators* chosen by management and labor respectively 労使がそれぞれ選出した3人の裁定人.

arbiter ある事柄について決定する権威を有する人: the *arbiter* of fashion ファッション界のドン.

referee ボクシング・フットボール・バスケットボールなどの試合の審判員: a *referee* in boxing ボクシングの審判.

umpire 野球・クリケット・テニス・バレーボールなどの試合の審判員; 意見が合わない二者間で審判になるように選ばれた人: an *umpire* in tennis テニスの審判.

■しんぴてきな【神秘的な】

mysterious 理解・説明ができない: her *mysterious* smile 彼女のなぞの微笑.

inscrutable 探知不可能で絶望感を与える: the *inscrutable* ways of Providence 測り知れない神のやり方.

mystical 霊的・宗教的に不可解で神秘的な: a *mystical* experience 神秘的な

体験.

■ しんぽうしゃ【信奉者】

follower ある人の教え・学説などを信奉する人《一般的な語》: *followers* of Freud フロイトの信奉者.

supporter 政党・主義・運動などを忠実に支持[擁護]する人: a *supporter* of pacifism 平和主義の擁護者.

adherent 思想・政党などを忠実に積極的に支持する人: His doctrine gained many *adherents*. 彼の教義は多くの支持者を獲得した.

disciple 偉大な(特に宗教上の)師の教えを信奉する人: Plato was a *disciple* of Socrates. プラトンはソクラテスの弟子であった.

■ しんぽてきな【進歩的な】

progressive 改善のために新しい方法や信念を進んで求めようとする: *progressive* education. 進歩主義教育.

advanced 人や思想が時代よりも進んでいる: He has very *advanced* ideas. ひどく進んだ[進歩的な]意見を持っている.

■ しんらいできる【信頼できる】

reliable 〈人や物が〉期待・要求に応じて頼りになる: a *reliable* assistant [watch] 信頼できる助手[時計].

dependable 〈人や物が〉危機に際して頼ることができる《沈着・着実を暗示する》: a *dependable* friend [car] 頼りになる友人[車].

trustworthy 〈人,時に物〉の真実・信頼度などが十分に当てにできる《最も意味の強い語》: a *trustworthy* witness 頼みになる証人.

trusty 《古・戯言》〈人や物が〉長い経験から十分信頼できる: a *trusty* servant 当てになる召使.

■ しんらつな【辛辣な】

incisive 《よい意味で》〈人・考え・言葉が〉明快・直截・辛口の《格式ばった語》: *incisive* comments 犀利(きり)な批評.

trenchant 〈文章・言葉など〉辛辣で直截的な《格式ばった語》: *trenchant* criticism ずばり核心を突いた批評.

cutting, biting 〈言葉が〉辛辣で人を傷つけるような: make *cutting* remarks 辛辣なことを言う / He fell silent at her *biting* words. 彼女の痛烈きわまる言葉でしゅんとなった.

■ しんりん【森林】

forest 人家から離れて樹木が密集して生えている広い地域: a *forest* fire 山火事.

wood *forest* よりも小さい, 樹木が生えている場所: The child was lost in the *wood*(s). 子供は森で道に迷った.

grove 《文語》樹木がこんもりと生えている所: a *grove* of pines 松林.

す

■すいしょうする【推奨する】
recommend 特定の仕事や目的に適しているとほめる: I can very confidently *recommend* the book. 自信をもって本書を推薦する.

commend 〈人や物〉の取り柄を推奨する: People *commended* him for his bravery. 人々は彼の勇敢さをほめた.

compliment お世辞を言ってほめる: I *complimented* her on her beautiful dress. 彼女の美しいドレスをほめた.

■すいたいする【衰退する】
wane 月が欠けるように〈力や権勢が〉衰える: His influence *waned* rapidly. 彼の勢力は急速に衰えた.

abate 程度・強度などが漸進的に低下する《格式ばった語》: His ardor is *abating*. 彼の熱は冷めかけている.

ebb 〈変動するものの力や勢力が〉徐々に減少する《格式ばった語》: His strength is *ebbing* fast. 体力が急激に減退している.

decline 量・質の点で低下・減少し, 衰えていく: My health began to *decline* in my early sixties. 60代の初めに私の健康は衰えはじめた.

subside 〈あらし・不穏などが〉静まってくる: The excitement *subsided*. 興奮が静まった.

flag 〈気力・興味などが〉衰える: His interest in history *flagged*. 彼の歴史への興味は薄れた.

■すいちょくの【垂直の】
vertical 水平面に対して直角をなしている, 垂直の: This cliff is almost *vertical*. この崖はほとんど垂直だ.

perpendicular 線や面に対して直角をなしている: The pole was *perpendicular* to the ground. 柱は地面に対して垂直であった.

plumb 水平面に対して垂直な《主に大工・石工などの用語》: This wall is not quite *plumb*. この壁は完全な垂直とはいえない.

■すいていする【推定する】
presume 通例確からしい証拠があるため真実だと考える: I *presume* her (to be) dead. 彼女は死んだものと思っている.

assume 証明なしに真として受け入れる: I *assume* him guilty. 彼は有罪だと想定している.

presuppose ある事が証明されてはいないが一つの論理的前提として想定してみる: Let's *presuppose* that it is true. それが真だと仮定しよう.

postulate 推理・議論の基礎として真であると仮定する《格式ばった語》: He *postulates* that knowledge is power. 知識は力だと仮定している.

■すいろんする【推論する】
infer 既知の事実や証拠に基づいて推論する: From your smile, I *infer* that you are pleased. 君の笑顔を見て君が喜

んでいるのがわかる.

deduce =*infer*; 哲学用語としては「演繹(えんえき)する」《格式ばった語》: *deduce* a conclusion from premises 前提から結論を演繹(えんえき)する.

reason 知識・理性を用いて判断を下す: I must, therefore, *reason* that he is innocent. だから彼は無実だと断定せざるをえない.

judge 証拠を慎重に考量することによって意見を出す: I cannot *judge* whether he is telling the truth. 彼が真実を語っているかどうか判断できない.

gather 言われたことやなされたことから理解する: I *gather* that you are unwilling to go. どうやら君は行きたくないようだね.

■**すえる**【据える】

set 特定の目的で特定の場所に置く: He *set* a vase at each window. おのおのの窓に花瓶を置いた.

fix ある位置や状態に固定する: *fix* a bayonet on a gun 銃に銃剣を着ける.

establish ある地位にしっかりと定着させる: He *established* himself as a writer. 作家としての地位を確立した.

■**すぐ**

immediately 少しの遅れもためらいもなく: He answered *immediately*. すぐ返事をした.

instantly 一瞬の遅滞もなく: Answer me *instantly*. すぐ返事をもらいたい.

instantaneously すぐに, かつすばやく《格式ばった語》: She swallowed the poison and died *instantaneously*. 毒を仰ぎ, たちどころに死んだ.

directly [after を伴って] …のすぐ後に: I'll do it *directly* after lunch. 昼食後すぐやります.

straightaway =*immediately*.

at once 今すぐ: Do it *at once*! 今すぐしなさい.

right away =*at once*: Come home *right away*. すぐ家に帰って来なさい.

right off 《特に米》=*at once*.

forthwith *immediately* と同義であるが, 格式ばった語.

■**すすめる**(強く)【勧める】

urge 熱心に説きつける: I *urged* him to accept the offer. その申し出を受けるように強く勧めた.

exhort 正しいことをするように熱心に勧告する《格式ばった語》: *exhort* a person to lead a better life もっとよい生活をするように説き勧める.

press 断りきれないほどしつこく勧める: He *pressed* me to stay. 泊まるようにしつこく勧めた.

■**すっぱい**【酸っぱい】

sour 味, 時ににおいが酸っぱい《しばしば発酵の結果の味・においをいう》: Vinegar is *sour*. 酢は酸っぱい / a *sour* smell すえたにおい.

acid 〈味が〉元来酸味のある: Lemons and oranges are *acid* fruits. レモンやオレンジは酸っぱい果物である.

acidulous やや酸っぱい《格式ばった語》: *acidulous* mineral water やや酸味のある鉱水.

tart 味が酸っぱい《通例味覚の快さを暗示する》: *tart* apples 酸っぱいりんご.

■**すべる**【滑る】

slide 表面と常に接触して滑らかに滑る: *slide* on the ice 氷の上を滑る.

glide 流れるように滑らかに楽々と動く《必ずしも表面との接触は意味しない》: A swallow *glided* through the air. つばめが空中を滑るように飛んだ.

slip つるりと滑る《事故・失策などを暗示する》: He *slipped* and fell on the

ice. 氷の上で滑って転んだ.

skid 〈車が〉濡れた道や凍った道で急停車しようとして横滑りする: The car *skidded* on the icy road. 車が凍った道で横滑りした.

■スポーツ

sport 娯楽や運動の目的で主に戸外で行なう身体的活動で, 通例特定の場所でルールに従って行なう《フットボール, ホッケー, バレーボール, テニス, フェンシング, レスリング, 水泳など》.
★《英》では, 魚釣り, 狩猟もスポーツとされる.

game 技術・知識などを必要とする活動またはスポーツで, 規則に従って人と競い合うもの.

match ボクシング, レスリング, テニス, クリケットなどの競技, 試合.
★《米》では baseball, basketball, football のように -ball がつく競技には *game* を用い, golf, tennis などには *match* を用いる.《英》では米国起源の競技以外には一般に *match* が用いられるが, 漠然と「試合」の意で *game* を用いることもある.

■スポンサー

sponsor 宣伝または慈善のために個人や企画などに財政支援をする人: a *sponsor of* a television program テレビ番組のスポンサー.

patron 芸術家や機関などを財政援助の形で保護する人: a *patron of* the arts 芸術の保護者.

backer 他の事業家を金銭的に援助する人: a *backer of* the new theater 新劇場の後援者.

■すむ【住む】

live 「住む」を意味する一般語: He *lives* in Chicago. シカゴに住んでいる.

dwell 《文語》特定の場所に住む: The poet *dwelt* beside the lake. 詩人は湖畔に住んでいた.

reside *live* と同義であるが, 格式ばった語: He *resides* in this parish. 彼はこの教区に住んでいる.

■ずるい【狡い】

sly 言い抜けしたり, ごまかしたり, あるいはこっそり人をだまして目的を達しようとする: a *sly* look 何食わぬ顔.

cunning 悪知恵をはたらかせてうまく立ち回る: a *cunning* thief ずる賢い泥棒.

crafty 巧妙に人を欺いて目的を達する《*cunning* よりもさらに高度の策を弄する巧妙さを暗示する》: a *crafty* politician 狡猾(こうかつ)な政治家.

foxy 《略式》人を抜け目なく欺く《若者や初心者には用いない》: a *foxy* old man 悪賢い老人.

wily 人をだましたり, 裏切ったりしても自分のほしいものを手に入れるのがうまい: *wily* schemes 陰険な策略.

tricky 平気で人をだまして当てにならない: a mean and *tricky* person 卑劣で油断のならぬ人.

■するどい(感覚が)【鋭い】

sharp 特に〈視力・聴覚が〉鋭い: have *sharp* eyes [ears] 目[耳]がよい.

keen 特に〈視力・嗅覚が〉鋭い: *keen* eyesight 鋭い視力.

acute 特に〈聴力が〉鋭い: She has *acute* hearing. 耳がよい.

■スローガン

slogan 団体や政党などの呼び掛けの言葉, またはその目的を宣伝するために使う言葉.

motto 個人や諸団体などの日常活動の指針となる事柄, 行動や活動の信条.

catchword 団体や政党などが効果をあげるために繰り返し使う標語.

watchword 同じ志をもった人たちが目的を遂げるためにかかげる合い言葉.

■すんだ【澄んだ】

clear 曇ったり，かすんだり，濁ったりしていない《一般的な語；比喩的にも》: *clear* water 澄んだ水 / *clear* glass 透明なガラス / *clear* logic 明晰な論理.

transparent 透明な《比喩的にも》: *transparent* glass 透明ガラス / a *transparent* lie 見え透いた嘘.

translucent 透明ではないが，光が通過する《格式ばった語》: *translucent* stained glass 半透明な着色ガラス.

pellucid 《文語》水晶のように透明な《比喩的にも》: a *pellucid* stream 透き通った小川 / *pellucid* style 明晰な文体.

せ

■せいかつひ【生活費】
livelihood 生計を立てていく手段: Teaching is my *livelihood*. 教師が私の生業です.

living 衣食住に必要な金《この意味では最も普通の語》: earn one's *living* 生計を立てる.

support 生活維持あるいは家族の扶養に要する金というニュアンスをもつ: means of *support* 生活費.

keep 口語的な表現で, 食費と住居費: pay for one's *keep* 食い扶持を払う.

■せいがんする【請願する】
appeal ある事柄を熱心に請願する: He *appealed* to his family for help. 家族の者に援助を懇願した.

plead しつこく懸命に嘆願する: *plead* for mercy 慈悲を請う.

sue 正式に懇願する《格式ばった語》: *sue* for peace 和睦(ぼく)を求める.

petition 通例文書で, 正式に請願する: She *petitioned* the family court for divorce. 家庭裁判所に離婚の請願をした.

supplicate 〈神または権力者〉にうやうやしくまたは懇願するように特に援助を求める《格式ばった語》: He fell on his knees and *supplicated* the King for pardon. ひざまずいて王の許しを請うた.

■せいげんする【制限する】
limit 空間・時間的に限界をきめて制限する《最も一般的な語》: *Limit* your composition to 1,000 words. 作文は1,000語以内にとどめよ.

restrict 人の活動・行動を禁止・制約し, 一定の限界にとどめる《やや格式ばった語で, 意味が強い》: *restrict* one's diet 食事を制限する.

confine 範囲をきめて厳しく制限する: *confine* a talk to ten minutes 話を10分に制限する.

circumscribe 狭い範囲に制限する《格式ばった語》: The right is clearly *circumscribed* by law. その権利は法によって明確に制限されている.

■せいこうする【成功する】
succeed 所期の目的を達成する: Our plans *succeeded*. 計画は成功した.

prosper 継続的な幸運に恵まれる: Their business *prospered*. 彼らの商売は繁昌した.

flourish 〈人や物が〉発達・勢力の最高潮にあって栄えている: Democracy *flourishes* in a free country. 民主主義は自由な国で栄える.

thrive 〈動植物が〉《好条件のもとで》成長・発達する; 〈事物が〉繁栄し栄える: Children *thrive* on good food. 子供はよい食べ物ですくすく育つ / Industry is now *thriving* in this country. この国では今産業が発展している.

■せいじか【政治家】
politician 政治を仕事にしている人, 特に自己または党派中心に駆け引きをする人《後者は軽蔑的》: a crafty *politician*

悪賢い政治家.

statesman 聡明で見識ある立派な政治家で，政府において重要な役割を演じる人：a distinguished *statesman* 著名な政治家.

■せいしつ【性質】

temperament 思考や行動に影響を及ぼす人の総合的な性質：He has a poetical *temperament*. 彼は詩人肌だ.

disposition 性格・行動の特定の傾向：He has a quarrelsome *disposition*. けんか好きなたちだ.

temper 感情面から見た人の性質：a hot [calm] *temper* 短気な[穏やかな]性質.

character 他人との違いを生じさせる精神的・道徳的な性質：He has a strong *character*. 強い性格をしている.
★修飾語のないときは，正直で信頼される性格を表す：a man of *character* 人格者.

nature 人の生まれながらの性質や物の本質：a stubborn *nature* 頑固な性質.

trait 人の性格の特徴：Cheerfulness is his finest *trait*. 快活さが彼の最もすぐれた特徴だ.

personality ある人を人間として特徴づける精神的・感情的特質の総和：He has a forceful *personality*. 彼は強い個性の持ち主だ.

■せいしん【精神】

mind 理知および意志の作用に重きを置いた心：The child has the *mind* of an adult. その子は大人の心を持っている.

intellect 精神の考える力：a person of great *intellect* 非常に知性のある人.

soul しばしば死後も残ると考えられている人間の非肉体的な部分：Do plants have *souls*? 植物にも魂があるのか.

heart 愛情・勇気など感情的な面に重きを置いた心：a broken *heart* うちひしがれた心.

brain [しばしば複数形で] *intellect* 以上に知力を強調する：He has plenty of *brains*. 彼はとても頭がよい.

intelligence 人や動物のすばやく理解し学習する能力：Wild animals have *intelligence* if not intellect. 野性動物には知性はともかく知能はある.

spirit *soul* とほぼ同じ意味で用いられることもあるが，*soul* は body との対照として用いられることが多いのに対して，*spirit* は一切の物質的なものと対立する精神的なものを意味する：the *spirit* of self-sacrifice 自己犠牲の精神.

■せいと【生徒】

pupil 《特に英》初等・中等学校教育を受けている子供；専門家(特に芸術家)の弟子：a bright *pupil* 頭のよい生徒 / a *pupil* to Freud フロイトの弟子.

student 16歳以上の大学生；《特に米》= *pupil*.

scholar 《文語；英・古》= *pupil*；奨学生.

■せいとくの【生得の】

innate 〈性質が〉生まれたときから備わっている《格式ばった語》：*innate* kindness 生まれつきの親切.

inborn = *innate*.

inbred 幼児からのしつけの結果，性質の一部になっている：*inbred* courtesy 身についた礼儀正しさ.

congenital 〈病気が〉生まれたときから存在している：a *congenital* defect 先天性の欠陥.

hereditary 〈精神的・身体的特徴が〉遺伝的に引き継いだ《格式ばった語》：Musical talent seems to be *hereditary*. 音楽の才能は遺伝的らしい.

inherited = *hereditary*：*inherited*

diseases 遺伝的に受け継いでいる病気.

■せいふくする【征服する】

conquer 〈他の国や民族を〉戦争で打ち負かして完全に支配下に置く: The Normans *conquered* England in 1066. ノルマン人は 1066 年にイングランドを征服した.

vanquish 1 回の戦闘・競争で〈敵を〉完全に打ち破る《格式ばった語》: He *vanquished* his opponent in a tennis match. 彼はテニスの試合で相手を打ち負かした.

defeat 戦争・競争・議論などで〈相手を〉打ち負かす: The enemy was soundly *defeated*. 敵は大敗を喫した.

beat 試合・競争などで勝つ《*defeat* よりも略式語で個人的な意味で用いる》: I can *beat* you at swimming. 水泳では君に勝てるよ.

subjugate 特に戦争で打ち負かして完全に征服する: Hitler wanted to *subjugate* Europe. ヒトラーはヨーロッパを征服したいと思った.

overthrow 完全に打ち負かして〈権力・資格などを〉奪う: They attempted to *overthrow* the present military regime. 現在の軍事政権を倒そうと試みた.

rout 戦争や競技で完全に楽々と打ち負かす: *rout* the opposing team 相手チームを完敗させる.

overcome 〈敵・恐怖・困難など〉に首尾よく打ち勝つ: *overcome* the enemy [difficulties] 敵[困難]に打ち勝つ.

surmount 意志の力で〈困難や障害を〉克服する: *surmount* technical problems 技術上の諸問題を克服する.

■せかい【世界】

world 特に人間とその活動から見た地球《時に *universe* の意味で用いる》: God made the *world*. 神が世界を造った.

universe 全空間とそこに存在する一切のもの: The *universe* is finite but it is constantly expanding. 宇宙は有限であるが, 常に拡大している.

cosmos 秩序と調和の体系としての宇宙 (⇔ chaos): The Pythagoreans conceived the *cosmos* as one single system. ピタゴラス学派は宇宙を一つの体系と考えた.

■せきにんがある【責任がある】

responsible ある義務を課されていて, それを怠ると処罰される: You are *responsible* for this. その責任は君にある.

answerable 法律上または道徳上責任を問われる: One is not *answerable* for the crime of one's parents. 人は親の犯罪に対しては責任がない.

accountable 自分の行動に対して申し開きする責任がある: One is held *accountable* for what one says. 自分の言葉に対しては責任を問われる.

■せきめんする【赤面する】

blush 〈特に女性が〉恥ずかしさ・当惑などで顔を赤くする: She *blushed* for shame. 恥ずかしさで顔を赤らめた.

flush 怒り・熱病・暑さなどで赤くなる[する]: His face *flushed* red. 彼の顔は真っ赤になった.

■せっとくする【説得する】

persuade 然るべき理由を述べて人を説得してある行動をとらせる: He *persuaded* me to go. 私を説きつけて行かせた.

induce 人を巧みに導いて[そそのかして]ある行動をとらせる: Advertising *induces* people to buy. 広告は人々の買い気をそそる.

prevail on [upon] 相当議論したあげく辛うじて説きつける《格式ばった語》: We *prevailed on* him to stay for supper.

一緒に食事するようになんとか彼を説きつけた.

■せっとくする(なだめすかして)【説得する】

coax 優しく辛抱強くおだてたりして, したくないことをするように説得する: I *coaxed* him to give up the plan. 彼をなだめすかしてその計画をあきらめさせた.

cajole 言葉巧みに説得する: She *cajoled* him out of going. おだてて行くのをやめさせた.

wheedle *cajole* よりもさらに積極的に甘い言葉で丸め込む: She *wheedled* him into consenting. 甘い言葉で承諾させた.

■せつどのある【節度のある】

moderate 過度に陥っていない: *moderate* appetite ほどよい食欲.

temperate 欲望を意図的に抑制して限度を越えない: He is *temperate* in eating and drinking. 飲食に節制がある.

■ぜつぼう【絶望】

despair 希望を失って落胆すること: He committed suicide in *despair*. 絶望して自殺した.

desperation 窮地に陥って破れかぶれになっていること: He had no job and no money, and in *desperation* he robbed a bank. 仕事も金もなかったので, やけになって銀行を襲った.

despondency 失意により意気消沈していること《格式ばった語》: A mood of *despondency* filled the room. もうこれまでだという雰囲気が部屋にみなぎっていた.

hopelessness 慰めも成功の見込みもないので絶望して[あきらめて]いること: The old burden of *hopelessness* fell on her again. 例によって重苦しい絶望が彼女の心にのしかかってきた.

■ぜつぼうてきな【絶望的な】

hopeless 改良・成功・決着の見込みがない: a *hopeless* attempt 成功の見込みのない企て.

despondent 落胆して憂鬱に陥っている《格式ばった語》: He was *despondent* over the death of his wife. 妻の死で意気消沈してしまった.

despairing 希望をすっかり失っている《極度の落胆を暗示する》: The *despairing* suitor spoke of suicide. 絶望した求婚者は自殺を口走った.

desperate 絶望のためやけになった: a *desperate* criminal 自暴自棄になった犯罪者.

■せつめいする【説明する】

explain 相手にわかるように記述する《最も一般的な語》: Let me roughly *explain* my idea. ざっと私の考えを説明してみましょう.

illustrate 〈理論などを〉実例・図・表などで説明する《例示・解説なども含む》: He *illustrated* how to operate the machine. 彼はその機械の操作を説明した.

interpret 想像力・感性・イマジネーションを働かせて物事の意味を理解・解釈して説明する: I *interpreted* his silence as a concession. 彼の沈黙を譲歩だと解釈した.

expound 〈意見・説などを〉明晰かつ詳細に説明する《格式ばった語》: *expound* one's theory 自説を解説する.

explicate *expound* より格式ばった語; 〈特に文学作品を〉詳細に分析・説明して明らかにする: *explicate* the meaning of a dogma 教理の意味を究明する.

construe 〈行動・言明など〉に特定の解釈を与える《格式ばった語》: He *construed* her words as an insult. 彼女の言葉を侮辱と受け取った.

■ぜつめつする【絶滅する】

exterminate 〈特定の種の全体を〉完全に絶滅する《格式ばった語》: This poison will *exterminate* rats. この毒を使えばネズミが絶滅する.

eradicate 〈望ましくないものを〉根絶する: Yellow fever has been *eradicated* in Japan. 日本では黄熱病は根絶された.

uproot 「〈植物を〉根こそぎにする」の意味から比喩的に根だやしにする: Bad habits are hard to *uproot*. 悪癖の根絶はむずかしい.

■ぜにんする【是認する】

approve 〈人や物を〉満足すべきものとみなす《最も一般的な語》: I can hardly *approve* her conduct. 彼女の振舞いは是認しかねる.

endorse 是認して積極的に支持する《格式ばった語》: I can highly *endorse* this book. この本は大いに推奨できる.

sanction 法令などによって正式に認可する: Society does not *sanction* child labor. 児童の労働は社会的に認可されない.

ratify 〈協定・条約などを〉通例署名して正式に有効なものとする: *ratify* a peace treaty 平和条約を批准する.

■せんくしゃ【先駆者】

forerunner 次に来るもののために道を開く，またはその出現を前触れする人や物: a *forerunner* of modern women's movement 現代の女性運動の先駆者.

pioneer 先頭に立って物事を進めて行く者；特に学問・研究などでの創始者: a broadcasting *pioneer* 放送界の先駆者.

herald 《文語》やがて来るものを先触れするもの: Dawn is the *herald* of day. あかつきは一日の先触れである.

harbinger 《文語》あるものが近づいていることを示す人や物: The robin is a *harbinger* of spring. コマドリは春の先触れだ.

■せんげんする【宣言する】

declare 明確にまたは公的に知らせる: The chairman *declared* the meeting closed. 議長は閉会を宣言した.

proclaim 〈国家的に重要なことを〉公式に発表する: John was *proclaimed* king. ジョンは国王だと布告された.

publish 特に印刷して公に発表する: *publish* the notice of a death 死亡を公表する.

promulgate 〈新しい法令・思想を〉公表して広く知らせる《格式ばった語》: *promulgate* a policy of nonproliferation 核兵器拡散防止の政策を広く公にする.

■せんこう【閃光】

flash 突然ぱっと出てすぐに消える輝かしい光: a *flash* of lightning 電光のひらめき.

flare 短い時間にぱっと燃え上がるような光: the *flare* of flashbulbs 閃光電球の閃光.

glance 物体が突然動いたために出る閃光: the *glance* of spears in the sunlight 日光を受けた槍のきらめき.

gleam 暗い背景から射してくる細い光線: the *gleam* of a distant lighthouse 遠くの灯台のかすかな光.

sparkle 多数の小さく明るい断続的な閃光: the *sparkle* of little dancing waves in the sunlight 日差しを受けてきらきらと踊るさざなみの輝き.

glitter 表面から断続的に反射する明るい閃光: the *glitter* of the Christmas decorations クリスマスの飾りのきらめき.

glisten 濡れた表面から発するような光沢のある光線: the *glisten* of satin サテンの輝き.

glint 光沢のある物のかすかなきらめき: the *glint* of steel 鋼鉄のぎらぎらする輝き.

■ **せんざいてきな**【潜在的な】
latent 内に隠されていて表面に現れていない: one's *latent* ability 潜在能力.
dormant かつては活動的であったが, いまは休止している: a *dormant* volcano 休火山.
potential 未発達の状態にあるが, 将来発達する可能性のある: a *potential* winner 優勝する見込みのある人.

■ **せんせいてきな**【専制的な】
dictatorial 独裁者のように高飛車で横柄に命令する《格式ばった語》: I dislike his *dictatorial* manner. 彼の横柄な態度が嫌いだ.
arbitrary 〈人が〉権力を気ままなやり方で行使する: an *arbitrary* ruler 専横な統治者.
dogmatic 自分は正しいと思い込み自分の意見を他人に押し付けようとする《格式ばった語》: a *dogmatic* manner [person] 独断的な態度[人].
doctrinaire 〈人や態度が〉教条的に特定の主義や理論を主張し, 実際問題を考慮しない《格式ばった語》: a *doctrinaire* Marxist 理論一辺倒のマルキスト.

■ **せんそうの**【戦争の】
martial 戦争に関する[ふさわしい]: *martial* music 軍楽.
warlike 戦争好きな: a *warlike* nation 好戦的な国民.
military 軍人・軍隊に関係がある: *military* discipline 軍事規律.

■ **せんたく**【選択】
choice いくつかの中から自由に判断して選ぶこと: Be careful in your *choice* of friends. 友達を選ぶときは慎重に.

option (権威筋から与えられる)選択する権利・自由: There are several *options* open to you. あなたにはいくつかの選択肢がある.
alternative 通例二つの可能性から一つを選ぶこと: You have the *alternative* of surrender or death. 降伏するか死ぬかのどちらかを選ぶがよい.
selection 広い範囲から慎重に選ぶこと: a *selection* test 選抜テスト.
preference 好みから選択すること: I have a *preference* for city life. 都会生活の方が好きだ.

■ **せんとう**【戦闘】
battle 特定の地域における大規模で長期にわたる戦闘で, 特により大きな戦いの一部をなすもの: the *battle* of Waterloo ワーテルローの戦い.
engagement = *battle*.
combat 二人の人間または二つの軍隊間の戦い《最も一般的な語》: unarmed *combat* 武器を持たない戦い.
campaign 通例一つの地域において特殊な目的を達成するための一連の軍事行動: Napoleon's Russian *campaign* ナポレオンのロシア作戦.
encounter 両軍が偶然に遭遇すること: an *encounter* with the enemy 敵軍との遭遇戦.
skirmish 小さな分遣隊間の短くて軽い小競り合い: Several *skirmishes* occurred on the border. 国境で小競り合いが何回か起こった.
action 短く局部的な, 主に一回の交戦: go into *action* 交戦を開始する.

■ **せんばい**【専売】
monopoly 特定の市場において商品を独占すること.
syndicate シンジケート《生産割り当て・共同購入販売をするための企業連合;

cartel の発展した形)).

trust トラスト((複数の同種の企業が名実ともに一つの企業になっているもの)).

cartel カルテル((同種の企業が独立性を保ちながら協定に基づいて連合するもの；独立性を失わない点が *trust* と異なる)).

■ぜんぽうへ【前方へ】

forward 前方[未来]に向かって：step *forward* 前へ進み出る.

onward はっきりした目標に向かって進行が継続することを示す：march *onward* toward the goal ゴールを目指して前進する.

ahead 「ずっと前のほうに」の意で，運動・静止両方に用いられる：Drive straight *ahead*. まっすぐ前方へ車を進めなさい.

■せんりつ【旋律】

melody 楽曲の主要部分を形成する音楽的な調子の連続で特に快いもの：The violins carry the *melody*. バイオリンが主旋律を受け持つ.

tune 容易にそれとわかり覚えられる単純な節：hum a cheerful *tune* 陽気なメロディーをハミングする.

air ((古))＝*tune*.

■せんりゃく【戦略】

strategy 全体の作戦計画((通例，指揮官は前線にいない)).

tactics 個々の戦闘における用兵((通例，指揮官は戦場にいる)).

■ぜんりょうさ【善良さ】

goodness 親切・寛大・公明・思いやりなど人柄や行為における真によい性質((最も意味の広い語))：believe in human *goodness* 人間の善性を信じる.

virtue 絶えず道徳を守り，悪を退けようとする，後天的に身につけた徳性：cultivate *virtue* 徳を修める.

rectitude 自律的に正直・道徳的にふるまう性質((格式ばった語))：strive for *rectitude* and justice 清廉と正義を求めて努力する.

morality 倫理にのっとった道義的正しさ：Is there any *morality* in politics? 政治には道義性があるのか.

そ

■そうい【相違】

difference 同一でないことを表す最も一般的な語: There is a *difference* in their size. それらは大きさが異なっている.

disparity 年齢・額などの不均衡《格式ばった語》: There is a great *disparity* between their ages. 二人の間には大きな年齢の開きがある.

discrepancy 同じであるべきものの間に不一致や相違があること《格式ばった語》: There is a *discrepancy* between the statements of the two witnesses. 二人の証人の陳述には食い違いがある.

dissimilarity 特定の面で二つ(以上)のものの間に類似性がないこと《格式ばった語》: The *dissimilarity* between the customs in Asia and in America is very great. アジアとアメリカとの慣習の相違は実に大きい.

distinction 類似したものの間の相違点: What is the *distinction* between the two plans? この二つのプランはどう違うのですか.

■そうおん【騒音】

noise 不快なやかましい音: Don't make a *noise*. 騒ぐな.

din 耳をつんざくような連続する(金属的な)騒音: the *din* of the street 街の騒音.

clatter 物がぶつかりかたかた[がちゃがちゃ]と連続してきこえる騒音: the noisy *clatter* of his boots upon the pavement 舗道を歩く彼のブーツのかたかたいううるさい足音.

uproar 特に多数の人の混乱した声: Instantly the whole place was in an *uproar*. たちまちその場は大騒ぎになった.

clamor 抗議や要求をするやかましい声: a growing *clamor* of protest 高まる抗議の声.

hubbub 活動する多くの人々の雑然と入り乱れた声: the usual urban *hubbub* いつもの都会の喧騒.

racket 口語的な表現で, やかましい音: make a dreadful *racket* ひどくやかましい音を立てる.

■ぞうかする【増加する】

increase かさ・数・程度などを(次第に)大きくする: The earthquake *increased* their miseries. 地震で彼らの悲惨さがいやました.

enlarge かさ・容積を前よりも大きくする: He *enlarged* his house. 家を増築した.

multiply 数・量を大いに増やす: His care were *multiplied* as he grew older. 年をとるにつれて苦労が増えた.

augment 〈すでに相当のかさ・数のあるものを〉増やす《格式ばった語》: He *augments* his income by doing extra work. 余分の仕事をして収入を増やす.

■そんしょうする【損傷する】

maim (事故や戦争などで)手足を切っ

たりして一生残るような大けがをさせる《格式ばった語》: He was *maimed* in an accident. 事故で大けがをした.

cripple 特に足や手を切ったり大けがをさせて障害者にする《この言葉は強い差別語なので, *disable* や handicap などを用いるのがよいとされる》: He was *crippled* by rheumatism. リューマチでかたわになった.

mutilate 重要な部分を損傷[切断]する《人の他に物にも用いる; 格式ばった語》: *mutilate* a statue 像を損傷する.

mangle 体をずたずたに切りさいなむ: The body was *mangled* by sharks. 死体はサメに食い荒らされていた.

lacerate (のこぎりの歯のようなぎざぎざなもので)手足の皮膚や筋肉をずたずたに裂く: His feet were *lacerated* by the thorns. 足はイバラで傷だらけだった.

disable 手足を傷つけて正常な身体活動を不能にする: a *disabled* soldier 傷病兵.

■そうぞうしい【騒々しい】

noisy 騒々しい音を立てる《この意味で最も一般的な語》: *noisy* children 騒々しい子供たち.

boisterous (特に子供などが)陽気で騒がしい: *boisterous* laughter 騒々しい笑い声.

blustering 大声でどなりちらす: a *blustering* diplomatist どなりちらす外交官.

clamorous 大声で抗議・要求してやかましい《格式ばった語》: *clamorous* children やかましくねだる子供たち.

vociferous 〈人が〉大声で叫んだり, 発言が声高になって騒がしい《格式ばった語》: *vociferous* complaints やかましい不平の声.

■そうぞうじょうの【想像上の】

imaginary 想像としてのみ存在する: A dragon is an *imaginary* animal. 竜は想像上の動物である.

imaginable 想像することができる: We tried every means *imaginable*. 想像しうるすべての手段を講じた.

imaginative 〈人が〉想像力に富んだ: an *imaginative* girl 想像力に富んだ少女.

■そうぞう(りょく)【想像(力)】

imagination 見たことのない, あるいは存在しない物を心に描き出す理知的な想像力: Poets must have *imagination*. 詩人は想像力を持っていなければならない.

fancy 現実離れした空想で, 滑稽・軽妙・気まぐれなどの感じを伴う: The centaur is a creature of *fancy*. ケンタウロスは空想の産物である.

fantasy 全く抑制のない空想: live in a *fantasy* world とりとめのない空想にふけって暮らす.

■そうめいな【聡明な】

intelligent 知力が高く物事をよく考え理解することができる: Dolphins are *intelligent*. イルカは聡明だ.

clever 《英》, **smart** 《米》物事を学び理解するのが早い: a *clever* [*smart*] child 利発な子供《両者とも,「ずる賢い」という悪い意味になることがある》.

alert 《よい意味で》注意深くすばやく考え行動する: an *alert* mind 俊敏な精神.

quick-witted 頭の回転が早い: a *quick-witted* policeman 機敏な警官.

bright 特に子供が利口ではきはきしている: a *bright* boy 頭のいい少年.

knowing 鋭く抜け目がない《人の知らない情報を持っているという含意がある》: a *knowing* thief 抜け目のない泥棒.

brilliant 非常に頭がよい: a *brilliant*

scholar すばらしく頭の切れる学者.

■そくしんする【促進する】

advance 〈大義・利益を〉支持して成功するように援助する《格式ばった語》: *advance* the cause of peace 平和運動を推進する.

further 〈事が〉前進[成功, 成就]するように手助けする《積極的な援助を暗示する》: His assistance will greatly *further* my plans. 彼の援助があれば私の計画も大いに促進されよう.

promote 〈物事〉の前進を助ける: *promote* good will between two countries 両国間の親善を増進する.

■そこなう(外観を)【損なう】

deface 〈物〉の表面を汚す《格式ばった語》: The monument was *defaced* with red paint. 記念碑は赤ペンキで汚されていた.

disfigure 美しさを損なう《格式ばった語》: The accident left her face *disfigured*. その事故で彼女の顔は醜くなっていた.

■そだてる【育てる】

raise 人・植物・動物などを育てるのに広く用いられる: *raise* a child at the breast 母乳で育てる.

bring up 子供などを養育する[育てる]ことで, 最も普通の意味をもつ: He was *brought up* by his grandmother. 彼はおばあさんに育てられた.

rear raise とほぼ同じ意味をもつがやや格式ばった語: He *reared* three children by himself. 彼は自分一人で三人の子供を育てた.

foster 実子でない子供を一定の期間養育する.

nurse 幼い者, 若木などについて特に注意してはぐくみ育てる: *nurse* a young tree 若木を育てる.

nurture 上記の語 nurse と同じで格式ばった語.

breed 主として家畜などを飼育する意味での育てる《人の場合は普通受身形で用いられる》: born and *bred* in the country 田舎で生まれ育った.

■そっちょくな【率直な】

frank 《通例よい意味で》意見や感情を正直に飾り気なく表明する《最も一般的な語で, 以下の語の代わりに用いることがある》: a *frank* opinion 率直な意見.

straightforward 《よい意味で》人の態度・言動が単刀直入で率直な: I'd like to hear your *straightforward* opinion about it. その件についてあなたの率直なお考えを聞かせて下さい.

candid 相手が当惑し迷惑がってもずばずばと本当のことを言う: a *candid* statesman 本音を語る政治家.

open 《特に自分のことについて》正直で包み隠しをしない: Let's be *open* with each other. お互い腹を割って話そうじゃないか.

outspoken 控えめにしたほうがよいときでさえ, 自分の考えや感情をずけずけ言う: an *outspoken* person ずけずけものを言う人.

■そなえつける【備え付ける】

furnish 〈家〉に家具を備え付ける: a handsomely *furnished* room 美しい家具の付いている部屋.

equip 能率を高めるのに必要な物を備えつける: a car *equipped* with air conditioning 空調設備の付いている車.

install 器具・機器などを取り付けて機能する状態にする: A gas stove has been *installed* in this room. この部屋にはガスストーブが備え付けてある.

outfit 旅などのために必要な衣類・用具などを整える: It took me two days

to *outfit* me for my journey. 旅支度に二日かかった.

appoint ［過去分詞形で］施設に必要な物を備える《格式ばった語》: well-*appointed* rooms 設備の整った部屋.

■そやな【粗野な】(⇨ぶれいな)

coarse 〈態度や話しぶりが〉上品さ・教養・感受性に欠けている (⇔ fine): *coarse* laughter 粗野な笑い声.

gross 〈言葉や習慣が〉粗暴で無作法な《格式ばった語》: *gross* language 下品な言葉遣い.

crude 粗雑で不愉快な: *crude* sexual jokes 性に関する下卑たジョーク.

vulgar 《悪い意味で》よい趣味や洗練に欠けた: It's *vulgar* to display one's wealth. 富をひけらかすのは下品だ.

■それる【逸れる】

deviate 通常［規定］の進路からはずれる《格式ばった語》: He never *deviates* from the rules. 規則をはずれることは決してない.

swerve 〈車などが〉通例衝突を避けるために急に進路を変える《比喩的にも用いる》: The car *swerved* to avoid the dog. 車は犬を避けるために急に方向を変えた / He never *swerved* from his path of duty. 一度も本分を踏み外したことがなかった.

veer 〈船・風などが〉向きを変える;《比喩的に》意見・方針を変える: The wind *veered* to the west. 風向きが西に変わった / The talk *veered* to ghosts. 話は怪談に変わった.

digress しばしば意図的に話題からはずれて, 一時的に他のことに触れる: The story *digressed* from the main subject. 話は横道にそれた.

depart, diverge 基準からそれる《両者ともに格式ばった語》: He *departed* from his principles for that once. その時だけ主義をまげた.

■そんけい【尊敬】

honor, respect 「尊敬」の意を表す最も一般的な語: We received him with *honor* [*respect*]. 敬意をもって彼を迎えた.

esteem 愛着を伴った尊敬の念《格式ばった語》: He gained everyone's *esteem*. 彼は誰からも敬愛された.

homage 賛辞を伴う敬意: pay *homage* to a person 人に賛辞を捧げる.

reverence 人や物に対する深い愛情を伴った尊敬の念: The bishop was held in *reverence* by all. 司教は皆から敬われた.

deference 年上の人や上司に対して示す丁重なふるまい《格式ばった語》: He always treats his grandmother with *deference*. いつも祖母を丁重に扱う.

obeisance (身振りによって)敬意と服従の念を表すこと《格式ばった語》: People assembled to pay the conqueror their *obeisance*. 人々は征服者に恭順の意を表すために集まった.

■そんけいする【尊敬する】

revere 〈人〉に大きな尊敬を感じる［示す］《格式ばった語》: The poet is *revered* by all. その詩人は万人から尊敬されている.

reverence 〈物・抽象概念を〉非常に尊敬・賛美する: We *reverence* tradition. 我々は伝統を尊重する.

worship 集団的に〈神を〉崇拝する: Christians worship God. キリスト教徒は神を崇拝する.

adore 個人的に〈神を〉崇拝する; 非常に〈人を〉愛し尊敬する: He *adores* his father. 父親を敬愛している.

■そんちょうする【尊重する】

regard 尊重する《格式ばった語》: We should *regard* the rights of others. 他人の権利を尊重すべきだ.

respect 〈人や物を〉ある理由で高く評価する: I *respect* him as a person. 彼を人として尊敬している.

honor 〈地位・年齢などが上の人を〉特別な尊敬をもって遇する: our *honored* guests today 今日お招きした大切なお客様.

esteem 〈人や物を〉大いに尊重する《格式ばった語》: I *esteem* his courage. 彼の勇気に大いに敬意を払っている.

admire 〈人や物〉の真価を認めて熱狂的に称賛する: I *admire* him greatly. 彼を大いに買っています.

た

■たいど【態度】

attitude ある事に対する心構え・姿勢: take a strong [negative] *attitude* toward... ...に対して強硬な[否定的な]態度をとる.

bearing 人柄の表れるような物腰《最も一般的な語》: His manly *bearing* won the confidence of his employers. 男らしい態度によって雇い主から信頼された.

carriage 身のこなし《格式ばった語》: She has a graceful *carriage*. 物腰が上品だ.

demeanor 他人に対する態度《格式ばった語》: He maintained a stolid *demeanor*. あくまでも鈍重な態度を崩さなかった.

mien 《文語》特定の気分を示す態度, 特に表情: with an indignant *mien* 憤然とした様子で.

manner 特定の場合の, または習慣的なふるまい, 話す態度: He has a fascinating *manner*. 人を魅了する態度をしている.

deportment 《英》特に若い女性の立ち居ふるまい; 《米》ふるまい: her ladylike *deportment* 彼女の貴婦人らしいふるまい.

■タイプ

type 明確な特徴を共有している人や物の類: a motherly *type* of woman 母親タイプの女性.

kind 特定の種類: a new *kind* of camera 新型のカメラ.

sort ある点で似ている人や物の類《*kind* とほぼ同義だがしばしば軽蔑》: a quiet *sort* of man 物静かなタイプの男.

class 共通の特徴や性質を持ったものの集まりで, 優劣などの価値判断を伴って用いることがある語: whiskey of the highest *class* 最高級のウイスキー.

nature 本質的に特色のある種類: books of this *nature* この種の本.

■たいまん【怠慢】

negligence 常習的に適切な注意や用心をしないこと: The accident was due to *negligence*. 事故は不注意によるものだった.

neglect 仕事や義務を果たさないでいること: He was dismissed for *neglect* of his duties. 職務怠慢のために免職された.

carelessness うっかりして十分な注意を払わないこと: It was sheer *carelessness* on my part. それは私のまったくの怠慢でした.

■たいまんな【怠慢な】

negligent (しばしば習慣的に)十分な注意を払わない《格式ばった語》: He is *negligent* of his duties. 自分の職務に怠慢だ.

remiss 自分がするべきことについて不注意で怠慢な《格式ばった語》: He is *remiss* in his duties. 職務怠慢だ.

neglectful 故意に任務などを無視す

る《*negligent* よりも非難の意味が強い》: be *neglectful* of one's studies わざと勉強を怠っている.

lax しつけや道徳を厳格に守らない《格式ばった語》: *lax* in morals 素行がだらしない.

slack 厳格でなくぞんざいな: *slack* discipline in the school 校内のだらけた規律.

■**だいりにん**【代理人】

agent ビジネスなどで個人・会社の代理をする権限を与えられた人: a travel *agent* 旅行代理業者 / an insurance *agent* 保険代理店.

deputy ある機関の長に次ぐ地位の人物で，前者が不在のときその代理をすることを委任されている人: Mr. Mills attended the meeting as *deputy* president. ミルズ氏はその会に社長代理で出席した.

proxy 特定の機会に他人の代理をする権限を委任された人: He voted by *proxy*. 代理人に投票してもらった.

■**たえる**【耐える】

bear 〈苦痛・悩みなどに〉不平を言わずに耐える: He is *bearing* his grief very well. 悲しみによく耐えている.

suffer 〈不愉快なものを〉嫌々ながら我慢する《格式ばった語》: I cannot *suffer* such insult. そのような侮辱は我慢できない.

endure 〈苦痛・困難などを〉長期にわたって辛抱強く耐え忍ぶ《精力・剛毅さを暗示する》: *endure* great hardships 大きな困難を耐え忍ぶ.

tolerate 〈いやなもの・是認できないものを〉干渉しないで許す: I can *tolerate* his presence. 彼の同席を我慢できる.

stand ［通例否定構文で］= *bear*: I cannot *stand* teasing. からかわれるのは我慢できない.

put up with 《口語》〈特に怒りを〉我慢する: I can't *put up with* his rudeness. 彼の無礼には我慢できない.

■**たかい**【高い】

high 地面・海面から上方に向かって非常な距離がある: a *high* mountain 高い山 / a *high* ceiling 高い天井.

tall 〈人・植物・煙突・尖塔など〉幅よりも高さが大きい: a *tall* man 背の高い男性 / a *tall* tree 高い木.

★ a *high* [*tall*] building, a *high* [*tall*] tree の場合, *high*, *tall* のどちらも使える.

lofty 《文語》= very *high*《格式ばった語》: a *lofty* peak 高い峰.

towering 《文語》そびえたつように高い《格式ばった語》: *towering* skyscrapers そびえ立つ摩天楼.

■**たかさ**【高さ】

height 底部から頂部に至る距離: What is the *height* of this building? この建物の高さはどれくらいですか.

altitude 海面からの(特に大きな)距離: We are flying at an *altitude* of 12,000 feet. 高度 12,000 フィートで飛行中です.

elevation 地上での海面からの高さ: The town is situated at an *elevation* of 3,000 feet. 町は海抜 3,000 フィートの高さにある.

stature 人間が直立したときの高さ: a man of mean *stature* 中背の人.

■**たくらみ**【企み】

plot 邪悪なことをするための計画《一般的な語》: The *plot* to kidnap him failed. 彼を誘拐しようという計画は失敗した.

intrigue 秘密の，しばしば不法な計画: a *political* intrigue 政治的な陰謀.

conspiracy 多数の人がひそかに共謀すること: the *conspiracy* to overthrow the government 政府を転覆する陰謀.

scheme 悪いたくらみ《それほど重大でないたくらみにも用いる》: hatch a *scheme* to rob a bank 銀行強盗をもくろむ.

■だげき【打撃】

blow 平手・こぶしまたは武器による強い打撃: He got a *blow* on the head. 頭に一撃をくらった.

punch こぶしによる素早く強烈な打撃: I gave him a *punch* in the eye. 目に一発かませてやった.

slap 平手で特に顔を鋭く打つこと: She gave him a *slap* across the face. 顔に平手打ちをくわした.

smack 《口語》特に子供を平手でぴしゃりとたたくこと: a *smack* on the bottoms おしりをひっぱたくこと.

cuff 《口語》平手で特に頭を通例軽く親しみをこめてたたくこと: a *cuff* on the head こつんと頭をぶつこと.

box 《口語》特に罰として耳のところを平手またはこぶしで打つこと: He gave the boy a *box* on the ears for being cheeky. 彼は生意気だといってその男の子の耳のあたりをひっぱたいた.

rap, knock 指の関節でこつこつたたくこと: She heard a *rap* [*knock*] at the window. 窓をノックする音を聞いた.

■たすける【助ける】

help 他の人の仕事を手伝う: I *helped* him with his homework. 宿題を手伝ってあげた.

aid 〈救助の必要な人を〉援助する《格式ばった語》: I *aided* him with money and advice. 彼のために金もやり助言もした.

assist 補助的に力を貸す《格式ばった語》: She *assisted* the writer in writing the novel. 作家が小説を書くのを手伝った.

succor 〈困っている人を〉救援する《格式ばった語》: *succor* the needy 困っている人々を救済する.

■たずねる【尋ねる】

ask 相手に情報を求める《一般的な語》: *Ask* him if he knows. 彼に知っているかどうか聞いてみなさい.

inquire 事実または真相を尋ねる: He *inquired* how to get there. 彼はそこへどうやって行くのかを尋ねた.

query ある事柄の正確さについて疑いを抱いて質問する《単に「質問する」の意味でも用いる》: I *query* whether he can be trusted. 彼が信用できるかどうか疑問だ / 'What's the time?' he *queried*. 「今何時?」と彼は聞いた.

question 真相を知るために一連の質問をする: He *questioned* the witness at length. 証人に長々と審問した.

interrogate 相手から情報を得るために公式に長時間にわたり徹底的に質問する: The prosecutor *interrogated* the prisoner closely. 検事は刑事被告人を厳しく尋問した.

■たたく【叩く】（⇨うつ）

strike 手や手に持った物でたたく《最も一般的な語》: *strike* a man with a cane 男をむちで打つ.

hit 力をこめてたたく《*strike* よりくだけた語. 通例 1 回だけの打撃》: *hit* a person on the head 人の頭を殴る.

punch げんこつでなぐる: *punch* a man on the chin 男のあごをぶんなぐる.

slap 手のひらでたたく: She *slapped* his face. 彼女は彼のほおを平手で打った.

knock 注意を引くためにドアなどを手の甲でしっかりたたく: *knock* on the door ドアをノックする.

slug 《略式》こぶしや道具で強くなぐる: He was *slugged* on the head with a hammer. ハンマーで頭を強打された.

slog 通例よくねらわずに強くたたく: She *slogged* the man with her handbag. 彼女はハンドバッグで男を強くなぐった.

rap 軽くこつこつとたたく: *rap* at the door ドアをこつこつたたく.

■たちむかう【立ち向かう】

dare 勇敢に〈危険など〉に立ち向かう: He *dared* to point out her mistake. 彼は敢然と彼女の誤りを指摘した.

face 事実を直視して立ち向かう: *face* the enemy [difficulty] 敵[困難]に立ち向かう.

brave 〈敵・苦痛・困難〉にひるまずに立ち向かう《格式ばった語》: They *braved* the storm. あらしをものともしなかった.

defy 大胆に[おおっぴらに]反対する: Are you *defying* his authority? 彼の権威に楯突くつもりかね.

confront 〈敵や危険〉に大胆に立ち向かう《格式ばった語》: *confront* a danger 危険に立ち向かう.

■だつりょくかん【脱力感】

lethargy 病気・過労・不摂生などによる興味や活気のない状態を表す.

languor 怠惰な生活, 暑さなどによる活気のない状態を表す; 快い夢心地を意味する事もある《格式ばった語》.

lassitude 過労・不健康などのためにだらけて気分がすぐれない状態を表す《格式ばった語》.

exhaustion 極度の疲労などで体力を消耗した状態を表す.

torpor 冬眠中の動物のように, 非常にのろのろして不活発な状態を表す《格式ばった語》.

■たてもの【建物】

building 家・ホテル・工場など屋根と壁をもった建造物《最も一般的な語》: a school *building* 学校の建物.

edifice 宮殿や教会のように大きくて壮麗な建物《格式ばった語》: a holy *edifice* of stone 石造りの神聖な建築物.

structure 多くの部分から成る建造物《設計・建築材料などを強調する》: a ten-story *structure* 10階建ての建物.

■だとうな【妥当な】

valid 〈理由や議論など〉しっかりした根拠を持っている《やや格式ばった語》: a *valid* reason 根拠のしっかりした理由.

sound 判断などが事実・証拠に基づいていて過誤や浅薄さがない: a *sound* argument しっかりした議論.

convincing 〈議論など〉疑惑・反対などを抑えて相手を納得させる力のある: a completely *convincing* argument 全く説得力がある議論.

cogent 〈議論や理由など〉的を射て説得力がある《格式ばった語》: *cogent* reasoning 説得力のある推理.

logical 〈議論・言動など〉論理にかなって筋が通っている: His answer was very *logical*. 彼の答えは実に理路整然としていた.

■たのしませる【楽しませる】

amuse 面白い事柄で〈人に〉時のたつのを忘れさせる: The circus *amused* us very much. そのサーカスは私たちをとても楽しませてくれました.

entertain 〈人〉に楽しいものをあてがう: Many people are *entertained* by the radio or television. ラジオやテレビで楽しむ人は多い.

divert 〈人の注意を〉日常的な仕事・悩みなどから陽気で軽い事柄に移す《格式ばった語》: Music *diverts* me after a hard day's work. 一日懸命に働いたあと音楽を聴くと気が晴れる.

beguile 退屈しのぎに愉快なことをして時を過ごす《格式ばった語》: He *beguiled* his days with reading. 毎日読書

をして時をまぎらした.

■**たのむ**【頼む】

beg 〈許し・恩恵などを〉熱心に頼む: May I *beg* a favor of you? 折入ってお願いがあるのですが.

solicit 熱心に丁重に頼む《格式ばった語》: I *solicited* him for a contribution. 寄付を要請した.

entreat 熱心に相手に取り入って頼みこむ《格式ばった語》: He *entreated* them not to kill him. 彼らにどうか命ばかりは助けてくれと頼みこんだ.

beseech 非常に熱心に,不安をもって懇願する《格式ばった語》: I *beseech* you to listen to me. お願いですからよく聞いて下さい.

implore 必死に懇願する《*beseech* よりも強意的》: He *implored* her to change her mind. 思い直してくれるよう懇願した.

importune 相手を怒らせるほどうるさく懇願する: The man *importuned* her for money. 男はうるさく金をせがんだ.

■**たべもの**【食べ物】

food 動植物が生きて成長するために摂取するもの《一般的な語》: *food* and drink 飲食物.

fare 古めかしい表現で,食事のときに供される飲食物: good [simple] *fare* ごちそう[粗食].

sustenance 体力を維持するための栄養を,口語的に「食べ物」の意で使う: He went a week without *sustenance* of any kind. 何も食べずに一週間暮らした.

provisions あらかじめ貯蔵してある食べ物: We need *provisions* for the journey. 旅行用の食糧が必要だ.

ration 戦時中または食料不足のときに一人当たりに配給される食べ物: a daily *ration* for a soldier 兵士に配給される一日分の食料.

■**だましとる**【騙し取る】

cheat だましたりごまかしたりして奪う《最も一般的な語》: He has *cheated* me (out) of my money. 私をだまして金を巻き上げた.

defraud 詐欺を働いて〈人〉の財産・権利などを奪う《格式ばった語》: The man *defrauded* a widow of her property. 男は未亡人の財産を詐取した.

swindle 特に商取引において〈人を〉だまして金品などを取る: He was *swindled* out of $10,000. 彼は1万ドルだまし取られた.

cozen 《古》= *cheat*: They had been *cozened* out of their pay. 給料をだまし取られた.

■**ためし**【試し】

trial 人や物を使う前に,その価値を確認するために試すこと: hire a person on *trial* 人をためしに雇う.

test あるものがうまく動くかどうかを試すこと: a *test* of a new machine 新しい機械のテスト.

experiment 理論や仮説の真偽を実証するためのテスト: *experiments* in chemistry 化学の実験.

■**ためらう**

hesitate 決断の前にためらったりぐずぐずしたりする《一般的な語》: I *hesitated* before answering. 答える前にためらった.

waver 特に進路・決断が定まった後にちゅうちょする: *waver* in one's resolution 決心がぐらつく.

vacillate 意見・決心が次々に変わり,あれこれ迷う《格式ばった語》: He *vacillated* between going and not going. 行こうか行くまいかと迷った.

falter どう行動すべきか自信がなくなる: He did not *falter* in his resolve. 彼の決心はぐらつかなかった.

■**だらくさせる**【堕落させる】

corrupt, deprave 道徳的に悪い影響を及ぼす《後者は格式ばった語》: Too much drinking *depraves* character. 酒を飲みすぎると人格が堕落してしまう / Commercialism *corrupts* morals. 商業主義は道徳を退廃させる.

debauch 逸楽で《人を》堕落させる《格式ばった語》: *debauch* oneself by sensual indulgence 官能に耽って身を持ちくずす.

pervert 〈人や精神を〉正しい行為・信念からそらせる: *perverted* loyalties 誤った忠誠心.

■**だらしない**

slovenly 清潔・整頓に怠惰でだらしない: a *slovenly* man だらしない男.

slipshod 〈仕事が〉いい加減な: *slipshod* work いい加減な仕事.

untidy 〈部屋など〉取り散らかした; 〈人や身なりが〉だらしない: an *untidy* room 取り散らかした部屋 / an *untidy* man だらしない男.

unkempt 〈特に髪や衣服が〉怠慢により乱れている: *unkempt* hair とかしてない髪.

sloppy 《口語》きちんとせずいいかげんな: *sloppy* wording ぞんざいな言葉遣い.

■**だんげんする**【断言する】

assert 証拠はないが, 真実だと確信して強く主張する: She *asserted* that her husband was innocent. 夫は無実だと断言した.

declare 公然とまたは正式に言明する: The government *declared* that it would carry out the policy. 政府はその政策を遂行すると断言した.

affirm 証拠や信仰に基づいて, あくまでも真実であると言明する: He *affirmed* the truth of my statement. 彼は私の言ったことは本当だと断言した.

aver 真実であるという絶対の確信を言明する《格式ばった語》: He *averred* that he saw the thief. 泥棒を見たと確言した.

avow 〈できれば隠しておきたいような事実を〉はっきりと認める《格式ばった語》: He *avowed* his opinions boldly. 大胆に自分の意見を公言した.

■**だんことした**【断固とした】

decisive 決意の固い: take *decisive* action 断固とした行動をとる.

inflexible 絶対に主義を曲げない: an *inflexible* will 不動の意志 / an *inflexible* man 頑固な男.

adamant 信念が固く, 誘惑や嘆願に動かされない: He was *adamant* in his refusal. 彼の拒絶の意志はあくまでも固かった.

inexorable 〈人が〉懇願に耳をかさない《格式ばった語》: an *inexorable* creditor 仮借のない債権者.

obdurate 説得や懇願に耳をかさない: his *obdurate* determination 彼の断固とした決意.

■**だんせいの**【男性の】

male 人間・動植物が雄の (⇔ female): a *male* tiger 雄のトラ.

masculine 名詞・形容詞が男性の; 〈人の〉顔だち・性質などが男性らしい (⇔ feminine): *masculine* nouns 男性名詞.

manly 力・決意・勇気などの点で一人前の男らしい: a *manly* bearing 男らしいふるまい.

manlike 男性らしい性質(特に欠点)

を持った: *manlike* reticence いかにも男らしい無口.

mannish 〈通例女性が〉男っぽい顔立ちや性格をした: a *mannish* woman 男っぽい女性.

manful 断固とした，決断力があって雄々しい: *manful* resistance 男らしい抵抗.

■だんぞくてきな【断続的な】

intermittent 断続的に生じる: an *intermittent* fever 間欠熱.

recurrent 反復的に生じる: a *recurrent* pain in the stomach 反復して起こる胃痛.

periodic 長期にわたって周期的に生じる: a *periodic* wind 季節風.

alternate 順序正しく交互に生じる: a life of *alternate* sorrow and joy 悲喜こもごもの生涯.

■たんぽ・ていとう【担保・抵当】

pledge 約束履行の印として手渡したもの: I gave her a ring as a *pledge*. 約束の印として指輪を与えた.

guarantee 「保証」または「保証書」の意味から不履行の場合に没収される「担保」の意になる: offer a *guarantee* 担保を提供する.

security 借金などの「担保」，または契約などの保証金で「敷金」の意にもなる: pay two months' rent as *security* 2か月分の家賃を敷金として払う.

collateral *security* とほぼ同義だが主として担保物件をいう: use one's land as *collateral* for the loan 土地を借金の担保にする.

pawn 借金の抵当として質屋に渡す品物，質草: redeem a *pawn* 質請けする.

ち

■ちいさい【小さい】
small 大きさ・程度・重要性などが普通よりも小さい (⇔ large): a *small* animal 小動物 / a *small* problem 取るに足らない問題.

little 小さくてかわいらしい[つまらない]などの感情的含みをもつ (⇔ big, great): a pretty *little* baby かわいい赤ちゃん.

diminutive ごく小さく普通と違って見えることを暗示《格式ばった語》: a *diminutive* room ひどく小さい部屋.

minute 微視的に小さい: *minute* particles of dust 微細なゴミ.

tiny きわめて小さい《模型や小さな生物などについて用いられる》: a *tiny* insect 小さな昆虫.

petite 〈特に女性が〉小さく魅力的な姿態をもつ: a *petite* woman 小柄でいきな女.

■ちがい【違い】⇒そうい.

■ちかくできる【知覚できる】
perceptible 五官の作用で(やっと)知覚される: a *perceptible* smell of coffee それとわかるコーヒーのかすかな香り.

palpable 容易に気づくことができる《本来は触ってわかる意; 格式ばった語》: *palpable* lies 見え透いたうそ.

tangible 「触れてわかる」の意味から, はっきりして確実な《格式ばった語》: *tangible* proof 明白な証拠.

recognizable 見てすぐにそれとわかる: The painting is immediately *recognizable* as a Vincent van Gogh. その絵はすぐにビンセント・バン・ゴッホの作品だとわかる.

appreciable 測定・評価ができる程度に知覚できる: an *appreciable* improvement 相当な改良.

■ちから【力】
power 何かをする能力《最も一般的な語》: *power* to think 思考力.

strength 働きかけたり抵抗したりできる人や物の性質: one's physical *strength* 体力.

force 実際の物理的な力: the *force* of a blow 打撃の力.

might 《文語》非常に大きな力: the *might* of an army 軍勢.

energy 強く精力的に行為する能力: apply one's *energy* to saving money 貯蓄に精力を傾ける.

potency あることを達成する潜在的または本質的能力《格式ばった語》: the *potency* of a drug 薬の効用.

■ちきゅう【地球】
earth 我々が住んでいる惑星で, 月・太陽と対比されることが多い: The *earth* is composed of land and water. 地球は陸地と水とから成る.

globe *earth* と同義だが, 特に丸いことを強調する: the largest empire on the face of the *globe* 世界最大の帝国.

■ちしき【知識】
knowledge 勉強・観察・調査などか

ら知り得たすべての事実,さらにはそれらを体系化したもの: *Knowledge* is power. 《諺》知識は力なり / I have no *knowledge* of his whereabouts. 彼の居所は全く知らない.

learning 長期にわたる正統的な研鑽によって得られた知識《人文学についていうことが多い; 格式ばった語》: He possesses great *learning*. 非常な学識の持ち主だ.

scholarship 厳密さ・判断力・統合力などにおいて申し分のない学識: a man of great *scholarship* 碩学(せきがく).

erudition 深遠な学識《格式ばった語》: This book displays great *erudition*. 本書は大変な学識を示している.

science 観察と実験から得られた知識を体系化したもの: The computer is one of the wonders of modern *science*. コンピューターは現代科学の驚異の一つである.

information 観察・他人・本などから得た知識《その量・性質・真実性を暗示しない》: I want some more *information* about him. 彼についてもう少し知りたい.

■ **ちじょうの**【地上の】

earthly 天国に対して,現世の: the *earthly* paradise この世の楽園.

worldly 精神的または永遠の事柄ではなく,快楽・成功・虚栄など俗世界の事柄に関する: *worldly* pleasures [success] 俗世の快楽[成功].

terrestrial 月や宇宙空間に対して,「地球の」の意;「陸生」の意味で専門語の一部としても用いられる: *terrestrial* magnetism 地球の磁力 / *terrestrial* animals 陸生動物.

mundane 宗教的または精神的な生活に対して,平凡な日常生活の《格式ばった語》: *mundane* matters 俗事.

■ **ちず**【地図】

map 地球(の一部)を空から見たかのように表したもので,国の形,都市の位置,土地の高度,川などを示したもの: a *map* of Japan 日本地図.

atlas *map* を本の形に集めたもの: a world *atlas* 世界地図帳.

chart 特に航海用または航空用の地図.

■ **ちぢめる**【縮める】

shorten 長さ・期間を短くする: *shorten* a skirt by two inches スカート丈を2インチ縮める.

abridge 特に〈本を〉簡約化する: The book has been *abridged* for school use. この本は教科書用に簡約にしてある.

abbreviate 〈語句などを〉短縮する: Mathematics is *abbreviated* to math. mathematics は math と短縮される.

curtail 重要な部分の一部を削除して切り詰める《格式ばった語》: *curtail* expenditure 経費を切り詰める.

■ **ちゅういぶかい**【注意深い】
(⇨ようじんぶかい)

careful 仕事や責任に対して細心の注意を払う: Be more *careful* with your work. 仕事にもっと身を入れなさい.

meticulous 細かい点について凝りすぎるほど注意する: a *meticulous* carpenter 凝り性の大工.

scrupulous ごく小さな点に至るまで良心的なまでに正確な《格式ばった語》: He has a reputation for *scrupulous* scholarship. 厳密無比な学識で定評がある.

punctilious 《通例よい意味で》〈人や行為が〉作法・儀礼などの細部にまでこだわる《格式ばった語》: You are most *punctilious*. あなたはほんとに几帳面な人ですね.

■ちゅうおう【中央】

middle 空間的・時間的な中央部: the *middle* of the room 部屋の中央 / the *middle* of April 4月の半ば.

midst 《古》*middle* とほぼ同じ意味《通例 in, into, from などの前置詞に導かれる》: He stood in the *midst* of the crowd. 群衆の真ん中に立っていた.

center 円または球の周囲または表面から等距離にある点《*middle* よりも厳密な語》: the *center* of a circle 円の中心 / the *center* of the earth 地球の中心.

focus 焦点の意味から、興味・注意の中心: the *focus* of attention 注意の焦点.

heart 心臓の意味から、町・森などの中心部: live in the *heart* of Paris パリの中心部に住む.

■ちゅうさいする【仲裁する】

interpose 敵対する双方の中に割って入る《格式ばった語》: *interpose* oneself between the two disputants 二人の論争者の中に割って入る.

interfere 《軽蔑》自分に関わりのない事柄に口をはさむ: He likes to *interfere* in other people's business. 他人のことに干渉したがる.

intervene けんかなどを調停する《格式ばった語》: *intervene* in a dispute 紛争に介入する.

intercede 事態の悪化を防ぐために口を出す《格式ばった語》: I *interceded* with the governor for a friend. 友人のために知事に執り成した.

mediate 争っている双方を和解させようとする《格式ばった語》: *mediate* between labor and management 労使間を調停する.

■ちゅうじつな【忠実な】

faithful 人・組織・理念などを首尾一貫して支持する: a *faithful* wife 貞節な妻.

true 「他を裏切ることがない」の意; *faithful* と同じ意味で、交換可能なこともある: You should be *true* to your word. 自分の言葉には忠実でなければいけない.

loyal 《よい意味で》友人・主義・祖国などに対してゆるがぬ忠誠心を示す: a *loyal* subject 忠誠な臣下.

constant 愛情・忠誠心において移り気がない: a *constant* lover 忠実な恋人.

staunch 《よい意味で》人・主義・組織などに忠実で強く支持する: a *staunch* supporter 忠実な支持者.

■ちゅうせい【忠誠】

allegiance 君主・国家・主義などを支持し忠誠を尽くすこと: I pledge *allegiance* to my country. 私は自分の国に忠誠を誓います.

fidelity 主義・宗教・指導者に対して極めて忠実なこと: *fidelity* to a leader 指導者に対する忠誠.

loyalty 前の二つより一般的な語で、自分の家族・友人・国家に対して誠実であること: their *loyalty* to the company 会社に対しての彼らの忠誠心.

devotion 人や主義などに身を捧げること《対象への愛着を暗示する》: an inflexible *devotion* to the cause その主義に対する不屈の献身.

■ちょうさ【調査】

inquiry 情報を求めること《最も一般的な語》: We are making *inquiries* on the subject. その問題を調査している.

examination 慎重に調べること: Your proposal is under *examination*. あなたの提案は検討中です.

investigation 事実を明らかにするための綿密で組織的な調査: It is a point worthy of further *investigation*. それはさらに進んだ調査に値する点だ.

probe 不正などの綿密で徹底的な調査: a *probe* into a bribery case 汚職事件の調査.

inquest 死因を決定するために, 通例検死陪審員立会いの下に検死官が行なう検分: conduct an *inquest* over the body その死体の検死を行なう.

inquisition 特に苛酷で厳しい取り調べ: He was subjected to an *inquisition* into his motives. 彼は動機について厳しい取り調べを受けた.

research 通例研究者による精密で持続的な調査: He continued his *research* in linguistics. 言語学の研究を続けた.

■ちょうしゅう・かんきゃく【聴衆・観客】

audience 講演・音楽を聴いたり, 競技・ショーを見たりするために集まった人々.

spectators ショーや競技を見る人々《つまり, audience は spectators の意味でも使うことができる》: The *spectators* were [*audience* was] very excited by the game. 観客はそのゲームで大いに興奮した.

■ちょうしょうてきな【嘲笑的な】

sarcastic あざけったり言外に軽蔑の意を含めたりして人の感情を傷つける: a *sarcastic* reply 皮肉な答え.

satiric(al) 他人の愚行・悪徳を暴露し攻撃する: a piece of *satirical* prose 諷刺的な一文.

ironic(al) 自分が言っていることとは反対のことを意味して, 滑稽感をかもし出したり, 強調したりする: He made his small, *ironical* smile. ちょっと皮肉に微笑した.

caustic 〈特に批評が〉わざと辛辣で意地悪な: *caustic* remarks 辛辣な言葉.

sardonic 言葉や態度が嘲笑的な: a *sardonic* smile せせら笑い.

cynical 相手を信用せず冷笑的な: Don't be so *cynical* about doctors. 医者のことをそんなに皮肉っぽく言う[見る]な.

■ちょうてん【頂点】

top あるものの最も高い点: reach the *top* of the ladder 最高の地位を占める.

summit 山や丘の頂上; 達しうる最高水準: reach the *summit* of power 権力の頂点に達する.

peak 山や丘のとがった峰; 強烈さ・価値・業績の最高点: the *peak* of production in motor cars 自動車生産の最大量.

climax 興味・興奮などが漸次上昇して達する最高点: the *climax* of a drama ドラマのクライマックス.

apex すべての上昇点・進路が合一する最高点: He was at the *apex* of his power. 彼は権力の絶頂にあった.

pinnacle 業績・成功などの(不安定な)頂点: achieve the *pinnacle* of success 成功の絶頂を極める.

zenith 天の最高点, 天頂; 業績の最高点: His fame was then at its *zenith*. 彼の名声はそのとき絶頂期にあった.

culmination 長い期間の後の最高の点・結果: Their marriage reached its *culmination* in divorce. 彼らの結婚は結局離婚に終わった.

■ちんぷ【陳腐】

commonplace あることに関する常套的な言葉や考え: a tedious *commonplace* 退屈な決まり文句.

platitude 事新しげに, または重要そうに言われた陳腐な言葉《格式ばった語》: a speech full of *platitude* 陳腐な言葉だらけの演説.

cliché かつては清新で力強かった表現

が，頻繁に用いられて陳腐で紋切り型になったもの: a worn-out *cliché* 使い古した決まり文句.

truism 自明な真理: It is a *truism* that health is better than wealth. 健康が富にまさるというのはわかりきったことだ.

つ

■ついほうする【追放する】

banish 政府の命令によって処罰として国外に追放する: Napoleon was *banished* to Elba. ナポレオンはエルバ島へ追放された.

exile 主に政治的な理由で母国から追放する: He was *exiled* for his political activities. 政治的活動のために母国を追われた.

expatriate (国籍を剝脱して)国外に追放する; [oneself を伴い, または自動詞として] (特に帰化するために)国籍を捨てる《格式ばった語》: He *expatriated* (himself) from Japan. 彼は日本の国籍を捨てた.

deport 〈不法滞在者・好ましくない外国人を〉国外に追放する: We *deport* aliens who slip across our borders. 国内に潜入する不法入国者を国外に追放する.

ostracize 不名誉な行為をしたために社会から排斥する: After his bankruptcy he was *ostracized* by all his friends. 破産後は友人すべてからつまはじきされた.

■つかう【使う】

use 〈人や物を〉ある目的のために利用する《最も一般的な語》: We *use* a hoe in cultivation. 耕作にはくわを使う.

employ 〈使われていない人や物を〉有効に利用する: The store *employs* a number of part-time workers. その店では幾人ものパートタイマーを使っている / How do you *employ* your spare time? 余暇をどうお使いですか.

spend 〈金・時間・労力などを〉消費するという意味で使う: He *spent* all the money. 彼はそのお金をみんな使った.

utilize 実用的な目的のために利用する《格式ばった語》: *utilize* water for producing electricity 水を発電に利用する.

avail [~ oneself of として] 手近のものや提供されたものを利用する《格式ばった語》: He promptly *availed* himself of the opportunity. すかさずその機会を利用した.

■つかのまの【束の間の】

transient ほんの短い間だけ続く《格式ばった語》: *transient* pain つかの間の痛み.

transitory 本質的に過ぎ去る[終わる]に決まっている: the *transitory* world 浮き世.

ephemeral 一日しか続かないほど非常に短命な《格式ばった語》: *ephemeral* fame はかない名声.

momentary 瞬間的に終わる: *momentary* hesitation 一瞬のためらい.

fleeting 迅速に過ぎ去ってつかまえておくことができない: *fleeting* pleasures はかない歓楽.

evanescent 水蒸気のように瞬間的に現れすぐ消えてしまう《格式ばった語》: *evanescent* glory はかない栄光.

■つかまえる【捕まえる】

catch 〈動いている人や物を〉特に両手でつかむ《最も一般的な語》: *catch* a thief 泥棒をつかまえる.

capture 抵抗・困難を排して捕らえる: *capture* a robber 強盗を捕らえる.

trap 仕掛けを用いて〈人や動物を〉捕らえる《逃げることが困難な状況を暗示する》: *trap* a bear わなを仕掛けてクマを捕らえる.

snare 〈小さい動物や鳥を〉わなで捕らえる: *snare* a rabbit ウサギをわなで捕らえる.

ensnare, entrap [主に比喩的] 悪だくみを用いて陥れる《格式ばった語》: She *ensnared* him into marrying her. わなに掛けて自分と結婚するように仕向けた.

■つかむ【摑む】

take 〈手で〉取る, つかむ《最も一般的な語》: *take* a book from the shelf 棚から本を取る.

seize 突然(特に強引に)手でつかむ: The policeman *seized* the thief by the arm. 警官は泥棒の腕をぐいとつかんだ.

grasp つかまえてしっかりと握る: *grasp* a rope ロープをしっかりと握る.

grip しっかりと握って離さない《*grasp* よりも意味が強い》: *grip* a handle ハンドルをしっかりつかむ.

snatch 急につかみ取る: The thief *snatched* the old man's wallet and ran. 泥棒は老人の札入れをひったくって逃げた.

grab 乱暴にまたは無法につかむ: The dog *grabbed* the meat and ran. 犬は肉をくわえて逃げ出した.

■つかれた【疲れた】

tired 体力・興味などがなくなって心身ともに休養を必要としている《一般的な語》: I am *tired* from overwork. 仕事のしすぎで疲れている.

weary 努力や緊張の結果, ひどく疲れている《*tired* よりも格式ばった語》: He was *weary* from his long walk. 遠道の散歩で疲れていた.

exhausted 困難な登山の後などのように疲れ果てている: He was too *exhausted* to sleep. 疲労しすぎて眠れなかった.

worn-out つらい仕事や難しい仕事のあとで疲れはてる《*exhausted* とほぼ同じ意味だがよりくだけた語; 述語用法ではしばしば worn out とつづられる》: He was *worn out* after hard work. つらい仕事のあとで疲れはてた.

fatigued 過労や過度の緊張のために疲れて仕事が継続できない《精神的な疲れを強調する; 格式ばった語》: I am *fatigued* to death. 死ぬほど疲れた.

■つくりだす【作り出す】

invent 新しい物や便利な物を初めて作り出す: Who *invented* the computer? コンピューターはだれが発明したのか.

produce 「作り出す」の意味で最も一般的な語の一つ: He *produces* good plays one after another. 彼は良い芝居を次から次と書き上げる.

develop 時間をかけて慎重に作る: *develop* a new medicine 新薬を開発する.

coin 新しい語(句)を作る: Who *coined* the term 'virtual reality'?「バーチャルリアリティ」という言葉を考え出したのはだれですか.

create 文芸・芸術などの領域で創造する; 特に無から新しいものを造り出す: God *created* the heaven and the earth. 神は天と地を創った.

■つくりばなし【作り話】

fiction 種々の動機から出た作り話: He

invented a *fiction* to detain her. 彼女を引き留めるために作り話をした.

fabrication 人をだますために入念に作り上げた全くの作り話: His story was a complete *fabrication*. 彼の話は全くのでっち上げだった.

invention 事実とは異なって勝手に考え出した話・説明など: His story must be of his own *invention*. 彼の言ったことは作り話にちがいない.

■つくる【作る】

make 物を作り出す《最も意味の広い語》: *make* a chair [poem] いす[詩]を作る.

build 部品や材料を組み合わせて〈構築物を〉作る: *build* a house 家を建てる.

form 明確な形式を持ったものを作る: *form* a circle 輪を作る.

fashion 手や道具を使って物を形作る《格式ばった語》: *fashion* a vase from clay 粘土で花びんを作る.

construct 〈建物・車・道路・機械などを〉設計に従って組み立てる《build より格式ばった語》: *construct* a building 建物を構築する.

manufacture (元来は手で, 今は機械を使って)大規模に原料から製造する: *manufacture* automobiles 車を製造する.

forge 鉄を鍛えて作る; 〈うそなどを〉捏造する: *forge* a sword 剣を鍛えて作る / *forge* banknotes 札を偽造する.

fabricate 特に規格部品を使って構築する《格式ばった語》; 〈うそ・話などを〉でっち上げる: *fabricate* houses 組み立て式の家を建てる / *fabricate* an excuse 口実をでっち上げる.

■つづいておこる【続いて起こる】

subsequent 後に起こる《格式ばった語》: *subsequent* to his death 彼の死に次いで.

consequent 結果として生じる《格式ばった語》: the storm and *consequent* flood あらしとその結果生じた洪水.

■つつみ【包み】

bundle 運搬・収納のためにいくつかの物を束ねたもの《大きさ・密度は問わない》: a *bundle* of firewood 一束のたきぎ.

bunch 通例同種類のものをきちんと束ねたもの: a *bunch* of keys 鍵の束.

parcel (英)携帯・郵送のために紙に包んで結わえたもの: send a *parcel* by post 小包を郵送する.

package (米) = *parcel*.

pack 主に背負って運ぶためにひとまとめにしたいくつかの物: a peddler's *pack* 行商人の荷.

packet 主に商品を小さな箱に詰めたもの《(米)ではまた *pack* ともいう》: a *packet* [*pack*] of cigarettes [envelopes, tea] 1箱のたばこ[封筒, 紅茶].

■つとめる【努める】

try あることを行なうために努力をする《一般的な語》: I'll *try* to finish the work by next week. 来週までにその仕事を終えるようにやってみるつもりだ.

attempt あることで成功しようと努める《失敗や未遂に終わったことを暗示する》: He *attempted* to kill himself. 自殺を企てた.

make an effort, make efforts 困難にもめげず努力する《通例個人的な事柄についていう》: He *made an effort* to master the software. 彼はそのソフトウェアを身につけようと努力した.

endeavor 困難に直面して決然と努力する: I *endeavored* to appease him, but in vain. 彼をなだめようと努めたが, だめだった.

strive 成就のために熱心に[長い間]努

力する《格式ばった語》: *strive* for victory 勝とうと努力する.
struggle 障害を打破するため猛烈に努力する: *struggle* for living 生活苦と戦う.

■つぶやく【呟く】
murmur 他の人には聞こえないくらい低い声で話す: The little boy *murmured* in his sleep. 男の子は眠りながらつぶやいた.
mutter 聞き取りにくい低い声で（通例不平・怒りの言葉を）つぶやく: He *muttered* complaints. ぶつぶつと不平を言った.
mumble 口をあまり開けないで不明瞭に言う: The old man *mumbled* a prayer. 老人はもぐもぐ祈りを唱えた.

■つまらない
petty《軽蔑》同種のもののうちで最も小さく重要でない: a *petty* crime ささいな罪.
trivial つまらなく平凡で取るに足りない: a *trivial* mistake つまらない誤り.
trifling 非常に少なくて重要でないため無視してよい: a *trifling* matter ささいな事柄.
paltry 軽蔑に値するほど価値がない: a *paltry* amount of money ごくわずかな金.

■つよい【強い】
strong 肉体的にも精神的にも強い《最も一般的な語》: a *strong* body 強健な体.
stout 強くて頑丈で酷使に耐える: a *stout* ship 頑丈な船.
sturdy〈人や体が〉強くて健康な: *sturdy* legs がっちりした足.
tough〈人が〉困難や病気に耐えることができる: He is (as) *tough* as nails. (体が)とても丈夫だ.

■つよめる【強める】
intensify あるものの特徴を強める《格式ばった語》: His absence *intensified* her loneliness. 彼の不在が彼女の寂しさを強めた.
aggravate いっそう悪くする《格式ばった語》: Her blunt reply *aggravated* his anger. 彼女のそっけない返事で彼の怒りはつのった.
enhance 価値・魅力をいっそう高める《格式ばった語》: The moonlight *enhanced* her beauty. 月明かりが彼女の美しさをいやましていた.
heighten 効果などを高める: Music served to *heighten* the effect. 音楽が効果を高めるのに役立った.

■つりあった【釣り合った】
proportional〈大きさ・数量などが〉互いに比例している《格式ばった語》: *proportional* representation 比例代表制.
proportionate 互いに釣り合っている《意図的な調整を含意する》: The profit is *proportionate* to the creativity and effort expended on the product. 利益はその製品に費した創造性と努力に準じる.
commensurable, commensurate〈二つの物が〉厳密な意味で均等に釣り合っている《後者は格式ばった語》: His salary is not *commensurate* to his worth. 彼の給料は彼の真価に釣り合っていない.

■つれていく[くる]・もっていく[くる]【連れて行く[来る]・持って行く[来る]】
bring〈人や物を〉別な場所から話し手のいる地点へ連れて[持って]行く.
take〈人や物を〉話し手のいる地点から別な場所へ連れて[持って]行く: I *took* my son to the doctor and *brought* him

つれていく[くる]

home after the treatment. 息子を医者へ連れて行き手当てをしてもらって連れて帰った.

fetch 別な場所まで行って〈人や物を〉連れて[取って]来る: Please *fetch* me my hat from the next room. 隣の部屋へ行って帽子を取って来て下さい.

carry 〈人や物を〉自らまたは車などで現在の場所から別な場所へ運ぶ: Please *carry* the suitcase upstairs. このスーツケースを二階へ運んで下さい.

て

■ていあん【提案】

proposal 受諾を求めて申し出た計画: approve a *proposal* 提案を是認する.

proposition 特にビジネス上で提案されたもの: an attractive *proposition* 魅力的な提案.

suggestion 具体的な考え・企画などの提案: make a new *suggestion* about [on] the matter その件について新しい提案をする.

motion 会議・討論などでの公式な提案でその場で賛否を問うもの, 動議: propose [second] a *motion* 動議を提出[支持]する.

■ていきょうする【提供する】

offer 人に物を差し出して受諾を求める《最も一般的な語》: He *offered* me a seat. 席を譲ろうと申し出た.

present 考慮・受諾を求めて提出する: *present* one's ideas for consideration 考えを述べて考慮を求める.

proffer 通例〈無形物を〉進んでまたは礼儀上提供する《格式ばった語》: *proffer* assistance 援助を申し出る.

tender 〈辞意・謝意・奉仕などを〉正式に申し出る《格式ばった語》: He *tendered* his apologies. 謝意を表明した.

provide 有益・必要なもの・資料などを与える: She *provided* us with all kinds of information. 彼女はあらゆる情報を我々に提供してくれた.

■ていせつな【貞節な】

chaste 《古風》〈特に女性が〉間違ったまたは不法な性的行動に参与しない: a *chaste* wife 貞節な妻.

pure 道徳的に汚れのない《無邪気で, みだらな欲望がないことを暗示する; 格式ばった語》: *pure* in body and mind 心身共に純潔な.

modest 〈女性が〉男の欲望を誘うようなふるまいをしない: Japanese women used to be more *modest* before the War. 戦前の日本女性はもっと慎み深かった.

decent 社会道徳から逸脱しない: *Decent* people don't see such movies. まともな人はそんな映画は見ない.

■ていとう【抵当】⇨たんぽ.

■てきおうさせる【適応させる】

adapt 〈人や物を〉新しい状況に適応するように変化させる《柔軟性を暗示する》: He cannot *adapt* himself to the new climate. 新しい気候に適応することができない.

adjust 〈物を〉微調整してもっと効果的または適切なものにする: Can cats *adjust* (themselves) to their environment? 猫は環境に順応できるのか.

conform 法律・基準などに合わせる[順応させる]: *conform* one's conduct to a rule 規則に従って行動する.

■できごと【出来事】

occurrence 起こったこと《一般的な語》: an unusual *occurrence* 異常な出来

事.

happening 思いがけない出来事《前者より平易な語》: a strange *happening* 奇妙な出来事.

event 比較的重要なまたは注目すべき出来事: What were the chief *events* of last year? 去年の主な出来事は何でしたか?

incident あまり重要でない出来事で, 偶然に, または重要な *event* に付随して起こったもの: the *incidents* of a journey 旅の出来事.

episode 一連の *event* の中の一つの *event*: an *episode* in one's life 生涯の挿話的な事件.

■てきたいてきな【敵対的な】

hostile 〈精神・態度・行動が〉激しい嫌悪感・敵意を示す: a *hostile* attitude 敵対的な態度.

unfriendly 友好的でなく不親切な《積極的な悪意を含まない》: They are rather *unfriendly* to foreign visitors. 外人客にかなり冷淡である.

inimical 敵意がある《格式ばった語》: Some of them were *inimical* to him. 彼らの中には彼を敵視する者もいた.

■てきよう【摘要】

summary 陳述や物語を短くまとめて要点のみを述べたもの: Give a *summary* of the following story in less than two hundred words. 次の話を200語以内で要約しなさい.

abridgment 重要な部分のみを残し, 他は削除した省略本: an *abridgment* of a three-volume history 三巻物の歴史書の縮約本.

outline 概要, 要約《意味の広い語で箇条書きにしたものから一冊の本になるようなものまでを含む》: an *outline* of Chinese history 中国史の概要.

abstract 書籍・論文・法廷記録などの要約: an *abstract* of a lecture 講義の摘要.

brief 特に訴訟事件などの摘要書: make a *brief* for a lawyer 弁護士のために訴訟事件摘要書を作成する.

synopsis 論文・小説などを要約したもの: A *synopsis* of the lecture was provided in advance. 講義の概要が予め用意された.

digest 法律・文学・歴史・科学書などを簡潔に組織的に要約したもの《*synopsis* よりも包括的》: Some magazines contain *digests* of books. 雑誌の中には本の要約を載せているものもある.

précis 記事・論文・小説などの大意・要約を作者以外の人が書いたもの: write a *précis* of a long passage 長い文章の大意を書く.

■でたらめの

random はっきりした目的や方法なしに行なわれる: a *random* answer 行き当たりばったりの答え.

haphazard 結果・適否などを考慮せずに出まかせに行なわれる: a *haphazard* collection でたらめに収集したもの.

casual 偶然に起こる: a *casual* meeting 偶然の出会い.

desultory やることに方法がなく, あれこれと移る: *desultory* reading 散漫な読書.

chance 予定や準備なしに起こる[なされる]: a *chance* occurrence 偶然の出来事.

■...でなければ

unless, if not には, 次のような相違がある: (**1**)「B という邪魔がなければ A が起こるだろう」という意味では, 両者が使える: I'll come back *if* there's *not* a plane strike [*unless* there's a plane strike]. 飛行機のストがなければ帰ってくる．(**2**)「B が起こらなければ A が起こるだろう」という意味では，*if not* しか使えない：I'll feel much happier *if* she doesn*'t* come with us [× *unless* she comes with us]. 彼女が一緒に来なければずっとうれしいだろう．(**3**) *unless* は肯定の，*if not* は否定の文脈を構成する：I won't phone you *unless* something [*if nothing*] unforeseen happens. 予期しないことが起こらない限り電話しない．(**4**) *unless* は *if* と異なり事実に反する条件節には生じない：*If* he weren*'t* [× *Unless* he were] so silly, he would understand. あんなにばかでなければ，わかってくれるのだが．

■てにもつ【手荷物】

baggage, luggage（**1**）旅行者の手回り品を入れたトランク・スーツケース類について，《米》では *baggage*，《英》では *luggage* を用いることが多い．ただし，《英》でも船や航空機の手荷物には *baggage* を使う．
（**2**）英米ともに *luggage* は入れ物を指すのに対し，*baggage* は入れ物と中身の両方を指す．
以下の場合は *luggage* のみが可能：buy *luggage* / empty *luggage*.
また以下の場合は *baggage* のみが可能：excess *baggage*.
また *luggage* と *baggage* の両方とも用いることができる場合がある：check *luggage* [*baggage*].

■てほん【手本】

model ある望ましい性質の手本となる人や物：He is a *model* of integrity. 清廉の鑑だ．

example 模倣するのに足る人・物・行動；または bad などの形容詞を伴って，模倣してはならない悪い例：I will follow his *example*. 彼を見習いたい．

pattern 模倣するにふさわしい例：the *pattern* of good behavior 立派なふるまいのお手本．

ideal 心に描く理想的な典型，またはそれを具現していると思われる人や事物：She found her *ideal* in her mother. 母に理想像を見出した．

standard 判断の目安とすべき標準：the *standard* of living 生活水準．

archetype その後の同種のもののモデルとなる原型：The Wright brothers' plane is the *archetype* of today's airliners. ライト兄弟の飛行機は今日の定期旅客機の原型だ．

■でんきの【電気の】

electric「電気の」の意味のごく普通の語で，電気を起こすもの，電気で動くものについて使う；比喩的な意味でも用いられる：an *electric* lamp 電灯 / an *electric* effect 電撃的な効果．

electrical 上記の語と同義の場合もあるが，特に「〈人・職業が〉電気に関した」の意で使う：*electrical* engineers 電気技師．

と

■どういする【同意する】

consent 通例，権限のある人が自らの意志で同意する《格式ばった語》: The boss wouldn't *consent* to my proposal. 上司は私の提案に同意しようとしなかった．

assent 提案・考えなどに必ずしも積極的でない同意を与える《格式ばった語》: He *assented* to my opinion. 私の意見に一応賛意を表明した．

agree しばしば意見の相違を調整して一致する: I quite *agreed* with him on that point. その点では全く彼と同感だった．

concur ある特定の陳述・意見に同意する《格式ばった語》: Authorities *concur* in this view. この見解では権威者の意見が一致している．

accede 提案・条件などに譲歩して同意する《格式ばった語》: In the end he *acceded* to my proposal. 最後に彼は私の提案に同意した．

acquiesce 不本意ながら承諾する: He is unlikely to *acquiesce* in our request. 彼は我々の要求を受け入れそうにない．

■とういつ【統一】

unity 種々の要素から成るものが渾然一体となって統一されていること: The strength of a nation depends on its *unity*. 国家の力はその統一のいかんによる．

unification 個別のものを一様・単一にすること；あるいは統一された状態をいう: *unification* of currency 通貨の統一．

union ある共通の目的のために単一の組織体に結合すること《格式ばった語》: the *union* of Scotland and England スコットランドとイングランドの連合．

solidarity あるグループの利害・感情・行動を統一すること: group *solidarity* グループの連帯．

■どうき【動機】

motive 人を動かして行動に駆り立てる感情や欲望: His chief *motive* was the desire of gain. 彼の主な動機は金銭欲であった．

motivation 人が自分の意志で行動しようとする意欲，あるいはその意欲の動機となる事情: the *motivation* behind his behavior 彼の行動の背後にある動機．

incentive 人を鼓舞して競争に駆り立てる刺激《格式ばった語》: an *incentive* to an action 行為の誘因．

inducement 人を誘って行動を起こさせる魅力的な理由《*incentive* よりも意味が狭い》: Reward is an *inducement* to toil. 報酬は労働の誘因になる．

spur 「拍車」の意味から，人を鼓舞して行動させる外部からの刺激: Fame is an excellent *spur* for the young. 名誉は青年へのすばらしい刺激である．

impulse 実際に行動に移すか移さないかは別にしてあることをしたいという

突然の欲望: I had an *impulse* to kiss her. 彼女にキスしたい衝動に駆られた.

■どうぐ【道具】

implement ある仕事や目的に必要な器具《くわ・すき・まぐわ・除草器など; *tool* よりも格式ばった語》: farming *implements* 農機具.

tool 主に手仕事のための器具《のこぎり・かんな・のみなど》: machine *tools* 工作機械.

instrument 科学や芸術で用いられる,通例動力のない器具《顕微鏡・コンパス・温度計など》: surgical *instruments* 手術用の器具.

appliance 特定の目的のために, 特に電気・ガスで動かす道具: domestic *appliances* 家庭用器具《洗濯機・皿洗い機など》.

utensil 料理・掃除など家庭用の器具または容器: kitchen *utensils* 台所用品《おろしがね・泡立て器・ほうき・なべ・瓶・おけなど》.

■どうさつりょく【洞察力】

insight, perception 物事の底に潜む真実を見通し理解する能力《前者は知的能力,後者は格式ばった語で鋭い感覚といったニュアンスがある》: a man of great *insight* [*perception*] すぐれた洞察力のある人.

acumen すばやく正確に考え判断する能力《格式ばった語》: business *acumen* すぐれた商才.

discernment 特にスタイル・ファッション・美などにかかわる事柄で正確な判断をする能力: critical *discernment* 批評眼.

discrimination 《よい意味で》細かい相違を区別できる能力: He showed great *discrimination* in the choice of wines. ワインの選択に識別力を示した.

penetration 《よい意味で》五官以上に深く物事の本質を見極める能力《格式ばった語》: Solving the mystery requires *penetration*. そのなぞを解くには眼識が必要だ.

■どうじの【同時の】

contemporary 〈人や作品が〉同じ時代に属する: Marlowe was *contemporary* with Shakespeare. マーローはシェークスピアと同時代人であった.

contemporaneous 〈主に事件が〉同じ時代に属する: The two discoveries were *contemporaneous*. この二つの発見は同時期のものだった.

★ *contemporary* は主に現在に, *contemporaneous* は過去に関連して用いられる.

coeval 《文語》《特に遠い過去において》時期を同じくする;〈人が〉同じ年齢で: This custom is *coeval* to mankind. この慣習は人類誕生と共に生まれたものだ / Mr. Green is *coeval* with my father. グリーンさんは父と同い年だ.

synchronous, simultaneous 同時に起こる[進行する]: have *synchronous* origin 同時発生する / The two *simultaneous* shots sounded like one. 同時に起こった2発の銃声は1発のように聞こえた. ★前者はコンピューターなど科学技術に関して用いられることが多い.

■とうたつする【到達する】

reach 〈目標・発達段階など〉に到達する《最も一般的な語》: *reach* agreement 合意に達する.

gain 相当の努力を払って〈目的を〉達する: *gain* one's object 目的を達する.

attain 大望に駆られて〈大きな目的を〉達成する: *attain* great fame 大きな名声をかち取る.

accomplish 〈課された仕事を〉首尾

よく完了する: *accomplish* one's mission 使命を果たす.

achieve 努力・技術・勇気などによって特定の目的を達成する: They *achieved* a great victory. 大勝利をかち得た.

get to 《口語》= *reach*: *get to* the head of one's class クラスのトップになる.

■**とうちする**【統治する】
govern 〈国や州などを〉政治的に治める: *govern* a state 国家を統治する.

rule 〈主権者が〉〈国家や人民を〉（専制的に）支配する: The American colonies were *ruled* by Great Britain until 1776. アメリカ植民地は 1776 年まで英国に支配されていた.

administer 〈国家・会社・機関など〉の経営管理の責任を負う: The territory was *administered* by France. その地域はフランスに統治されていた.

■**どうどうとした**【堂々とした】
grand 壮麗さ・偉大さなどのために人に強い印象を与える: *grand* mountain scenery 雄大な山の眺め / a *grand* plan 壮大な計画.

magnificent 構造・飾りが雄大で華麗な: a *magnificent* castle 壮麗な城.

imposing 〈人・物が〉大きさ・威厳・壮麗さのために威圧感を与える: an *imposing* house 堂々とした家.

stately 堂々として美しくて印象的な: a *stately* hall 見事な大広間.

majestic 美しく威厳があり強い印象を与える: the *majestic* Mt. Fuji 雄大な富士山.

august 《文語》高貴さと威厳に満ちた: these *august* hills この壮麗な山々.

noble たとえようもなく立派な: a monument on a *noble* scale 壮大な記念碑.

grandiose 《通例軽蔑》滑稽なくらい不必要に大げさな: present a *grandiose* plan 大ぶろしきを広げる.

■**どうとくてきな**【道徳的な】
moral 品性や行動が慣習的な道徳にかなう《一般的な語》: a *moral* way of living 道徳的な生き方.

ethical 職業上などで倫理的・法的に正しい行動の基準に合致する: an *ethical* lawyer 道義的な弁護士.

righteous 《文語・聖書》〈人や行動が〉正義・公正・高潔である: a *righteous* man 高潔な人.

virtuous 特に個人的な生活において道徳的に優秀な品性を有する《女性の場合は貞節を暗示する; 格式ばった語》: a *virtuous* woman 貞節な女性.

■**どうはんする**【同伴する】
accompany 同伴者または援助者として一緒に歩いたり旅行をしたりする; 口語的には **go with**: He *accompanied* me to the police station. 警察署まで同伴してくれた.

attend 通例目上の者に奉仕するために随行する《格式ばった語》: The princess was *attended* by her lady-in-waiting. 王女は侍女に付き添われていた.

escort 特に男性が女性に付き添って目的地まで送り届ける: He *escorted* the girl to her house after the party. パーティーのあとその娘を家まで送り届けた.

■**どうめい**【同盟】
alliance 《通例よい意味で》家族・組織・国などが相互の利益のために結んだ提携: an *alliance* between France and England フランスとイングランドの同盟.

league 特定の目的のために連合した人や国のグループ: enter into a *league* 同盟を結ぶ.

coalition 利害の相反する組織が特定の目的のために一時的に協力すること:

a *coalition* government 連立内閣.

confederation 防衛・関税などの行政機能を共同行使するために結ぶ独立国同士の結合: the *Confederation* of the Rhine (1806–13 の)ライン同盟.

union 政治的な理由で二つ以上の国が連合して一つの国を形成していること: the *Union* of England and Scotland (1707 年の)イングランドとスコットランドの連合.

federation 自らも自治機関を持ちながら外交・防衛などの面では他の自治機関などと連合すること: A *federation* was formed between the two cities. その両市は同盟を結んだ.

■とおい【遠い】

distant 時間的・空間的に著しく離れている: a *distant* city 遠い町 / *distant* ages 遠い昔.

far 空間的・時間的に遠く離れている(*distant* よりも文語的): a *far* country 遠い国 / the *far* past 遠い過去.

remote 特定の参照点から時間的・空間的・関係的に遠く隔たっている: His house lies *remote* from the town. 彼の家は町から遠いところにある / the *remote* future 遠い未来.

faraway, far-off (特に時間的に)著しく遠い: a *faraway* hill 遠くの丘 / *far-off* things 遠い昔の事ども.

★「...の距離がある」という場合, 上記の語の中では疑問文で *far*, 肯定文で *distant* しか使わない: How *far* is the station? 駅までどれくらいありますか / The city lies ten miles *distant* from here. その町はここから 10 マイルのところにある.

■とかす【溶かす】

melt 通例熱によって徐々に液体にする[なる]: *melt* butter in a frying pan フライパンでバターを溶かす.

dissolve 液体の中に入れて溶かす[溶ける]: *dissolve* sugar in water 砂糖を水に溶かす.

liquefy 固体・気体を[が]液体にする[なる]《一般的な語》: *liquefy* oxygen 酸素を液体にする.

thaw 〈氷・雪・凍結物などを〉液化する: The ice is *thawing*. 氷が解けている.

fuse 高温で金属を[が]融解する: Lead will *fuse* at a low temperature. 鉛は低温で融解する.

■ときをえた【時を得た】

timely 適当な時に起こる: a *timely* warning 時宜にかなった警告.

opportune 特に適切な時期にやってくるのでふさわしい《格式ばった語》: an *opportune* remark 適切な言葉.

seasonable 時・機会に適した《格式ばった語》: *seasonable* advice 時機を得た助言.

well-timed 最も適切な時になされた: his *well-timed* arrival 彼の適時の到着.

■とくしん【瀆神】

sacrilege 教会泥棒などのように神聖な物や場所をみだりに使用・侵犯すること: commit a *sacrilege* 神聖冒瀆罪を犯す.

profanation 破壊などの具体的な行為ではなくても, 観光や商売に使うなどして神聖なものを汚すこと: the *profanation* of sacred things 神聖なものを汚すこと.

desecration 破壊行為などによって神聖な場所を汚して傷つけること《格式ばった語》: the *desecration* of a chapel 礼拝堂を汚すこと.

■とくちょうてきな【特徴的な】

characteristic 人や物の特徴を示す: Obstinateness is *characteristic* of him. 強情なのは彼の特徴だ.

individual 個体に特有の: Her hairstyle is very *individual*. 彼女の髪型はひどく個性的だ.

distinctive 他と異なっていて容易に認知できる《格式ばった語》: Policemen wear *distinctive* uniform. 警官はひと目でそれとわかる独特の制服を着ている.

peculiar 〈性質・品性・情緒などが〉人や物に特有な: The style is *peculiar* to him. そのスタイルは彼独特のものだ.

■とくに【特に】

especially 最も著しい事例を選び出す: This book is designed *especially* for university students. この本は特に大学生を対象にしている.

specially *especially* と異なり, ある特別の目的・用途のために限定する《実際には両者ともいずれでもよい場合がある》: He was trained *specially* for this purpose. 特にこの目的で訓練された.

particularly「一般的に」と対比して, 幾つかある中から特定のものを選び出して「特に」という場合: Rice grows well in these prefectures, *particularly* in Niigata. 米はこれらの県, 特に新潟でよくできる.

■とくべつな【特別な】

special 同種の他のものから区別される独特な性質を持つ: *special* treatment 特別扱い.

especial 同種の他のものと比べて特別に優れた《卓越の観念を強調する; 格式ばった語》: a matter of *especial* interest to me 私にとりわけ興味のある事柄.

specific 同類の中から1つを取り出してそれについて説明を加えるような場合に用いる: He cited *specific* cases. 具体例を挙げた.

particular 同類の中からある1つを抜き出していう場合に用いる; ある特定の: It's true in this *particular* case. この場合に限って言えばそれは正しい.

■としとった【年とった】

aged 非常に年をとった《衰弱・老衰を暗示する》: an *aged* couple 老夫婦.

old 長年生きてきてもはや若くない《老衰を暗示しない》: my *old* mother 私の年老いた母.

elderly 《しばしば婉曲》中年期を過ぎた: an *elderly* lady 年配の女性.

ancient 《やや滑稽に》よぼよぼに年をとった.

■どちゃくの【土着の】

native 人や物がある土地に生まれついた[起源を持つ] (⇔ foreign, alien): A *native* New Yorker ニューヨーク生まれの人 / *native* plants 土着の植物.

indigenous 〈人や物が〉ある土地に土着の (⇔ exotic)《格式ばった語》: Are chrysanthemums *indigenous* to Japan? 菊は日本に土着のものですか.

aboriginal (特にオーストラリアについて)先住民の: an *aboriginal* race 先住民族.

■とっきぶ【突起部】

projection 表面から際立って突き出ている部分: a *projection* on a bone 骨の突起部.

protrusion 異常にまたは醜く突き出ていること[もの]: a *protrusion* of rock 岩の突き出た部分.

protuberance 丸くふくれ出ていること[部分]: a *protuberance* on a tree 樹木のこぶ.

bulge 内部の圧力によって外部にふくれ出ていること[もの]: His fat wallet made a noticeable *bulge* in his suit jacket. 彼のたっぷり中身の入った財布で上着は目につくほどふくれあがっていた.

■とっけん【特権】

privilege 特定の人やグループにだけ許されている特別な権利: Alumni have the *privilege* of using the library. 校友は図書館を利用する特権がある.

prerogative 資格によってしばしば法的または公的に与えられた特権: the royal *prerogative* 国王の大権.

■とっけんをほうきする【特権を放棄する】

resign 〈官職などを〉辞表を提出してやめる: He *resigned* his job. 彼は辞職した / He *resigned* from his Cabinet. 彼は内閣をやめた.

abdicate 正式に高位, 特に〈王位を〉放棄する《格式ばった語》: The king *abdicated* (the throne). 王は退位した.

renounce *abdicate* よりも一般的な語で, 〈称号・地位などを〉公的に声明して放棄する《格式ばった語》: The earl *renounced* his peerage. 伯爵は貴族の地位を放棄した.

■とつぜんの【突然の】

sudden 予期せずに突然生ずる: a *sudden* illness 急病.

abrupt 突然で予期しない《不快で当惑するような結果を伴うできごとについていう》: an *abrupt* change in the weather 天候の突然の変化.

unexpected 意外で突然の: an *unexpected* shower 突然の雨.

■とどまる【止まる】

stay 一定の場所に続けている: He is *staying* with the Smiths. スミスさんのところに厄介になっている.

remain 同じ場所にいる; 他の人々が去った後に居残る《*stay* よりも格式ばった語》: He *remained* at home. 家にとどまっていた.

wait 同じ場所に, または何もしないでとどまっている: *Wait* a moment. ちょって待っていてくれ.

linger 去るべき時がきても去りたくないので, しばらくとどまる《格式ばった語》: They *lingered* about the garden after the party. パーティーが終わっても庭園をぶらついていた.

■とぶ【跳ぶ】

jump 地上をけって前方へ跳ぶ: *jump* three feet into the air 空中に3フィート跳び上がる.

skip 代わる代わる片足で軽く跳んで行く: Children were *skipping* around the room. 子供たちは部屋の中を跳び回っていた.

leap *jump* とほぼ同じ意味で用いられるが, *jump* よりももっと大きな跳び方, たとえば何かを跳び越えることを含意することが多い: *leap* across the stream 流れを跳び越える.

hop 〈人が〉片足でぴょんと跳ぶ; 〈動物・鳥が〉全部または2本の足でぴょんぴょん跳ぶ: Sparrows are *hopping* about on the lawn. スズメが芝生の上をぴょんぴょん跳び回っている.

spring すばやく(通例上方へ)跳ぶ《*jump* よりも格式ばった語》: *spring* out of bed ベッドから飛び起きる.

ricochet 〈弾丸などが〉固いものに当たって斜めに跳ね返る: The stone *ricocheted* off the wall. 石が壁に当たって跳ね返った.

■とぶ【飛ぶ】

fly 翼を使って空中を移動する《一般的な語》: Birds *fly*. 鳥は飛ぶ.

flit 連続してあちこちすばやく飛び移る: Sparrows *flitted* from tree to tree. スズメが木から木へ飛び回った.

hover 〈鳥・ヘリコプターなどが〉空中の一点を舞い続ける: The helicopter

とぼしい

hovered over our tent. ヘリコプターが我々のテントの上空をホバリングした.

soar 空中高く舞い上がる: The lark *soared* into the sky. ヒバリは空高く舞い上がった.

wing 《文語》「翼で飛ぶ」の意味が強く感じられる: a bird *winging* for its nest 巣に向かって飛ぶ鳥.

flutter 〈鳥・チョウなどが〉羽をばたばたさせて短距離を飛ぶ: A young bird *fluttered* out of the nest and in again. ひな鳥が一羽ばたばたと巣から出たり入ったりした.

■とぼしい【乏しい】

meager 量や額が非常に小さくてとうてい足りない《貧しさなどが原因であることを暗示する; 格式ばった語》: a *meager* salary わずかな給料.

scanty 量や大きさが不十分な: *scanty* meal 量が不十分な食事.

insufficient 必要量に足りない《客観的な語で格式ばった文脈でも用いられる》.

skimpy 大きさや量が小さくてとうてい不十分な《*meager* よりくだけた語》: *skimpy* pay わずかな報酬.

scrimpy 切り詰めてけちけちした《*skimpy* とほぼ同意に用いられることもあるが, *skimpy* のほうが一般的》: *scrimpy* measure けちけちした寸法.

spare 切り詰めたりして量が少ない《格式ばった語》: a *spare* diet 少量の食事.

■とめる【止める】

stop 人や物の活動・進行を急に中止する: *stop* the car 車を止める.

cease 活動・状態を徐々に中止する《*stop* よりも格式ばった語》: *cease* firing 射撃をやめる.

quit 活動を永久的にやめる: *quit* smoking 禁煙する.

discontinue 規則的に続けてきたことをしばらくやめる《格式ばった語》: *discontinue* one's studies 研究を中止する.

halt 突然止まる《しばしば権限のある者による命令で止められることを意味する》: The policeman ordered the car to *halt*. 警官は車に停車を命じた.

■ともにする【共にする】

share 自分の持っているものを人と一緒に分け合う: I *shared* my lunch with a friend. 弁当を友人と分け合った.

participate ある活動・企てなどに参加する: *participate* in the demonstration デモに参加する.

partake ある行動・感情などを共にする《格式ばった語》: *partake* in the festivities お祭りに参加する.

join 前の2語よりくだけた語ですでに存在しているある活動に参加する: *join* the Republican Party 共和党員になる.

■とりかえす【取り返す】

recover 〈失ったものを〉取り戻す《最も一般的な語》: *recover* a stolen watch 盗まれた時計を取り戻す.

regain 〈奪われたものを〉取り戻す: *regain* a fortress とりでを奪還する.

retrieve 手の届きにくいところにあるものを苦労して取り戻す《格式ばった語》: *retrieve* one's watch from pawn 時計を質請けする.

recoup 元来法律用語で,「損失・費用などを取り戻す」の意: *recoup* one's losses 損失を取り戻す.

restore 失われたものを元に戻す; 〈信頼などを〉回復する; 〈建物などを〉復旧する: *restore* peace between the two countries 両国の間に平和を取り戻す.

reclaim 人に与えたり失ったりした後で取り戻そうとする; 開拓・埋め立てなどで〈土地を〉手に入れる: *reclaim* tax

税金の還付を要求する.

■とりで【砦】

fort ある地区の防御のために特別に作られた[強化された]建物: put up a *fort* 砦を築く.

fortress 永久的な大きい砦, 要塞; 防御のために強化された町: besiege a *fortress* 要塞を包囲する.

citadel 小高い所にあって, 城下を見下ろす要塞.

stronghold 住民を守るためにしっかりと要塞化された場.

★ *citadel, stronghold* には「最後の拠り所」という比喩的意味がある: the *citadel* of freedom 自由の砦.

■どろぼう【泥棒】

robber 強盗《ピストルなどでおどして物を奪う》.

thief 泥棒《こっそりと盗みを働く》.

burglar 押し込み強盗《家に押し入って盗みを働く》.

■どんよくな【貪欲な】

greedy ある物をむやみに所有したがる《最も意味の広い語》: He is *greedy* for fame. むやみに名声を欲しがっている.

avaricious 非常にけちで富をむやみに欲しがる《格式ばった語》: an *avaricious* man 欲の深い男.

grasping 《軽蔑》できるだけ多くの金を欲しがり, 使うのをいやがる: a *grasping* old woman 握り屋の老女.

acquisitive 新しい所有物を獲得するのが好きな《格式ばった語》: the *acquisitive* instinct 取得本能.

covetous 特に, 他人の物をむやみに欲しがる: I am *covetous* of her beauty. 彼女の美しさがうらやましくてならない.

な

■ないぶにある【内部にある】

inward 内部(特に心の中)にある: *inward* peace 心の平和.

inner 内(側)の; さらに中心に近いところにある: an *inner* pocket 内ポケット / one's *inner* tensions 内心の緊張.

inside 内側にある; ((口語))内情に通じた: the *inside* diameter 内径 / *inside* information 内部の情報.

interior 物の内側にある: an *interior* door 家の中のドア.

internal 特に身体の内部の((格式ばった語)); 国内の: *internal* bleeding 内出血 / *internal* trade 国内貿易.

■なおす【治す】

cure 〈病気を〉治して健康にする: The treatment *cured* his headache. その治療で頭痛が治った.

heal 〈傷・けがを〉治す((*cure* よりも局部的)): The ointment will *heal* slight burns. この軟膏で軽いやけどは治る.

remedy ((古風))〈病気・負傷などを〉緩和するために薬物その他の治療を行なう: *remedy* a disease 病気を治療する.

■なかま【仲間】

associate 共通の利害関係を持つ, 特に仕事上の仲間: a business *associate* 仕事上の仲間.

colleague 特に知的職業の仲間((親密さは無関係)): Professor Smith is my *colleague* at the university. スミス教授は大学での同僚だ.

companion 友情または偶然から他人に同行したり時間を共にしたりする人: a drinking *companion* 飲み仲間.

comrade 共通の活動・目的を持ち, 行為・運命を共にする親密な仲間: *comrades* in arms 戦友.

■ながれる【流れる】

flow 〈水や液体が〉流れる((一般的な語)): Water *flows*. 水は流れる.

pour [常に副詞などを伴う]〈水や煙などが〉大量に, 急速に流れる: Sweat was *pouring* in rivers down his face. 汗が滝のように彼の顔を流れていた.

gush 〈液体が〉穴や傷口から多量にほとばしり出る: The beer *gushed* out of the barrel. ビールが樽から流れ出した.

spout 継続的に勢いよく流れ出る: The water *spouted* when the pipe broke. 水道管が破れると水がどっと噴き出した.

spurt 突然断続的に流れ出る: Blood *spurted* from the wound. 傷口から血がさっと吹き出した.

stream 絶え間なく流れ出る: Tears *streamed* down her face. 涙が彼女の顔をつたって流れた.

■なく【泣く】

cry, weep 悲しみ・苦痛などで涙を流す((*cry* のほうが一般的な語)): The woman *cried* bitterly. 女はさめざめと泣いた / She *wept* for joy. うれし泣きした.

sob 小刻みに息をしながら騒々しく泣く: The girl *sobbed* hysterically. 少女は

ヒステリックに泣きじゃくった.

wail 大きなかん高い長い泣き声を上げる: The child began to *wail* with pain. 子供は痛みでおんおん泣きだした.

whimper 赤ん坊や仔犬のように, 弱々しい哀れっぽい声を立てる: The child *whimpered* in fright. 子供はおびえてしくしく泣いた.

blubber 〈わがままを通してもらえない子供のように〉途切れ途切れに不明瞭なことを言いながらぎゃーぎゃー泣く: He *blubbered* like a child. 子供のようにぎゃーぎゃー泣いた.

■なぐさめる【慰める】

comfort 優しくしたり励ましたりして〈人〉の悩みや不幸を軽減する: We should *comfort* those who are in sorrow. 悲しんでいる人々を慰めてあげるべきだ.

console 〈人〉の悲しみや喪失感を軽減する《しばしば慰めの原因が含意される》: The huge compensation could not *console* her for the loss of her son. 莫大な賠償金も息子を失ったことの慰めとはならなかった.

solace 苦痛・心配・悩みなどを軽減する《格式ばった語》: He *solaced* himself with music. 音楽で憂さを晴らした.

■なくす【無くす】

abolish 「〈法律・制度・慣習・状態などを〉廃止する」の意味で最も一般的な語: *abolish* poverty 貧困を無くする / *abolish* slavery 奴隷制度を廃止する.

erase 記録されていたものを消し去って無くしてしまう《格式ばった語》: *erase* the debt 負債を抹消して無くす.

extinguish 火を消すように〈希望・愛・情熱などを〉失わせる《結果よりも過程を強調する; 格式ばった語》: Their hope for her safety was slowly *extinguished*. 彼女の無事を祈る彼らの希望は徐々に消えていった.

■なげく【嘆く】

deplore 〈あることを〉非常に強く非難し, 特に義憤を感じて批判する: He *deplored* the conduct of compatriots in European cities. ヨーロッパの町にいる同国人のふるまいを強く非難した.

lament 〈あることを〉声に出して嘆き悲しむ: He bitterly *lamented* his folly. 自分の愚行を深く後悔した.

bewail, bemoan 深い悲しみや失望を表現する《ともに格式ばった語》: *bewail* the dead poet 亡き詩人を悼む / *bemoan* one's miseries 身の不運を嘆く.

■なげる【投げる】

throw 投げる《一般的な語》: *throw* the book away 本を投げ捨てる.

toss 通例, 軽い物を狙いをつけず上または横に軽くほうり上げる: *toss* a bone to a dog 犬に骨をぽいと投げる.

hurl 強く投げて, ある距離を迅速に飛ばす: *hurl* a spear 槍を投げる.

fling しばしば怒りなどの感情にかられて非常に勢いよく投げる《相当の力で, ある表面にぶつかることを暗示する》: She *flung* the book to the floor. 本を床にたたきつけた.

pitch 的を狙って投げる: *pitch* a ball ボールを投げる.

■なぞ【謎】

mystery 原因・起源が隠れていて理解できないもの: the *mysteries* of life 生命の神秘.

riddle 逆説や矛盾を含んでいて推測されることを目的としたなぞ《比喩的にも》: guess a *riddle* なぞを解く / the *riddle* of the universe 宇宙のなぞ.

puzzle 理解したり答えるのに難しい問題; 特に難解でその解決に利発さを必

要とする問題: investigate a *puzzle* なぞを探る.

enigma 言及があいまいで意味が隠されているもの《比喩的にも》: a puzzling *enigma* 不可解ななぞ / the *enigmas* of history 歴史のなぞ.

conundrum 特にしゃれやごろ合わせを含むなぞ・ジョーク《格式ばった語》; 難しい問題: guess a *conundrum* なぞを解く.

■ **なだめる**【宥める】

pacify 〈人・怒り・苦情・興奮などを〉静かにさせる《格式ばった語》: *pacify* a crying child 泣いている子供をなだめかす.

appease 人や欲望を満足させてなだめる《格式ばった語》: *appease* one's hunger 空腹をいやす.

soothe 怒りや心の乱れを優しい言葉などで静める: They tried to *soothe* her with kind words. 彼らは優しい言葉で彼女をなだめようとした.

mollify 怒りや傷つけられた感情をお世辞を言ったり譲歩したりして和らげる《格式ばった語》: He *mollified* her anger by compliment. お世辞を言って怒りを静めた.

conciliate 〈以前敵対していた人〉の支持・友情を得る《格式ばった語》: He apologized to *conciliate* her. 詫びを言って彼女をなだめた.

■ **なまいきな**【生意気な】

impertinent 〈人や言行が〉出しゃばって, 目上に対して敬意を表さない《最も一般的な語》: an *impertinent* remark 生意気な言葉.

impudent 厚かましくて無礼な《格式ばった語》: an *impudent* child 無礼な子供.

insolent 〈人や態度が〉横柄で無礼な: *insolent* behavior 横柄なふるまい.

cheeky, saucy こましゃくれて小生意気な《いずれも口語》: Don't be *saucy* [*cheeky*] with me. 生意気言うんじゃない.

■ **なみ**【波】

wave 波《特に海で風や潮流によって起こされた動く水のうね; 一般的な語》.

ripple さざ波《微風などのために水面に立つ最も小さい波》.

roller 大うねり《あらしの時などに海岸に向かってうねりながら激しい勢いで打ち寄せる大波》.

breaker 波浪《海岸や岩に当たって泡になって砕ける波》.

surf 《集合的に》= *breakers*.

whitecaps 白い波頭. 白波を指す.

billow 《文語》大波.

surge 高い大きなうねり波《*billow* よりも意味が強い》.

undulation 大きなうねりの波《格式ばった語》.

■ **なやます**【悩ます】

worry 人を不安などで困らせる: Don't *worry* me with so many questions. そんなにたくさん質問して困らせないでくれ.

trouble 心配などをかけて精神的に苦しめる: Her sad look *troubled* her mother. 彼女が悲しそうな様子をしているので母は心痛であった.

harass 〈人を〉絶えず[しばしば]苦しめる: He was frequently *harassed* by naughty children. いたずらっ子によく悩まされた.

distress 人の気持ちを動揺させ, 悲しみ・心痛を与える: It *distresses* me to hear the news. その知らせを聞いて心を痛めています.

pester しきりにせがんで困らせる: *pester* a person for money 人にしきりに

金をねだる.

tease ふざけて，または意地悪く人を怒らせようとする: The boys *teased* him about his red hair. 男の子らは彼の赤毛をからかった.

tantalize 何度も期待をはぐらかせてじらす: It's inhuman to *tantalize* a hungry dog. 腹をすかした犬をじらすのは残酷だ.

plague 絶えず[しばしば]苦しめる: The child *plagued* her with questions. その子はしつこく質問して彼女を困らせた.

■におい【匂い】

smell 快・不快を問わず一般的ににおい: a pleasant [nasty] *smell* よい[嫌な]におい.

scent 通例快いかすかなにおい: Roses have a delightful *scent*. バラはいいにおいがする.

odor 化学物質などの嫌なにおいをいうことが多い: an *odor* of medicine 薬のにおい.

aroma あたりにただよう気持ちのよいにおい: the *aroma* of fresh coffee 入れたてのコーヒーの香り.

perfume 香水, 花などのよい香り: the *perfume* of flowers 花の芳香.

fragrance 繊細で女性的な感じのよい香り《*perfume* ほど強くない》: the *fragrance* of lavender ラベンダーのよいにおい.

redolence 《文語》芳香, 香気: the *redolence* of the incense 香のにおい.

■にくしみ【憎しみ】

hate 最も普通の語で, 抽象的な憎しみ: love and *hate* 愛と憎しみ.

hatred 特定の人や物に対する個別で具体的な憎しみ: I felt *hatred* toward him. 私は彼に憎しみを覚えた.

enmity 隠れた, またははっきりと現れた強く根深い憎しみ《格式ばった語》: Her unkind words incurred his bitter *enmity*. 彼女のつれない言葉が彼の激しい恨みを買った.

hostility 通例積極的な反抗・攻撃などに現れる敵意: the *hostility* between black and white people 黒人と白人との間の敵意.

animosity 積極的な *hostility* になりかねない激しい憎悪と恨み; 怒りを伴った執念深い憎悪と恨み: He felt a feeling of *animosity* for his father. 父親に怒りと憎しみを覚えた.

antagonism 個人・階級・国家などの相互の敵意: the *antagonism* between classes 階級間の反目.

■にくたいてきな【肉体的な】

bodily 心や精神と区別して, 人体に関する: *bodily* functions 肉体の機能 / *bodily* harm 身体への危害.

physical = *bodily*《ただし, *bodily* よりも生理学的な含蓄が少ない》: *physical* education 体育 / *physical* strength 体力.

corporeal 物質的に見た肉体の(⇔ spiritual)《格式ばった語》: *corporeal* nourishment 身体の滋養物.

corporal 身体に加えられた: *corporal* punishment 体罰.

■にくたいの【肉体の】

carnal《通例悪い意味で》肉体的欲望(特に性欲)の宿る場所としての肉体の(⇔ spiritual)《格式ばった語》: *carnal* desires 肉欲.

fleshly《文語》肉体の, 特に官能的な《*carnal* ほど非難の意味を含まない》: a

fleshly poem 官能的な詩.

sensual ((時に悪い意味で)) 官能の喜びにふける，官能の喜びを与える: *sensual* pleasures 官能の喜び / *sensual* lips 官能的な唇.

animal 主に人間の理性と区別して，動物的な: *animal* instincts 動物的な本能.

■にくむ【憎む】

hate 〈人や物〉に激しい悪意と嫌悪感をいだく((一般的な語)): He *hates* communism. 彼は共産主義が嫌いだ.

dislike 〈人や物を〉いやだと思って嫌う((*hate* よりも意味が弱い)): I *dislike* rats. ネズミが嫌いだ.

detest 〈人や物〉に軽蔑感と激しい嫌悪感を抱く: I *detest* hypocrisy. 偽善が大嫌いだ.

abhor (特に道徳的な理由で)激しい嫌悪感を感じる((格式ばった語)): I *abhor* cruelty. 残酷さが大嫌いだ.

abominate 〈不吉・恥ずべき物〉に強い嫌悪感を抱く((格式ばった語)): *abominate* treachery 反逆行為を嫌悪する.

loathe たまらなく嫌いである((最も意味が強い; 格式ばった語)): I *loathe* snakes. わたしはたまらなくヘビが嫌いだ.

■にくむべき【憎むべき】

hateful 強い嫌悪感を催させる: a *hateful* crime 憎むべき犯罪.

odious 非常に不快な((格式ばった語)): an *odious* habit とても不快な習慣.

detestable 軽蔑・あざけりに値するほどいやでたまらない((格式ばった語)): *detestable* behavior 恥ずべきふるまい.

obnoxious 甚だしい不快感を催させる((格式ばった語)): His piggish manners made him *obnoxious*. だらしない態度のために鼻つまみ者になった.

abhorrent 正義感・道徳性に反していて忌まわしい: Such an act is *abhorrent* to me. このような行為はぞっとするほど忌まわしい.

abominable ののしりたくなるほどいとわしい: *abominable* crimes of the day 現代の忌まわしい犯罪.

■にている【似ている】

like 外観・性質がよく似ている((すべての特徴において，またはただ一つの特徴において似ている)): They are as *like* as two peas. 彼らはうり二つだ.

alike [叙述的にのみ] 外見上きわめてよく似ている: They look exactly *alike*. 寸分違わぬくらいよく似ている.

similar 性質・外観がほとんどそっくりで: My opinion is *similar* to his. 私の意見は彼のに似ている.

comparable 比較できるほどに規模や種類が似通った: in *comparable* situations to this これと似たような状況で.

analogous 本質的なところがいくつかの点で似ている((格式ばった語)): Death is *analogous* to sleep. 死は眠りに似たところがある.

akin 性質が似ている: Pity is *akin* to love. 哀れみは愛に似ている[近い].

■にる【煮る】

boil 沸騰した湯で煮る; ((比喩的)) 激昂する: *boiled* eggs ゆで玉子 / I was *boiling* with rage. 怒りで胸の内が煮えくり返っていた.

seethe =*boil*; ((比喩的)) 怒り・不安・興奮で騒然としている: The country was *seething* with discontent. その国は不満で騒然としていた.

simmer 沸騰点ぎりぎりでぐつぐつ煮る[煮える]; ((比喩的)) 激怒などをほとんど抑えきれなくなっている: *simmer* vegetables 野菜をぐつぐつ煮る / I was *simmering* with laughter. 今にもぷっと

吹き出しそうだった.
stew ふたをしたなべでとろ火で煮る［煮える］；《比喩的；口語》自業自得で苦しむ: *stew* apples りんごをとろとろ煮る / Let him *stew* for a bit. 自業自得だ，しばらく苦しませておけ.

■...にもかかわらず【...にも拘らず】
notwithstanding 障害があることを暗示する《最も意味が弱い；格式ばった語》: They started *notwithstanding* the bad weather. 悪天候にもかかわらず出発した.
in spite of 積極的な反対を含意する《最も意味が強い》: He persevered *in spite of* their criticism. 彼らの批判にもかかわらず頑張った.
despite *in spite of* よりも格式ばった表現だが意味は弱い: They carried out their plan *despite* the opposition. 彼らは反対があるにもかかわらずその計画を実行した.

■にもつ【荷物】(⇨てにもつ)
burden 運搬に困難な重い荷物《格式ばった語》: bear a heavy *burden* 重い荷物を担う.
load 運搬されている(重い)荷物《最も一般的な語》: a heavy *load* 重い荷物.
cargo 船や飛行機で運ぶ貨物: a *cargo* of cotton 綿の積み荷.
freight 船・列車・トラック・飛行機などで輸送される貨物: The steamer is disgorging her *freight*. 汽船は荷を降ろしている.
shipment 海上・陸路・空路で輸送される貨物: a large *shipment* of potatoes 大量のジャガイモの荷.
consignment 買主に託送された商品: a *consignment* of bananas 託送されたバナナの荷.
lading 積み荷，船荷: a bill of *lading* 船荷証券.

■ニュース
news 新しい情報: This is good *news*. これは吉報だ.
report 公式・非公式を問わず，伝達される事柄: unconfirmed *reports* 未確認情報.
intelligence 特に重要な事柄の報道，情報: receive *intelligence* of the enemy's movements 敵の動静に関する情報を受ける.
advice 遠隔地からの外交・政治・商業上の情報: receive *advices* from Tokyo 東京からの情報に接する.

■にゅうじょう【入場】
admittance 構内・建物への立入りを許すこと《次の掲示以外にはあまり用いられない》: No *admittance*. 立入禁止 / He was refused *admittance* to the house. 彼はその家へ入ることを拒絶された.
admission 会場などへ見物人・観客として入場すること，また団体・組織などへ入る権利を持つことを意味する: *Admission* to ticket holders only. チケットのない方は入場できません / He was refused *admission* to the club. 彼はそのクラブへの入会を拒否された.
entrance 特定の場所へ入ることで，普通は単数形で用いられる: The prize-winner's *entrance* was greeted with applause. 受賞者の入場は拍手をもって迎えられた.

■にんげんらしい【人間らしい】
human 人間的な《完璧でないことを暗示する》；優しく思いやりがある: He failed this time. That shows he's only *human*. あいつは今度はしくじった．やつも人間だってことだ / The boss can be very *human*. 社長はとても優しいと

きがある.
humane 人道にかなった, 慈悲[情け]のある: a *humane* way to kill rats 残酷でないネズミの殺し方.

ぬ

■ぬすみ【盗み】

theft 他人の物を同意を得ずにこっそりと取ること《一般的な語》.

larceny 《古風》窃盗罪に対する法律用語であるが，現在では *theft* が用いられる.

burglary 特に盗みの目的で他人の家に不法に押し入ること.

robbery 他人の財産をその身柄から暴力で奪うこと.

holdup 《略式》銀行，列車などでのピストル強盗.

■ぬすむ【盗む】

steal 〈他人の持ち物を〉こっそり許可なく取る《一般的な語》: *steal* money 金を盗む.

pick すりを働く: I had my pocket *picked*. すりにやられた.

pilfer 〈つまらない物を〉くすねる: towels *pilfered* from a hotel ホテルからくすねたタオル.

filch 《口語》= *pilfer*.

lift 《口語》他人の文章などを剽窃する; 万引きをする: *lift* a passage ある一節を盗む.

rob 人または場所から物や金を力ずくで奪う: He was *robbed* of his watch. 彼は腕時計を奪われた.

pinch 《特に英口語》あまり高価でない物を盗む: My bicycle has been *pinched*. 自転車が盗まれた.

swipe 《口語》= *steal*: Somebody *swiped* my purse. だれかが私の財布をかっぱらった.

■ぬらす【濡らす】

wet 水など液体でぬらすこと《一般的な語》: *wet* the towel with water タオルを水でぬらす.

dampen じめじめした状態になるように少しぬらす: *dampen* the cloth before ironing it アイロンをかける前に布をぬらす.

moisten 軽く湿らす《*dampen* よりも軽いぬらし方》: *moisten* one's lips nervously くちびるを神経質になめて湿らす.

soak 液体にある時間つけておく: *soak* bread in the milk パンを牛乳にひたす.

saturate 水分をたっぷり吸収させる: *saturate* a sponge with water スポンジに水をしみこませる.

drench 液体，特に雨でずぶぬれにする: They were *drenched* by the heavy shower. 激しいにわか雨でずぶぬれになった.

steep 通例エキスを抽出するために液体につける: *steep* the onions in vinegar たまねぎを酢につける.

■ぬれた【濡れた】

wet 水その他の液体を含んでいる《この意味では最も一般的な語》: *wet* clothes 濡れた服.

damp 濡れていて，それが不快感を与える場合に用いる: a *damp* towel じめじめしたタオル.

moist やや湿っているが, *damp* と違ってそれが気持ちよい: Use a *moist*, not a damp, cloth. じめじめした布ではなく湿ったのを使いなさい.

humid 天候に関して不愉快なほど空気中に湿気がある: *humid* air むしむしする空気.

soaked 雨などでずぶぬれになった: get *soaked* to the skin 全身ずぶぬれになる.

ね

■ねたむ【妬む】
envy 自分が欲しいものを他人が所有していることにねたましさを感じる: I *envy* you your good fortune. あなたの幸運がうらやましい.

covet 〈他人のものを〉ねたんで, 不当に熱烈に欲しがる: He is guilty of *coveting* his neighbor's wife. 彼は不埒(ふらち)にも隣人の妻をわがものにしたがっている.

■ねっきょう【熱狂】
mania ある事物に対する無分別な熱狂: He has a *mania* for music. 音楽マニアだ.

delirium (うわごとを言ったりする)精神錯乱((格式ばった語)); 自制を失うほどの強い情緒的な興奮状態: in a *delirium* of joy 有頂天になって.

frenzy 抑制できない激しい興奮状態: He killed himself in a *frenzy* of despair. 絶望のあまり逆上して自殺した.

hysteria 〖病理〗ヒステリー: 病的に興奮して泣いたり笑ったりする状態: laugh and cry in a *hysteria* ヒステリーを起こして笑ったり泣いたりする.

■ねっきょうしゃ【熱狂者】
zealot 軽蔑的な意味で, 特に宗教・政治などで極端に熱心な人: a religious *zealot* 狂信的に信心深い人.

fanatic 軽蔑的な意味で, あることにあまりにも熱狂的な人: an Islamic *fanatic* イスラム教の狂信者.

enthusiast ある活動・主義などに強烈に熱意を抱いている人: a fitness *enthusiast* フィットネスに血道をあげている人.

maniac けなした意味で, 特に性・宗教などにとりつかれている人: a religious *maniac* 宗教に凝った人.

■ねっちゅうして【熱中して】
intent あることに専念して: He is *intent* on the job. その仕事に専念している.

engrossed あることに注意と関心をすっかり奪われて: He was too *engrossed* in his work to notice me. 仕事に熱中していて私に気づかなかった.

absorbed すっかり心を奪われて((*engrossed* よりも意味が強い)): He was *absorbed* in thought. 彼は沈思黙考していた.

rapt あるものに魅せられてうっとりして((格式ばった語)): He gazed at the miniature *rapt* in admiration. つくづく感嘆してその細密画を見つめた.

■ねつぼうして【熱望して】
eager あることを非常に望んでいる: He is *eager* to see you. あなたにしきりに会いたがっています.

anxious 結果に不安を抱きながら熱望している: She's *anxious* for her son to pass the exam. 息子が試験に受かるよう切に望んでいる.

keen あることを熱心にしたがっており, それにふさわしい態度を示している:

He's very *keen* on winning. ぜひとも勝ちたいと思っている.

■ねむい【眠い】

sleepy 〈人が〉眠りたい欲望に駆られている; 〈場所など〉眠ったような, 活気のない《一般的な語》: I am *sleepy*. 眠い / a *sleepy* village 眠ったような村.

drowsy 眠気を催している; 眠気を誘う: *drowsy* children うとうとしている子供たち / a *drowsy* afternoon 眠気を誘う午後.

somnolent *drowsy* と同義であるが, 格式ばった語: a *somnolent* village 静かに眠る村.

■ねんざ【捻挫】

sprain 手首・くるぶしなどをくじくこと: *sprained* thumb 親指の突き指.

strain 筋肉を無理して長時間使いすぎて痛めること《*sprain* とほぼ同じ意味で用いられることもあるが, *sprain* よりも軽いものをいう》: back *strain* 腰痛.

の

■のうりょく【能力】

ability 人が何かをする精神的・肉体的な力《獲得されるもので，向上させることができる；最も一般的な語》: A scholar needs the *ability* to think clearly. 学者には明晰に考える能力が必要だ．

faculty 身についている才能で，特別な努力なしに発揮できる能力．普通は知的能力を意味する: She has a *faculty* for mathematics. 彼女には数学の才能がある．

capacity 受け入れたり吸収したりする潜在的な力: He has a *capacity* for learning languages. 外国語を覚える能力がある．

capability ある仕事や目的の達成に必要な素質・資格があること: A good secretary must have the *capability* to do several jobs at once. よい秘書は同時にいくつかの仕事をする能力を持っていなければならない．

■のこり【残り】

remainder [通例 the 〜] 残りの人々[物]《rest よりも数に関する意味が強い語》: The figure can be divided without a *remainder*. その数は割りきれる．

rest [the 〜] あるものの残り；その他の人々[物]: Keep the *rest* for yourself. 残りは君が取っておきなさい．

residue 特に，ある(化学的)過程の後に残るもの《格式ばった語》: Ash is the *residue* of something destroyed by burning. 灰は物を焼却した後に残るものである．

remnant 大部分が取り去られた後に残る小さな部分: the *remnants* of former glory 昔の栄光の名残り．

balance 差引残高；[the 〜] = *rest*: the *balance* of life 残りの人生．

■(...を)のぞいて【除いて】

except 最も普通に用いられる語で，特にすべての中で唯一の除外を強調する: Everyone went *except* him. = Everyone *except* him went. 彼を除いてみんな出かけた．

but [no-, wh-, all, any-, every- の後で] *except* とほぼ同じ意味だが除外の意味はそれほど強調されない: No one answered *but* me. 私のほかはだれも答えなかった．

excepting *except* と同じ意味だが，より格式ばった語: *Excepting* the baby, they were all right. 赤ん坊のほかはみんな無事だった．

save, saving *except* と同じ意味だが，格式ばった，または古めかしい表現で用いられる: Nothing was in sight *save* sand. 砂のほか何一つ見えなかった．

■のぞく(こっそり)【覗く】

peep すき間からすばやくこっそりのぞき見る: *peep* in through a keyhole 鍵穴からのぞき込む．

peek = *peep*《子供っぽい語》．

peer はっきり見極めようとしてじっ

くり見る: *peer* into the dark corners 暗い隅に目を凝らす.

■のぼる【登る】

climb 〈木・はしご・山などを〉手足を使い，努力しててっぺんに向かって移動する: This car will never *climb* that hill. この車ではとてもあの山は登れない.

mount 〈階段・演壇などを〉上まで上る《到達を強調する；格式ばった語》: I *mounted* the stepladder. 段ばしごを上まで上った.

ascend 低い所から高い所へ上がる《最も無色な語；格式ばった語》: *ascend* a mountain 山に登る / *ascend* the stairs 階段を上がる.

scale 〈がけなどを〉特に用具を使って一歩一歩よじ登る: *scale* a wall 塀をよじ登る.

■のむ【飲む】

drink 液体を口に入れて飲み込む《一般的な語》: *drink* tea お茶を飲む.

sip 少量ずつちびりちびり飲む: One should *sip* hot liquids. 熱い飲み物はすするように飲むのがよい.

imbibe 《しばしば戯言》アルコールを飲む《格式ばった語》: *imbibe* whiskey ウイスキーを飲む.

quaff 《古風》〈酒などを〉ぐいぐいうまそうに飲む: He sat *quaffing* all day. 彼は一日中飲んだくれていた.

gulp 大口でごくごく飲む: *gulp* down a drink 酒を一気に飲みほす.

■のろう【呪う】

curse 〈人や物〉の上に災いの降りかかることを祈る: He *cursed* the day he was born. 生まれた日を呪った.

damn *curse* よりも意味が強い: He *damned* the difficult situation he was in. 自分の置かれた苦境をののしった.

imprecate 復讐心から〈災いが〉他人の上に降りかかることを祈る《格式ばった語》: *imprecate* evil upon a person 災いが人に降りかかるように祈る.

anathematize 〈教会の権威者が〉公式に呪う；一般には，〈牧師や道学者が〉強く弾劾する《格式ばった語》: *anathematize* the violation of a treaty 条約違反を強く弾劾する.

は

■は【歯】
tooth「歯」を表す一般語.
tusk 象・いのしし・せいうちなどの牙.
fang 猛獣の長くて鋭い牙, 特に毒蛇の毒を射出する牙.

■ばいしょう【賠償】
compensation 一般的な意味で償い, 補償: *compensation* for damages 損害賠償 / pay [seek, claim] *compensation* 賠償金を支払う[請求する].
reparation 相手に与えた不正・損害の補償をすること《格式ばった語》: war *reparation* 戦争の賠償.
restitution 不法に失ったり奪ったりしたものを元の所有者に戻すこと《格式ばった語》: make *restitution* to the victims for a crime 犠牲者に犯罪の損害を賠償する.
redress 損害などを補償すること: seek *redress* for the damage 損害の補償を求める.
indemnification〔法律・商業〕保険会社などが損失・損害に対して補償すること: *indemnification* for damage 損害補償.

■はかい【破壊】
ruin 長期にわたる老朽・風雨などによる腐朽・崩壊の状態: the *ruin* of a city 都市の廃墟.
devastation 戦争や自然災害による通例広い地域に及ぶ破壊: The storm brought *devastation* to the island. 嵐はその島に破壊をもたらした.
havoc 広範囲の破壊・混乱・損害《格式ばった語》: The hail did *havoc* to the crops. 雹(ひょう)が作物に大損害を与えた.
dilapidation〈家具や建物などが〉荒廃・破損した状態《格式ばった語》: the *dilapidation* of an old house 古い家の荒廃ぶり.
destruction 火事・爆発・洪水などによる破壊《破壊行為を強調する》: the city's *destruction* by the enemy 敵による都市の破壊.
wreck 船・航空機・車などの残骸・大破: the *wreck* of a jet plane ジェット機の残骸.

■はかいする【破壊する】
destroy 大きな損傷を与えて完全に破壊する[存在しなくする]《最も使用範囲の広い語》: Fire *destroyed* his house. 彼の家は火事で焼け落ちた / All trace was *destroyed*. 痕跡はすっかり消されてしまった.
demolish〈建物などを〉完全に取り壊す; 《比喩的に》〈立論・学説などを〉粉砕する: They *demolished* the old warehouse. その古い倉庫をすっかり取り壊した / He soon *demolished* her argument. たちまち彼女の議論を粉砕してしまった.
raze〈建物・町・森などを〉完全に倒壊させる: Many houses were *razed* by an earthquake. 地震で多くの家が倒壊した.

annihilate 〈場所や人を〉完全に破壊して消滅させる: The bomb *annihilated* the city. その爆弾で町は焼野原となった.

■はがき【葉書】
postal card 《米》官製はがき.
postcard 《米》切手を貼って出す私製はがき:《英》官製はがき・私製はがきのどちらにも使う.

■はかる(価値を)【計る】
estimate 個人的な判断によって評価を下す《客観的でないことを暗示する》: I *estimated* his ability too highly. 彼の能力を買いかぶっていた.
appraise 価格・価値について正確なまたは専門的な判断を下す: The city *appraised* the property for taxation. 市当局はその財産を課税のために査定した.
evaluate 価値について正確な判断を下そうとする《価格についてはあまり用いない》: She *evaluates* people by their clothes. 彼女は衣服を見て人の値打ちを決める.
rate 特定の重要性・性質・能力を段階をつけて評価する: We *rated* the house as worth $30,000. その家屋を3万ドルと評価した.

■はぎとる【剝ぎ取る】
strip 暴力的に衣服・外皮を完全にはぎ取る: *strip* a person naked 服を脱がせて裸にする.
denude 覆いをはぎ取る《格式ばった語》: The trees were *denuded* of their leaves. 木々は葉が落ちてしまった.
divest 権力・権威などを取り去る《*strip* と違って暴力は含意しない; 格式ばった語》: *divest* a person of his title 人の称号を奪う.
bare 特に体から覆いを取り除く《必ずしも全身でなく手足など体の一部の場合が多い》: *bare* one's teeth 歯をむく.

■ばくろする【暴露する】
reveal 〈見えなかったものを〉幕を開けるように現す: He *revealed* the secret to me. 秘密を私に漏らした.
disclose 〈隠されていたものを〉あばく: *disclose* one's intentions 意図を明かす.
divulge 〈秘密・私事などを〉暴露する《信頼を裏切ることを暗示する; 格式ばった語》: *divulge* the contents of a letter 手紙の内容を漏らす.
betray 〈秘密などを〉漏らす《格式ばった語》: The doctor *betrayed* his patient's confidence. 医者が患者の秘密を漏らした.

■はこぶ【運ぶ】(⇨いどうする)
carry 〈人や物を〉手に持ったり背負ったり車に乗せたりして, ある場所から他の場所へ持って行く: He *carried* a bundle in his arms. 包みを両手に抱えて運んだ.
bear 《文語》特に〈重いもの・重要なものを〉運ぶ: They came *bearing* good news. 吉報をたずさえてやって来た.
convey 〈列車・ラジオ・導管などが〉〈人や物を〉運ぶ《格式ばった語》: This pipe *conveys* hot water to the bath. このパイプでお湯が風呂へ流れる.
transport 〈貨物や人を〉多量に, 特に遠距離の目的地に運ぶ: *transport* goods by truck トラックで物資を運ぶ.
transmit 〈物を〉別な人や場所へ送る[送信する, 伝達する]《格式ばった語》: *transmit* news by radio waves 電波でニュースを送信する.

■はじている【恥じている】
ashamed 自分や他人の誤った[愚かな]行為を恥じている《一般的な語》: I was *ashamed* that I cried at the movie. 映画を見て泣いたのが恥ずかしかった.

humiliated 自尊心を傷つけられている: I felt *humiliated* by the failure. 失敗して不面目に思った.

mortified 誇りを傷つけられて悔しい思いをし,屈辱を感じている: He was *mortified* when he was expelled from the university. 大学を退学させられたとき屈辱を感じた.

chagrined 残念なことをして悔しく思っている《格式ばった語》: I was *chagrined* at my blunder. へまをしたのが悔しかった.

■はずむ【弾む】

bound ［方向の副詞句を伴って］〈人や動物が〉うれしさ・興奮・恐怖のために飛ぶように走る: The dog came *bounding* toward me. 犬は私の方へ飛んできた.

bounce 〈人が〉足早にはねるように歩く;〈ボールなどが〉はね上がる: He *bounced* into the room. ぽんと部屋へ飛び込んできた / The ball *bounced* over the fence. ボールははねてフェンスを越えた.

rebound 〈ボールなどが〉硬い物に当たってはね返る: The ball *rebounded* off the wall and hit him. ボールが壁に当たってはね返り,彼に当たった.

■はっけんする【発見する】

discover 未知の事柄・事物などをはじめて見つけ出す《この意味では最も普通の語》: Newton *discovered* the law of gravity. ニュートンは引力の法則を発見した.

find 未知の事,物事の状況を見つけ出す《口語的で,また最も適用範囲が広い語》: The boy was *found* dead in the woods. その少年は森の中で死んでいるのを発見された.

detect 悪事など隠されていることを探し出して発見する: *detect* a printer's error 誤植を発見する.

unearth 調査の結果,未知であったことを明るみに出す《格式ばった語》: *unearth* old documents 古文書を発見する.

■ばっする【罰する】

punish 〈非行者を〉罰する: *punish* a drunken driver 酔っ払い運転手を罰する.

castigate 言葉や文章で痛烈に公に非難する《格式ばった語》: *castigate* a corrupt politician 悪徳政治家を痛烈に非難する.

discipline 規則・規律を守らなかったり,命令に違反したりした者を罰する: be *disciplined* for negligence 職務怠慢で罰せられる.

correct 欠点を正すつもりで罰する: *correct* a child for disobedience 言うことを聞かない子供を罰する.

■はっぴょうする【発表する】

utter 言葉・叫びで〈ある考え・感情を〉伝える《やや格式ばった語》: *utter* one's opinions fearlessly 自分の意見を大胆に発表する.

express 〈思想・感情・個性などを〉言葉・動作・作品などで表現する: He *expressed* his refusal flatly. きっぱりと拒否の気持ちを表明した.

voice 〈意見などを〉言葉で発表する: *voice* one's grievance 不満を述べる.

broach 長い間考えてきたことを初めて打ち明ける: He did not *broach* the subject until dinner. その話題は夕食の時まで切り出さなかった.

enunciate 〈理論・意見などを〉明確に表明する《格式ばった語》: *enunciate* a new theory 新説を発表する.

■はでな【派手な】

gaudy, flashy 下品なほど色がけば

けばしい，あるいは装飾がごてごてした《非難の意を含まない場合もある》: a *gaudy* shirt けばけばしいシャツ / a *flashy* dresser むやみに着飾る人.

tawdry 《軽蔑》派手でけばけばしく安っぽい: *tawdry* ribbons 安ぴかのリボン.

garish 〈色や光が〉不快なくらい明るい，あるいは著しく調和が欠けている: *garish* clothes いやにけばけばしい服.

showy 非常に明るく派手な《必ずしも下品ではない》: a *showy* dress 華やかなドレス.

■ ハト【鳩】

pigeon ハト科の鳥の総称で，*dove* よりも大きく，野生バト・イエバトの両方を指す.

dove *pigeon* よりも小形の野生のハトで，キジバトなどを指し，しばしば平和の象徴とされる.

■ はな【花】

bloom ばら・チューリップ・菊など，主に観賞するための花: The roses are in *bloom*. ばらが咲いている.

blossom りんご・みかんなど，特に実を結ぶ花: The apple trees are in *blossom*. りんごの花が咲いている.

flower *bloom* と *blossom* を包摂する上位語: wild *flowers* 野生の花.

■ はなし【話】

story 現実または架空の連続した事件を，楽しませる目的で書いたり話したりするもの《最も一般的な語》: the *story* of *Snow White*「白雪姫」の物語.

narrative 通例架空の話ではなく実話《格式ばった語》: give a *narrative* of one's journey 旅行談をする，紀行文を書く.

anecdote 逸話《通例著名人の一身上の一つの出来事を短く面白く表現したもの》: an *anecdote* about Churchill チャーチルの逸話.

tale 通例簡単な物語で，特に伝説的または架空のもの《*story* よりも格式ばった語》: folk *tales* 民話.

legend 昔からの言い伝え，伝説: an old Japanese *legend* 昔からの日本の言い伝え.

myth 有史以前の神・英雄・人間などについて言い伝えられている想像上の話，神話: Greek *myths* ギリシャ神話.

■ はなす【話す】

speak 声に出して言葉を言う: He opened his mouth to *speak*. 話すために口を開いた.

talk *speak* と同じような意味でも用いるが，*speak* よりくだけた語で相手と打ち解けた話をする: We *talked* about our school days. 学校時代のことを語り合った.

tell あることについて情報を与える《一般的な語》: *Tell* me about it. そのことを話してください.

converse 考え・情報などを交換するため二人(以上)の人が話し合う: We *conversed* in the parlor. 客間で談話した.

discourse ある話題について格式的で詳細な話をする《格式ばった語》: She *discoursed* to us on Keats. キーツについて講話をした.

relate 自分が体験したことを順序正しく詳細に話す: He *related* his adventures. 自分の冒険談をした.

recount 物語などを詳細に話す《格式ばった語》: *recount* one's experiences 自分の経験を物語る.

narrate 順序立てて小説風に物語る《格式ばった語》: The discovery is *narrated* with all the exaggerations of romance. その発見はロマンスのように誇張して物語られている.

report 自分が調査したことを報告する:

He *reports* that he reached the pole. 極地に到着したと報じた.

■はなはだしくわるい【甚だしく悪い】

flagrant 〈犯罪・過失などが〉極めて明白で隠しようがない《格式ばった語》: a *flagrant* violation of the rules 目に余る規則違反.

glaring 〈誤り・不正などが〉*flagrant* よりもいっそうひどくて, すぐ目に付く: a *glaring* error in grammar 文法上のとんでもない誤り.

outrageous 途方もなく非道でけしからぬ《甚だしく悪いことの強意語として用いられる》: *outrageous* behavior けしからぬふるまい.

gross 非難されるほどひどい: *gross* indecency ひどい不作法.

rank [悪い意味をもった名詞の前に置いて] 紛れもなく甚だしい: *rank* folly 全くの愚行.

■はやい【速[早]い】

fast 〈人や物が〉迅速に動くことを意味する最も一般的な語《時間には使わない》: a *fast* runner 速いランナー / a *fast* train 速い列車.

quick 動作がすばやい; 時間がかからない: *quick* at work 仕事が速い / a *quick* visit あわただしい訪問.

rapid 動き・経過が驚くほどすばやい《*quick* よりやや格式ばった語》: a *rapid* river 流れの速い川 / a *rapid* recovery 速い回復.

speedy 迅速になされる《実際のスピードよりもむしろ比喩的に速いことを意味する; 文語的なニュアンスを持つ語》: a *speedy* answer 即座の答え / a *speedy* journey 急ぎの旅行.

swift 《文語》動きが迅速かつ円滑な: a *swift* horse 駿馬.

■はら【腹】

stomach 専門的には「胃」; 一般的には「腹」《最も一般的な語》: I have a weak *stomach*. 私は胃が弱い / He got a punch in the *stomach*. 腹をなぐられた.

abdomen 腹部《*belly* に対する専門語》: a pain in the *abdomen* 腹部の痛み.

belly 腹《*abdomen* に対する口語でやや下品な感じがある》: crawl on one's *belly* 腹ばいになって進む.

paunch (特に男性の)太鼓腹《軽蔑または戯言》: He's getting a *paunch*. 彼は次第に太鼓腹になっている.

tummy ぽんぽん《胃または腹に対する幼児語》: Meg has a *tummy*-ache. メグはぽんぽんが痛い.

■ばらいろの【薔薇色の】

rosy 〈特に皮膚が〉ピンク色で健康そうな: *rosy* cheeks of a girl 少女のばら色のほお.

rubicund 〈人, 特に顔が〉健康そうな赤い色をした《格式ばった語》: a *rubicund* face 赤ら顔.

ruddy 《よい意味で》〈顔が〉戸外生活などでピンク色で健康そうな: a *ruddy* complexion 血色のよい顔色.

florid 高血圧などで顔がしばしばむらのある赤みのある: *florid* woman of forty 40 歳の赤ら顔の女性.

■はんい【範囲】

range 知識・能力などが及ぶ範囲: He has a wide *range* of interests. 興味の範囲が広い.

reach 有効性・影響力などの及ぶ最大範囲: The subject is beyond my *reach*. その題目は私にはとてもわからない.

scope 精神的な活動・観察などの範囲: broaden the *scope* of an inquiry 調査の範囲を広げる.

compass 知識・活動の範囲《*range*

よりも狭いこともある》: within the *compass* of a brief review 短い書評の範囲で.

gamut 感情・物事の全領域: the *gamut* of feeling from hope to despair 希望から絶望までのあらゆる感情.

■ **はんたいする**【反対する】

oppose 〈人や計画・考えなど〉に反対して邪魔しようとする《一般的な語で，どのような強さの反対でも表す》: I deeply *oppose* this plan. この計画には絶対反対だ.

object 特定の事柄について異議をとなえ，反対する《*oppose* ほど意味が強くない》: She *objected* to my going there. 彼女は私がそこへ行くことに反対した.

resist 現実のおびやかす力に反対して積極的に抵抗する: *resist* an attack 攻撃に抵抗する.

withstand 〈力・行動〉に屈伏しないで抵抗する《格式ばった語》: *withstand* temptation 誘惑に負けない.

■ **はんらん**【反乱】

rebellion 不成功に終った，政権に対する暴力的な反抗: a *rebellion* against the government 政府に対する反乱.

revolution 成功裡に終った暴力による政治体制の変革: the French *Revolution* フランス革命.

insurrection 政府のような権威を暴力で倒そうとする行動《*rebellion* よりも規模が小さく組織力も弱い；格式ばった語》: quell an *insurrection* 暴動を鎮める.

revolt 強圧や圧政に反抗すること《*insurrection* よりも反抗の意味が強い》: a peasant *revolt* 百姓一揆.

muting 軍人や船員による上官や船長に対する反乱: the *muting* on the Bounty 戦艦バウンティ号上の反乱.

insurgency しばしば外部からの力を借りた組織的な反乱: support the *insurgency* in a South-American country 南米の国の反乱を援助する.

uprising 政府に対する暴動《最も一般的な語》: an armed *uprising* 武装蜂起.

coup (**d'état**) クーデター《軍部などによる突然の，しばしば暴力的な政権奪取》: The army staged a bloody *coup* (*d'état*). 軍部は血なまぐさいクーデターを起こした.

ひ

■ひいでる【秀でる】

excel 優秀さ・熟練などの点で他に勝る: He *excels* at sports. スポーツに秀でている.

surpass 比較や記録において量・質・程度が他より上回っている《格式ばった語》: No one *surpasses* him in this field. この分野で彼にかなう者はいない.

transcend はるかに他に抜きんでている《格式ばった語》: The genius of Shakespeare *transcends* that of all other men. シェイクスピアの才能は他のすべての人よりもはるかに抜きんでている.

outdo 他よりも上手にやる: He did not want to be *outdone* by anyone in bravery. 勇気ではだれにも負けたくなかった.

■ひかえる【控える】

refrain 通例,衝動を抑えてある言行を差し控える: I cannot *refrain* from laughing. 笑わずにはいられない.

abstain 有害なことなどを意図的に放棄[自制]する《*refrain* よりも強意的》: *abstain* from smoking 禁煙する.

forbear 特に怒りを抑えて自制する《格式ばった語》: He *forbore* to scold the kid. ぐっとこらえてその子をしからなかった.

■ひきさく【引き裂く】

tear 意図的・非意図的にぐいと引っ張って裂いたり穴を開けたりする: *tear* a newspaper in half [two] 新聞を半分[二つ]に破る.

rip 縫い目や直線にそって強く破る: *rip* the sleeves out of a coat 上着の両袖をちぎり取る.

split 縦にまっすぐに,または木目や層に沿って引き裂く: *split* logs 丸太を割る.

cleave 《文語》斧などで切り裂く: *cleave* a block of wood in two 角材をまっぷたつに裂く.

■ひきだす【引き出す】

draw out 引っ張って外へ出す; 〈預金を〉引き出す: *draw out* a handkerchief from one's pocket ポケットからハンカチを引き出す.

extract 〈情報・金銭などを〉強引に引き出す: We *extracted* a promise from him. 彼から約束を取りつけた.

educe 〈潜在するものを〉引き出す《格式ばった語》: *educe* laws from the careful comparison of facts 事実を綿密に比較して法則を導き出す.

elicit 〈事実・情報などを〉特に非常に努力して引き出す《格式ばった語》: *elicit* information by inquiring いろいろ尋ねて情報を引き出す.

evoke 情感を刺激して〈心象などを〉呼び起こす《格式ばった語》: The music *evoked* memories of the past. その音楽を聴くと過去の思い出が呼び起こされた.

extort 暴力・おどしを用いてもぎ取る: *extort* money by blackmail 金をゆすり

ひきつける【引き付ける】

attract 最も一般的な語で,〈人や物を〉磁石のように引き寄せる《引かれるものに感応性があることを含意する》: I was *attracted* by his honesty. 私は彼の誠実さに引き付けられた.

magnetize 強い力で人々の興味・注意を引き付ける: Her voice *magnetized* the audience. 彼女の声は聴衆を引き付けた.

fascinate 呪文で縛る;《比喩的》耐えがたい力で興味・注意を引き付ける: He was *fascinated* with her charm. 彼女の魅力のとりこになった.

allure 快楽や報酬によって誘惑する: She *allured* him by hopes. いろいろ気を持たせて誘惑した.

charm 文字どおりまたは比喩的に〈人に〉魔法をかける: Her beauty *charmed* everybody. 彼女の美しさはすべての人を魅了した.

enchant 〈人を〉大きな喜びでいっぱいにする: I was *enchanted* by the music. その音楽にうっとりと聞きほれた.

ひきのばす【引き伸ばす】

extend 空間的・時間的な距離・範囲を広げる: *extend* a road 道路を延長する / *extend* one's visa ビザを延長する.

stretch 伸縮するものを力で引っぱって伸ばす: *stretch* trousers (しわをとるために)ズボンを引き伸ばす.

lengthen 時間的・空間的に長くする[なる]: The days *lengthened*. 日が長くなった / She *lengthened* her skirt. スカートの丈を長くした.

prolong 予定の時間よりも長くする: She *prolonged* her stay by a week. 滞在期間を1週間だけ延ばした.

protract (しばしば不必要に)時間を長引かせる: a *protracted* disease 長引いた病気.

ひく【引く】

pull 対象物を自分の方へ引き寄せる《一般的な語》: He *pulled* me by the ear. 私の耳を引っ張った.

draw 物をなだらかに別な方向へ動かす: *Draw* your chair closer to the fire. いすをもっと火の近くに引き寄せなさい.

drag 〈重いものを〉力をこめて徐々に引っ張る《強い抵抗を暗示する》: They are *dragging* the net aboard. 彼らは船に網を引き上げている.

tug ぐいぐい持続的に引っ張る《物が動かない場合もある》: The boy *tugged* her hair. 男の子は彼女の髪の毛をぐいと引っ張った.

haul 〈重いものを〉機械を使ったりあるいは大変な努力をして[力を込めて]徐々に引く: *haul* timber to a sawmill 材木を製材所まで引いていく.

tow ロープやチェーンで引っ張る: *tow* a damaged ship into port 難破船を港に引き入れる.

びしょう【微笑】

smile 喜び・興味を示す, 声を出さずに表情をゆるめたにこやかな笑い: an attractive *smile* 魅力的な微笑.

grin 歯を見せてにこっとする[ニヤッとした, ニタリとした]笑い《茶目っ気・快活さ・愚かさなどを暗示する》: a happy *grin* 幸せそうなにこにこ笑い.

smirk 自己満足の, または優越感にひたったニヤニヤ笑い: a self-satisfied *smirk* 独りよがりのニヤニヤ笑い.

simper 間が抜けたニタニタ笑い: with an idiotic *simper* on his face 顔にばかみたいなニタニタ笑いを浮かべて.

sneer 口を少しゆがめたあざけりの気持ちでの笑い: a contemptuous *sneer*

人をばかにしたような笑い.

■びしょくか【美食家】

epicure 美食家《高級な飲食物を楽しむ人；格式ばった語》.

gourmet 食通, グルメ《各種の飲食物の風味・性質の微妙な違いを味わい分けることのできる人》.

gourmand 健啖家《*gourmet* ほど好みがやかましくなく, 美食に興味を持ちそれを楽しむ人》.

gastronome, gastronomist 料理通；美学の専門家.

■ひそうてきな【皮相的な】

superficial 表面的で深みがない：a *superficial* knowledge of philosophy 哲学の薄っぺらな知識.

shallow 〈人や精神が〉真剣に考えたり深く感じたりする能力がない：*shallow* writing 浅薄な書き物.

cursory 急いでいて徹底していない：a *cursory* reading of a letter 手紙をそそくさと読むこと.

■ひたす【浸す】

dip 瞬間的に液体中に入れる：I *dipped* a finger into the water to test the temperature. 温度を調べるために指を水の中にちょっと入れてみた.

plunge 急に乱暴に液体中に浸す：She *plunged* the fish into the boiling water. 魚を熱湯の中に投げ込んだ.

immerse 液体中に完全に浸す《格式ばった語》：I *immersed* my clothes in the soapy water. 衣類を石鹸水の中にすっかり漬けた.

submerge 完全にかつ長時間水に浸しておく《格式ばった語》：The whole village was *submerged* by the flood. 洪水で村が完全に水につかってしまった.

duck 急に水に入れてすぐ出す：The swan *ducked* its head in the water. 白鳥は水の中にひょいと頭を突っ込んだ.

■ひっくりかえす【引っ繰り返す】

upset 〈物を〉特に過ってひっくり返す《過失・破損を暗示する》：*upset* a cup of coffee over the table テーブルの上にコーヒーカップをひっくり返す.

upend 《口語的》ある目的のために物をひっくり返し（上下を逆さにし）て置く：*upend* a vase （水を切るためなどに）花瓶をさかさまに立てて置く.

overturn 上下にまたは横にひっくり返す：*overturn* a car 車をひっくり返す.

capsize 〈特にボートを〉転覆させる：The high wave *capsized* their boat. 高い波でボートが転覆した.

overthrow 〈政府などを〉転覆させる：*overthrow* the government 政府を転覆させる.

■ひつよう【必要】

need 欠乏に対して痛感される必要《*necessity* よりも主観的》：in *need* of money 金が必要で.

necessity *need* と同義だが, より意味が強い《やや格式ばった語》：He bought a personal computer out of *necessity*. 彼は必要に迫られてパソコンを買った.

exigency 緊急な事態の結果生じた必要《格式ばった語》：meet the *exigencies* of the times 時勢の急務に対処する.

■ひつようぶつ【必要物】

requirement 入試などの恣意的な必要条件：the *requirements* for acceptance by the university 大学側の入学条件.

requisite あるものにとって本質的な必要条件：the first *requisite* of a good citizen よき市民の第一条件.

■ひていする【否定する】

deny きっぱりと事実ではないと言う：

He *denied* the report. その報告を否定した.

gainsay 〈人〉の言葉に反駁(ばく)する《格式ばった語》: No one can *gainsay* that she is competent. 彼女が有能であることにだれも異を唱えることはできない.

contradict 相手の言葉を強く否定するばかりか、その反対が正しいと言う: To *contradict* a guest is rude. 来客の言葉に反論するのは失礼である.

impugn 〈性質などを〉疑問視して非難する《格式ばった語》: We do not *impugn* their motives. 彼らの動機を責めはしない.

■ひと【人】

person 人を表す最も一般的な語: the average *person* 平均的な人.

individual 社会に対する一人の人: the freedom of the *individual* 個人の自由.

personage 重要な[著名な]人物: a distinguished *personage* 有名な人物.

■ひどい【酷い】

outrageous 正義・上品さの標準にすっかりはずれていて我慢できない: an *outrageous* insult ひどい侮辱.

monstrous 〈誤りなど〉途方もなくひどい: a *monstrous* lie 途方もない大うそ.

shameful 行動などが破廉恥でけしからぬ: a *shameful* action けしからぬ行ない.

atrocious 不愉快になるほどひどい: their *atrocious* table manners 彼らのひどいテーブルマナー.

shocking 衝撃的にひどい: a *shocking* dinner 話にならないほどまずい食事.

■ひとずきのする【人好きのする】

amiable 親しみ・親切など人に好かれる性質を有する《時にお人好しを含意する》: an *amiable* young man 人好きのする若者.

affable 愛想がよく近づきやすい《*amiable* のようなお人好しの含意はないが表面的な性質を示す》: Mr. Smith is an extremely *affable* man. スミスさんはとても人あたりがいい.

good-natured 親切で人なつっこい性格をした: A *good-natured* man seldom gets angry. 気立てのよい人はめったに怒らない.

obliging 《よい意味で》いつでも人の役に立とうとする: a most *obliging* shop assistant とても親切な店員.

■ひとびと【人々】

people 集合的に男女一般: There were a lot of *people* at the beach. 海岸には大勢の人がいた.

persons 〔法律〕 = people.

■ひなんじょ【避難所】

shelter 風雨・敵などから一時的に守ってくれる場所または保護: Trees provide *shelter* from wind and rain. 樹木は風雨から守ってくれる.

refuge 危険・追跡などから逃避するための安全な場所または保護: seek *refuge* at a church 教会に庇護を求める.

asylum 政治的理由で祖国を離れた人に国家が与える保護: find *asylum* in the UK 英国に避難先を見つける.

sanctuary 逮捕または攻撃しようとする人々から人を守ってくれる場所または保護; 鳥獣保護区域: offer *sanctuary* to political refugees 政治亡命者に保護を与える / a bird *sanctuary* 鳥類保護区.

■ひなんする・こくそする【非難する・告訴する】

accuse 罪科のゆえに〈人を〉個人的にまたは法廷で非難する: He was *accused* of cowardice. 彼は臆病だと非難された /

He was *accused* of murder. 彼は殺人罪で告訴された.

charge 広い意味で，ある基準に反する場合などをとがめる．格式ばった語では，特に「法廷で罪科のかどで正式に〈人を〉告訴する」の意: He *charged* the man with theft. その男を窃盗罪で訴えた.

indict 〔特に米法〕〈陪審団などが〉公判に付するために〈人を〉起訴する: The man was *indicted* for arson. 男は放火罪で起訴された.

impeach 特に国家に対する犯罪のかどで〈公職者を〉告訴する: The judge was *impeached* for taking a bribe. 判事は収賄のかどで告発された.

■**ひにく**【皮肉】

irony 実際とは反対のことを言って嘲笑する方法: "Of course she is always right," he said, with *irony*.「むろんいつだって彼女の言うとおりだよ」と彼は皮肉を込めて言った.

sarcasm 相手の感情を傷つけようとして言う嫌味: biting *sarcasm* 痛烈な嫌味.

satire 特に文学作品で悪徳・愚行などをあざけり皮肉ること: a *satire* on American politics 米国政治の諷刺.

■**ひみつの**【秘密の】

secret 2, 3人にのみ知られており，他の人には知られていない《一般的な語》: one's *secret* desires ひそかな望み.

covert 変装や覆いで隠されている: *covert* jealousy 内に隠した嫉妬.

confidential 個人的で内密なこととして秘密にされている: *confidential* information 内密の情報.

clandestine 〈しばしば不法・不道徳なことが〉秘密に行なわれた《格式ばった語》: *clandestine* activities 秘密の活動.

stealthy 人に気づかれないようにこっそり行なった《格式ばった語》: *stealthy* footsteps 忍び足.

furtive 通例他人を欺くため行動や意図を隠そうとする《格式ばった語》: a *furtive* glance 盗み見.

surreptitious 良心のとがめを感じるようなことをこっそり行なう: *surreptitious* pleasures 人目を忍んでふける快楽.

■**ひょう**【表】

list 名前・数・値段などを書き付けた一覧表《最も意味の広い語》: price *list* 価格表 / mailing *list* 郵送先名簿.

table 項目を平行した欄に記入して見やすくした表: I set out the results in a *table*. 私はその結果を表にした.

catalog 全項目を順序だてて列挙した表: a library *catalog* 図書館の目録.

schedule 価格などを書いた一覧表; 《米》飛行機・列車・バスの時刻表: a *schedule* of postal charges 郵便料金表 / a bus [train] *schedule* バス[列車]の時刻表.

chart 情報を図表・グラフなどで一見できる形にしたもの: a sales *chart* 売り上げ表.

register 公的な記録または一覧表(を含む本): a hotel *register* ホテルの宿泊者名簿.

roll あるグループに属する人々の名前を記した(特に公的な)名簿: a class *roll* クラス名簿.

inventory 特定の場所にある商品・財産などの明細目録: an *inventory* of household furniture 家財の明細目録.

■**ひょうかする**(高く)【評価する】

appreciate 人や物の正当な価値を認める: He really *appreciates* good wine. 上等なワインの味が本当にわかる.

value 非常に価値があると思う: I *val-*

ue his friendship very highly. 彼の友情をとても大事に思っている.

prize 非常に価値があると思って大事にしている: Why is democracy *prized*? なぜ民主主義は尊重されるのか.

esteem 〈人や物を〉大いに尊敬する: He is highly *esteemed* for his bravery. 勇気があるので大いに尊敬されている.

■びょうき【病気】

disease *illness* の原因を示す語で, はっきりとした病名と徴候があげられる具体的な病気: Measles and chicken pox are two *diseases* of children. はしかと水ぼうそうは子供のかかる二つの病気である.

illness, sickness *disease* によって病気になっている状態《*sickness* のほうが比較的短期間の病気を意味することが多い》: Some of the students are absent because of *illness* [*sickness*]. 何人かの学生が病気で欠席している.

affection 〔病理〕特定の器官または部位の病気: an *affection* of the throat のどの病気.

disorder 〔医学〕特定の病気《格式ばった語》: *disorders* of the stomach 胃の疾患.

malady 《古風》= *illness*.

ailment 長引くことがあっても通例危険でない病気: Older people often have minor *ailments*. 年とった人はよく軽い病気にかかる.

■びょうきの【病気の】

sick 《米》病気で健康がすぐれない;《英》気分が悪い, 吐き気がする《《米》でもこの意味でも用いる》: He's *sick* in bed with flu. 流感で床についている.

ill 《主に英》病気で《《米》でもこの意味で用いられることがある》: He is seriously *ill*. 彼は重病だ.

sickly 病気になりがちな: a *sickly* child 病弱な子供.

ailing 長くわずらっている: She has been *ailing* ever since her operation. 手術以来健康がすぐれない.

indisposed 一時的に病気で《格式ばった語》: I am *indisposed* with a headache. 頭痛がして気分がすぐれない.

■ひょうじゅん【標準】

standard 比較・評価の基礎となる標準《具体的な実例や原型となるものがあるものをいうことが多い》: achieve a higher *standard* of living より高い生活水準を達成する.

criterion ものを評価する基準: an objective *criterion* 客観的な基準.

gauge 文字通りには, 計器; 比喩的には = *criterion*: Age is not a reliable *gauge* of intelligence. 年齢は信頼できる知能の尺度ではない.

measure = *gauge*《*gauge* よりくだけた語》.

yardstick 《くだけた語》抽象的でしかもだれにでもわかりやすい比較の規準: Money is considered a *yardstick* of success. 金は成功を計る尺度とされている.

■ひよくな【肥沃な】

fertile 〈土地が〉たくさんの健康な植物の生長を助ける;〈想像力などが〉豊かな: *fertile* ground 肥沃な土地 / a *fertile* imagination 豊かな想像力.

productive 生産力・生産性が高い《比喩的にも用いられる》: *productive* land 肥沃な土地.

fecund 〈土地・生物が〉たくさんの作物や子を生み出す《格式ばった語》;〈創造力が〉豊かな: *fecund* soil 肥沃な土地 / a *fecund* inventive genius 豊かな創造の才.

fruitful たくさんの果実を実らせる; 多くの好結果を生む: *fruitful* branches

たくさんの実を付ける枝 / a *fruitful* discovery 実り多き発見.

■ひれつな【卑劣な】

base 《主に文語》〈人や行動などが〉道徳的節操が全くない: It is *base* to betray a friend for a reward. 報酬のために友人を裏切るのは卑劣である.

mean 〈人や行動が〉卑小で恥ずべき: It was *mean* of you not to allow Mary to go to the party. メアリをパーティーへ行かせてやらなかったなんてあなたも意地が悪い.

ignoble 人柄や目的が卑しい《格式ばった語》: an *ignoble* action 下劣な行為.

abject 情けないほど自尊心に欠けている: an *abject* liar 浅ましいうそつき.

sordid 《軽蔑》〈人や行動・動機などが〉不道徳で汚らわしい: *sordid* motives さもしい動機.

low 人の弱みに付け込むような卑劣な: He is so *low* as to deceive a man who is helpless. 無力な人をだますような卑劣な男だ.

■ひろい【広い】

broad 一方の側から他方への距離が大きい: a *broad* river 広い川 / a *broad*-shouldered man 肩幅の広い男.

wide 特に長さや高さと比較して幅が広い《*broad* よりも会話で多く使われる》: a *wide* bed 幅の広いベッド / a *wide* gate 広い門.

■ひをつける【火を付ける】

kindle 薪・わら・紙などに手間をかけて火をつける: *kindle* a fire in the hearth 暖炉に火をたく.

ignite 火花などを近づけて点火する《格式ばった語》: *ignite* gasoline ガソリンに点火する.

light 灯火・たばこなどに火をつける: He *lit* his cigar. 葉巻に火をつけた.

■ぴんとはった【ぴんと張った】

tight 〈服・靴などが〉きつい: *tight* shoes きつい靴.

taut 〈ロープ・ひも・帆などが〉ぴんと張った《2点間にぴんと張った状態をいうには *tight* よりも適切》: a *taut* rope ぴんと張ったロープ.

tense ぴんと引っ張られている《比喩的に筋肉・精神などについてしばしば用いられる》: a *tense* wire ぴんと張った針金.

■びんぼう【貧乏】

poverty 生活必需品を買う金がほとんどないこと: live in *poverty* 貧しく暮らす.

destitution 衣食住にこと欠くほどの極端な貧乏《格式ばった語》: He died in complete *destitution*. 全く貧困のうちに死んだ.

want *poverty* と同義であるが, 格式ばった語: live in *want* 貧乏暮しをする.

need 生活に必要な物に事欠く困窮の状態: be in great *need* 大変困窮している.

indigence 生命の危険があるほどではないが貧窮している状態《格式ばった語》: be reduced to *indigence* in old age 年老いて貧困になる.

penury 金がなくて不自由している状態《格式ばった語》: She could not face *penury*. 貧窮を直視することができなかった.

■びんぼうな【貧乏な】

poor 金や財産をほとんど持たない: aid the *poor* 貧しい人々を助ける.

penniless 特に一時的に無一文で貧乏である: a *penniless* youth 無一文の若者.

impoverished 元は裕福だった人が貧乏している: an *impoverished* aristocrat 落ちぶれた貴族.

destitute 金や食料やその他の基本的な生活必要品がなく大変困った状態である: They were abjectly *destitute*. みじめなほど金がなかった.

impecunious 自分の働き方が不足したり，生活習慣が悪かったりした結果いつも金がない《格式ばった語》: an *impecunious* writer いつも貧窮している作家.

needy 生活に困っている: help *needy* people 困窮している人々を助ける.

ふ

■**ふうし**【諷刺】
caricature 絵画や文章で人や物の特徴をおかしく誇張して描写したもの: a *caricature* of a famous musician 有名な音楽家の諷刺画.
cartoon 通例表題付きの政治や時事問題を取り扱う諷刺漫画: a political *cartoon* 政治漫画.
burlesque 文章や演劇で笑いを誘うために滑稽に誇張してまねたもの: a *burlesque* of a famous play 有名な芝居の戯作.
parody 他人の作品のスタイルをまねたり，その内容を滑稽に歪曲したりしてひやかした文章・演劇・音楽: a *parody* of *Hamlet*『ハムレット』のパロディー.
travesty ひどくまずい模倣または代用物: a ludicrous *travesty* of *the Odyssey*『オデュッセイア』のばかばかしい模倣作.
satire 人間の愚行・欠点などをあざ笑い軽蔑する文章: The poem is a *satire* on man's foolishness. その詩は人間の愚かさへの諷刺である.
lampoon 下品なユーモアを用いて人や政府を愚弄し，激しく攻撃する文章《格式ばった語》: a *lampoon* against the Prime Minister 首相に対する諷刺文.

■**ふうん**【不運】
misfortune 通例大きな不運《一般的な語》: She has suffered a great *misfortune*. 大きな不幸にあった.
mischance 時に大きな，通例は軽い不運《格式ばった語》: By *mischance* the firm went bankrupt. 不運にも会社は破産した.
adversity 深刻で長い不運な状態《一番意味が強い》: He was patient under *adversity*. 苦難によく耐えた.

■**ふかい**【深い】
deep 文字通りにも比喩的にも深い《最も一般的な語》: a *deep* pond 深い池 / a *deep* meaning 深い意味.
profound 非常に深い《特に比喩的に》: a *profound* abyss 深淵 / a *profound* sleep 非常に深い眠り.
abysmal 《通例比喩的》測り知れないほど深い: *abysmal* precipices 奈落のような断崖絶壁 / *abysmal* ignorance 底抜けの無知.

■**ふかけつの**【不可欠の】
essential ある事物の存在・機能にとって本質的に不可欠の: Sleep and good food are *essential* for health. 睡眠と栄養に富む食品は健康には不可欠なものです.
vital 極めて重要で事柄の成否を左右するほどに不可欠な: Your support is *vital* for our success. 君の支援は我々の成功のためには不可欠です.
indispensable 特定の目的を達するのになくてはならない: Air, food and water are *indispensable* to life. 空気と食物と水は生命にとって欠かすことができない.
necessary 求める結果を得るために

必要な: Sleep is *necessary* to health. 睡眠は健康に必要である.

requisite 特定の目的に必要な《格式ばった語》: the subjects *requisite* for college entrance 大学入学に必要な科目.

■ふきげんな【不機嫌な】

sullen 不機嫌に黙っている《一時的な,あるいは気質的な不機嫌》: in a *sullen* mood 不機嫌に黙って.

glum しょげて陰気に黙り込んでいる: He looked *glum*. 浮かぬ顔をしていた.

sulky 不機嫌(そう)にむっつりしている《通例一時的な不機嫌》: a *sulky* girl よくすねる女の子.

cross 《略式》一時的に怒って機嫌が悪い: He got *cross* with me for being late. 彼は私が遅れて来たのでご機嫌が悪かった.

gloomy 陰気にふさぎ込んでいる: He looks *gloomy*. 陰気な顔をしている.

■ふきそくな【不規則な】

irregular 通常の規則・方式・型から外れている: He is *irregular* in his attendance at classes. 授業の出席が不規則だ / an *irregular* pulse 不整脈.

anomalous 正常なものとは異なっている《格式ばった語》: *anomalous* acts 異常な行為.

unnatural 自然の法則に反する《最も非難の意味が強い》: He died an *unnatural* death. 変死した.

■ふきつな【不吉な】

ominous 悪い事がじきに起こりそうな: dark, *ominous* clouds 黒い不気味な雲.

unlucky 縁起が悪く不吉な: Some people believe black cats are *unlucky*. 黒猫は不吉だと信じている人がいる.

portentous 不吉・重大事を予兆する《*ominous* ほど恐ろしさを表さない》: a *portentous* dream 不吉な夢.

fateful 災いを前兆する: a *fateful* prophecy 不気味な予言.

inauspicious はっきりと縁起の悪いきざしのある《格式ばった語》: an *inauspicious* start 幸先の悪いスタート.

sinister 差し迫った危険・災いを予示して不吉な《一般的な語》: a *sinister* place 不吉な場所.

baleful 不吉・災いの恐れのある《*sinister* よりも意味が強い》: *baleful* looks 悪意ある顔つき.

malign 本質的に有害な《人よりも物について用いることが多い; 格式ばった語》: a *malign* influence 有害な影響.

malicious 人を傷つけようとする悪意のある: a *malicious* remark 悪意のある言葉.

■ぶきみな【不気味な】

weird 自然でないため不思議で, 時に恐ろしい: a *weird* noise 不気味な物音.

uncanny 不思議で少し恐ろしい: an *uncanny* sensation 不気味な感じ.

eerie 神秘と恐怖の感情を引き起こす《上記二語とほぼ同じだが, この順序で不気味さが強く感じられる》: the *eerie* hooting of an owl フクロウの薄気味の悪いホーホーという鳴き声.

unearthly この世の物とは思えないほど不思議な: an *unearthly* light in the sky 空の不思議な光.

■ぶきような【不器用な】

awkward 円滑機敏に機能することができなく, 上品さに欠ける《最も広い意味の語》: An *awkward* girl is no help in the kitchen. 不器用な女の子は台所の助けにならない.

clumsy すぐ物を壊してしまうほど動きがぶこつでぎこちなく, 鈍重という印象を与える: He is *clumsy* with his hands.

彼は手先が不器用だ.

unskillful 物事の処理に不慣れで不器用な: an *unskillful* driver 不器用なドライバー.

maladroit 社交上機転がきかず，物事の処理が下手な《格式ばった語》: a *maladroit* response to the offer 申し入れに対するまずい対応.

■ふくざつな【複雑な】

complex 互いに関係のある多くの異なる部分から成る: the *complex* mechanism of a computer コンピューターの込み入った機構.

complicated 多くの部分・面が絡み合っていて解決・理解が難しい: a *complicated* situation 込み入った事情.

intricate 細部が込み入っていて把握しにくい: This pattern is very *intricate*. この模様はとても細かくて複雑だ.

involved 〈人の立場・環境・考えなどが〉ひどく込み入っている: The plot gets more and more *involved*. 筋がますます入り組んでくる.

■ふくしゅうする【復讐する】

avenge 他人や自分に加えられた非行に対して当然の仕返しをする: We *avenged* the insult to our flag. 国旗に対する侮辱に復讐した.

revenge 自分が受けた侮辱・不正などに対して個人的な憎しみの気持ちをもって仕返しをする: Gangsters *revenged* the murder of one of their gang. ギャングは殺された仲間のかたきを取った.

■ふくむ【含む】

include 全体の一部・成分として含む: I *include* you among my friends. 君を友人の中に含めている.

contain *include* と同義に用いることも多いが，「一定の枠内に含む」という含意があるので，主語が容器・建物・場所などの場合は *contain* の方を用いる: This chest *contains* our family heirlooms. この箱にはわが家の家宝が入っている.

comprise 構成要素として持つ《格式ばった語》: The university *comprises* five departments. その大学は五つの学部から成る.

comprehend 全範囲内に包含する《格式ばった語》: The scope of linguistics *comprehends* every aspect of language. 言語学は言語のすべての面をその射程内に収めている.

embrace 特に多様なものを包含する: The book *embraces* many subjects. その本は多くの主題を含んでいる.

subsume ある範疇・類の中に包含する《格式ばった語》: Scarlet is *subsumed* under red. 緋色は赤の範疇に属する.

■ふくろ【袋】

bag [しばしば複合語で] 紙・布・革製の袋で，上部が開いており，物を入れて持ち運ぶ袋を表す一般語: a shopping *bag* 買い物袋 / a traveling *bag* 旅行かばん.

sack 目のあらい布製の，封をされた大型の袋で貯蔵・運搬に使う: a potato *sack* じゃがいも用の袋 / two *sacks* of coal 石炭二袋.

★ 最近《米》では *sack* はどんな大きさの紙袋にも使われることがある.

■ふさわしい【相応しい】

fit ある目的・人物にふさわしい《ややくだけた一般的な語》: That shack is not *fit* to live in. あの小屋は住むに適しない.

suitable ある目的・事情に適切である《最も一般的な語》: He is quite *suitable* for the job. その仕事にうってつけだ.

proper 理性的な判断に基づき，ある

物に本来[当然]ふさわしい: She wore a *proper* dress for the occasion. その場にふさわしい服を着ていた.

appropriate ある人や事情に特にふさわしい《格式ばった語》: Woolen sweater is not *appropriate* for a hot summer day. ウールのセーターは夏の暑い日にはふさわしくない.

right 「最も適当な」の意味で, 他の語と置き換え可能《口語的で使用範囲が広いので, 場合によっては意味があいまいになることもある》: I don't think he is the *right* man for her. 彼女の相手として彼はふさわしくないと思います.

apt 目的にぴったり適応する: an *apt* quotation 適切な引用.

fitting *suitable* と同義で, 格式ばった語: It was a *fitting* evening for a dance. ダンスパーティーにふさわしい晩であった.

becoming 〈行為や言葉が〉その人の品性・地位に似つかわしい: Gentleness is *becoming* in a nurse. 優しさは看護婦に似つかわしい.

seemly 礼儀正しさ, よい趣味の点で似つかわしい: Swearing is not *seemly* in a girl. 口ぎたなくののしるのは若い女性には似つかわしくない.

■**ふじつな**【不実な】
faithless 誓い・責任・義務などを守らない《やや格式ばった語》: a *faithless* wife 不貞の妻.

unfaithful *faithless* とほぼ同じ意味; 特に配偶者・恋人などに対して不実な: her *unfaithful* husband 彼女の不実な夫.

disloyal 友人・主義・祖国などに対する忠誠を破る: *disloyal* to one's country 国家に不忠な.

false 恋人や友人に対して忠実でない: a *false* lover 不実の恋人.

treacherous 〈人や行為が〉人を裏切るので信用できない; 〈道・海などが〉安全そうに見えて危険な: a *treacherous* person 二心のある人 / *treacherous* sand 危険な砂地.

perfidious 不実な上に下劣な《*treacherous* よりも軽蔑的; 格式ばった語》: a *perfidious* ally 背信の同盟国.

■**ふしょうじきな**【不正直な】
dishonest うそを言ったりだましたりする: a *dishonest* employee 不正直な従業員.

deceitful うそを言って意図的に人を欺こうとする: a *deceitful* advertisement いんちき広告.

lying 〈人が〉うそつきの; 〈話などが〉偽りの: a *lying* child うそをついている子供 / a *lying* rumor 根も葉もないうわさ.

mendacious *lying* と同義であるが格式ばった語: a *mendacious* remark 偽りの言葉.

untruthful 〈報告・声明などが〉事実と異なる: draw up an *untruthful* report of the accident 事故の偽りの報告書を作成する.

■**ぶじょく**【侮辱】
insult 人の感情や威厳を傷つけるような言動: It was a gross *insult* to me. それは私にとってひどい侮辱だった.

affront 特に公衆の面前での人や物に対する故意に侮辱的な言動: How could you suffer such an *affront*? あんなあからさまな侮辱をよくがまんできるな.

indignity 人に屈辱を感じさせるような扱い《格式ばった語》: The bandit subjected them all sorts of *indignities*. 無法者は彼らにありとあらゆる侮辱を加えた.

■**ふしょくする**【腐食する】
decay 〈植物・木片・肉などの組織が〉

変化して本来の機能を果たさなくなる: My tooth have begun to *decay*. 歯が虫歯になり始めた.

rot 〈特に動植物が〉細菌などの作用で腐敗する: The fruit *rotted* on the vines. 果物はつるになったまま腐った.

putrefy 〈動物質が〉腐って悪臭を放つ《格式ばった語》: *putrefying* corpses 腐敗しかけている死体.

spoil 〈食品が〉いたんで食べられなくなる《一般的な語》: Fish *spoils* quickly. 魚はすぐいたむ[腐る].

molder 〈建物・死体・紙などが〉自然に朽ちて崩壊する: Old buildings *molder* away. 古い建物は徐々に崩壊する.

disintegrate 分解してばらばらになる: Rocks *disintegrate*. 岩は分解する.

decompose 化学変化を被って腐り始める: Bodies *decompose* after death. 肉体は死後腐り始める.

■ふしん【不信】

unbelief 特に宗教に関して自分の経験した以外のことは信じないこと《消極的な意味; 格式ばった語》: I received the news with *unbelief*. 私は不信の念をもってその報せを聞いた.

disbelief 主張・学説などを信じることを積極的に拒むこと: I have a *disbelief* in God. 私は神を信じない.

mistrust うさん臭く思っているので信用できないこと: She has deep *mistrust* of men. 深い男性不信を抱いている.

incredulity 信じることを欲しないこと; 一般的に, 懐疑的な気持ち: a look of *incredulity* とても信じられないといった顔つき.

■ふせい【不正】

injustice 他の人を不当に扱ったり権利を侵害したりすること: A gross *injustice* has been committed. 大変な不正が行なわれた.

wrong 非常に悪い[不当な]行為《格式ばった語》: suffer *wrongs* 不当な扱いを受ける.

■ぶた【豚】

pig 食肉用に飼育する豚《一般的な語》; 《米》では *hog* ともいう.

hog 《米》肉を食べるために大きくした豚; 《英》去勢した食用の雄の豚.

boar 繁殖用の雄の豚; イノシシ.

sow 成長した繁殖用の雌の豚.

■ふたしかさ【不確かさ】

uncertainty はっきりとわかっていないこと: realize the *uncertainty* of life 人生の無常を悟る.

doubt 十分な証拠がないためはっきりした決定に達し得ないこと: It admits of no *doubt*. それは何の疑いもない.

misgiving 将来に対する心配・不安を持っている状態《格式ばった語》: express *misgivings* 懸念を表明する.

suspicion ある特定の件で疑惑を抱くこと: I have a grave *suspicion* of his integrity. 彼の廉潔を大いに疑っている.

■ふつうの【普通の】

normal 確立された規範と一致している (⇔ abnormal): *normal* growth 正常な発育.

regular 規定された標準に合致する (⇔ irregular): Eight o'clock is my *regular* hour of rising. 8 時が私の普通の起床時間である.

general 特殊・専門的でなく一般的で普通の: This book is not for *general* readers. この本は一般の読者向きではない.

natural ある人にとって普通の: with the bravery that is *natural* to him 持ち前の勇敢さで.

■ぶっきらぼうな

blunt 〈人や言葉が〉丁寧にしようとも不快な事実を隠そうともせず，率直にずけずけものを言う: He thinks that *blunt* speech proves his honesty. 彼はぶっきらぼうなものの言い方は正直の証拠だと考えている.

bluff 〈人や態度が〉粗野で陽気で率直な《誠実さと人のよさがあるので，不快感を与えない》: Everyone liked the *bluff* policeman. だれもがその武骨な警官を好いた.

brusque 〈言葉や行為が〉ぶっきらぼうでやや無礼な: a *brusque* refusal そっけない拒絶.

curt 〈人や態度が〉無礼になるほどそっけない: a *curt* reply そっけない返事.

gruff 〈言葉や動作が〉がさつで無愛想な: a *gruff* greeting 無愛想なあいさつ.

■ぶっしつ【物質】

matter 形を問わず，固体・液体・気体などの物質: solid *matter* 固体.

material 特に作られたものを構成している材料: raw *materials* 原料.

stuff 《口語》= *matter, material*.

substance 特定の化学的または物理的な物質: chemical *substances* 化学的物質.

■ぶっしつてきな【物質的な】

material 物質で構成され実体を有する: *material* nouns 物質名詞.

physical 五官で認識される: the *physical* world 物質界.

corporeal 具体的な形状をしていて触知できる: *corporeal* existence 形体的存在.

sensible 感覚によって知ることのできる《この意味では古風》: *sensible* things 知覚できる物事.

phenomenal 五官と経験で知覚できる: the *phenomenal* world 現象世界.

■ふとった【太った】

fat 筋肉がゆるんで脂肪の多い《感じのよくない意味で用いられる》: I'm *fat* around the waist. 腰まわりが太っている.

overweight 太り過ぎの意味で *fat* を婉曲に表現する際に用いられる.

fleshy *fat* と同じ意味だが，嫌なニュアンスはない; 特に，筋肉組織のたくさんある: a *fleshy* arms 太い腕.

stout *fat* と同じ意味であるが，中年を過ぎた人について婉曲な表現で用いる: She calls herself stylishly *stout*. 自分のことを格好よく太目だと言っている.

portly 太って威厳のある《格式ばった語》: a *portly* old gentleman かっぷくのよい老紳士.

plump 身体が丸みを帯びて，見た目に気持ちよく太っている: a *plump* baby 丸々と太った赤ん坊.

buxom 〈女性が〉健康で魅力的で豊かな胸をした: *buxom* women in Renoir's paintings ルノワールの絵の中の豊満な女性たち.

chubby 健康でまるまると肥えた《子供などに用いられる》: her *chubby* cheeks 彼女のふっくらした頬.

obese ひどく肥満した《格式ばった語》: an *obese* old woman 肥満体の老婦人.

■ふね【船】

ship 乗客や貨物を乗せて運ぶ大型の船: a cargo *ship* 貨物船.

boat オールでこぐボート; 《口語》大小にかかわらず，船: take a *boat* for New York ニューヨーク行きの船に乗る.

vessel *ship* と同義だが，格式ばった語.

■ぶぶん【部分】

part 全体の一部《最も一般的な語》: an obscure *part* of the town 町の人目につかない部分.

portion *part* とほぼ同じ意味だが，とくに分割して各人に割り当てる一部をいう: one *portion* of roast beef ローストビーフ1人前.

piece 全体から分離された一部でその見本になるもの: a *piece* of pie パイの一切れ.

fragment 破壊などによって生じた，比較的小さく分離した部分《*piece* と違って，全体の見本にならない》: *fragments* of glass ガラスの破片.

division 切断・分割した一部分: a branch *division* 支部.

section *division* よりも小さい一部分: a data *section* 資料課.

segment 自然にできた境目で分かれた部分: a *segment* of an insect 昆虫の体節.

■ふへんてきな【普遍的な】

universal ある種類・範疇(はんちゅう)に属する個体に例外なしに適用できる: *universal* grammar 普遍文法.

general ある種類の全部または大多数に適用できる: a *general* principle 一般原則.

common ある階級・グループのすべての成員が共有している: a *common* language 共通の言語.

■ふまんぞくな【不満足な】

unsatisfied 満足していない: His answer left us *unsatisfied*. 彼の答に我々は満足しなかった.

dissatisfied 積極的に不満足で《*unsatisfied* よりも意味が強い》: a *dissatisfied* expression 不服そうな表情.

disgruntled 満足させられないので不機嫌になって: in a *disgruntled* mood 不機嫌な気分で.

discontented 満足できなくて気持ちがすっきりしない: *discontented* consumers 不満をいだいている消費者たち.

■ふめいよ【不名誉】

disgrace 自分自身または他人の行為によってもたらされた不面目と屈辱感: He is a *disgrace* to the family. 家族の面汚しだ.

dishonor 自分の行為によってもたらされた名誉の喪失: I prefer death to *dishonor*. 私は不名誉よりも死を選ぶ.

shame 面目を失ったことに対する屈辱感: He hung his head in *shame*. 恥じて頭を垂れた.

infamy 非行のために悪名が立っていること: Traitors are held in *infamy*. 反逆者は悪名を着せられる.

ignominy 軽蔑すべき行為によって公に不名誉を被ること《格式ばった語》: His treachery brought *ignominy* to his family. 彼の裏切りは一家の恥となった.

opprobrium 人がした行為のために嫌われ非難される状態《格式ばった語》: Germany's invasion of Poland met with *opprobrium*. ドイツのポーランド侵攻は非難の的となった.

obloquy 悪評を浴びている状態《格式ばった語》: In the face of *obloquy* he was forced to secede the party. 世間の指弾を浴びて彼は離党する破目にあった.

■ふもうの【不毛の】

sterile 〈土地・植物・人間・動物が〉作物・種子・子を産むことができない《最も一般的な語》: a *sterile* wife 不妊の妻.

infertile *sterile* が機能的欠陥を意味するのに対して，必ずしも欠陥ではなく何らかの理由で出産や実りがないことを意味する語で，*sterile* の婉曲語としてしばしば用いられる.

barren 〈土地が〉作物や果実を生じない; 《文語》〈特に女性が〉子供を産むことができない《この意味では聖書的な響き

のある古風な語》: *barren* land 不毛の土地.

unfruitful 〈女性が〉子を産まない《格式ばった語》;〈土地・植物・努力が〉実を結ばない: an *unfruitful* marriage 子のない結婚 / an *unfruitful* tree 実を結ばない木.

■ふりかける【振り掛ける】

sprinkle 液体のしずく・固体を微粒子の状態で表面にふりかける: *sprinkle* water on the flowers 花に水をふりかける.

spatter 水・泥などをはねかける: *spatter* mud over [on] a person's new suit = *spatter* a person's new suit with mud 人の新しいスーツに泥水をはねかける.

strew《文語》不規則にまき散らす: *strew* roses on [over] the path = *strew* the path with roses 小道にばらをまく.

■ふりをする【振りをする】

assume 持っているようなふりをする《欺く意志はない》: He *assumed* an air of cheerfulness. 陽気なそぶりを装った.

pretend 欺く意志をもって偽りの外見を装う: The policeman *pretended* to be a visitor. 警官は訪問客を装った.

feign《文語》巧みに偽って〈ある感情・状態を〉経験しているようなふりをする: He *feigned* surprise. 驚いたふりをした.

affect 特定の印象を与えようとして〈ある感情・様子などを〉装う《格式ばった語で通例軽蔑的》: He *affected* an air of despair. 絶望の風をしてみせた.

simulate 特に〈強い感情を〉感じているようなふりをする《格式ばった語》: He *simulated* joy. 大喜びしているふりをしてみせた.

■ふるい【古い】

old now に対して「古い」を示す最も一般的な語;遠い過去から存在している: an *old* building 古い建物.

old-fashioned《軽蔑》物が流行遅れになった: an *old-fashioned* camera 旧式のカメラ.

archaic 表現・語などが古風な: an *archaic* word 古語.

ancient 遠い昔の《古くから今に続いているというニュアンスもある》: *ancient* customs 古くから残っている慣習.

antique 古くて通例価値のある《通例100年以上古いものを指す》: *antique* furniture 骨董品の家具.

stale 〈食物など〉新鮮さを失って古い: *stale* bread 古くなったパン.

■ふるえる【震える】

shake 急激に小刻みに上下・前後に動く: The earth was *shaking*. 地面が揺れていた.

tremble 寒さ・恐怖・怒りなどのために小刻みに震える: She *trembled* with cold. 寒さに震えた.

quake《しばしば戯言》特に恐怖のために震える: He was *quaking* with fear. 怖さのために震えていた.

quiver 少し震える: Her lips *quivered* with rage. 怒りのために唇が震えた.

shiver 特に寒さのためにぞくっと震える: *shiver* with cold 寒さにぶるっと震える.

shudder 恐怖や嫌悪のために激しくけいれん的に震える: *shudder* with horror ぞっとして震える.

■ふるまい【振舞】

behavior 人の人格や個性がおのずと現れる態度: His *behavior* shows his lack of consideration for others. 彼のふるまいは他人に対する思いやりの欠如を

示している.

conduct 特に道徳的な責任を伴うものとしての行ない: Your son's *conduct* at school is excellent. 息子さんの学校でのお行儀は申し分ありません.

deportment 《古風》行儀作法としてのふるまい: Her *deportment* charmed me. 彼女の立居ふるまいに私は魅せられた.

■ぶれいな【無礼な】

rude 〈人やふるまいが〉敬意や思いやりに欠ける: a *rude* remark 失礼な言葉.

impolite 社交上のしきたりを守らない: It's *impolite* to ask a woman's age. 女性の年を聞くのは失礼だ.

ill-mannered 礼儀作法を知らない: a well-meaning but *ill-mannered* youth 人はよいが礼儀を知らない若者.

discourteous 他人に対して不作法な《格式ばった語》: a *discourteous* reply 無礼な返事.

■ふろうしゃ【浮浪者】

vagrant 《法律用語として》住所不定で定職もない浮浪者《古めかしい語》.

vagabond 一定の家も職もなく方々を放浪する人《主として文語》.

bum 《特に米・略式》方々を放浪して物乞いする人.

tramp 一定の家も職もなく方々を徒歩で放浪する人.

gypsy ジプシーのような生活様式をもつ人のことから放浪者を意味する.

■ふわ【不和】

discord 人または物の間に不一致・論争・争いのある状態《格式ばった語》: There was *discord* among the villagers. 村人たちの間に仲違いがあった.

strife 不一致や衝突が原因で争っている状態《格式ばった語》: factional *strife* 派閥の争い.

contention あることについての論争《格式ばった語》: *Contention* has no place in church. 教会内での論争は禁物である.

dissension 意見の不一致で, 通例議論や争いに至るもの《格式ばった語》: Their political disagreement caused *dissension*. 政治上の意見の相違からけんかになった.

■ふんきさせる【奮起させる】

stir 《文語》刺激して行動を起こさせる: The news *stirred* the people to revolt. その知らせは人民を刺激して暴動を起こさせた.

rouse 不活発であったものに刺激を与えて行動させる: *rouse* students to study 学生を奮起させて勉強させる.

arouse 内に秘められていたものを呼び起こして行動させる《*rouse* とほぼ同じ意味で用いられることも多い》: *arouse* a person to anger 人を刺激して怒らせる.

provoke 感情を挑発的に刺激して行動させる: *provoke* people to revolt 人々を暴動に駆り立てる.

spur 〈ある事・物が〉勇気づけ・励みとなって人に行動を起こさせる: Resentment *spurred* him (on) to action. 彼は憤慨して行動に至った.

■ぶんぱいする【分配する】

distribute 分け前を分かち与える: The teacher *distributed* paper to the class. 先生は用紙をクラス全員に配った.

dispense 注意深く計り分けて適切に分配する: The Red Cross *dispensed* food and clothing to the sufferers. 赤十字は罹災者に食料と衣類を配った.

divide 分配するために全体を(同量の)部分に分ける: He *divided* his property among his children. 財産を子供らに分

けてやった.
dole out 《口語》〈食料・金銭などを〉少しずつ分配する: He *doled out* the fruit to all the children. 果物をすべての子供に分け与えた.

へ

■へいきん【平均】

average 算術的な平均《最も一般的な語》.

mean 両極端の数の中間《数学的な意味では *average* よりも広義に用いられる》: 8 is the geometric *mean* of 4 and 16, while 10 is the arithmetical *mean* [*average*] of 4 and 16. 4 と 16 の幾何平均は 8 であるが, 4 と 16 の算術平均は 10 である.

median 大きさの順に並べた連続の中間点で, 中位数, 中央値という《数学・統計学の専門用語》: The *median* of 6, 8, 10, 16, and 20 is 10. 6, 8, 10, 16, 20 の中位数は 10 である.

■へいたんな【平坦な】

level 物の表面が地平線と平行している: *level* ground 平らな土地.

flat 水平とは無関係で, 物の表面にくぼみ・隆起がない: a *flat* roof 平屋根.

horizontal 垂直に対して水平であることを強調して「平坦な」の意味.

plane 専門用語に用いられることが多く, 「面が幾何学的に平らな」の意: a *plane* surface 平面.

even 面や線ででこぼこがない: an *even* surface 平らな表面.

smooth 表面が触ってみて滑らかででこぼこや突起がない: a *smooth* lawn 平坦な芝生.

flush 別々のものが同一平面・同一の高さになって平らに見える: The river's surface is now *flush* with that of its banks. 川の水面は今や堤防の面と同一平面にある.

■ヘビ【蛇】

snake 「ヘビ」を表す一般的な語《陰険で, 冷たく, 卑しい含みがある》.

serpent 《文語》特に大きい *snake*《恐ろしく, 猛毒をもち, 強力で, 美しい含みがある》.

■へり, ふち【縁】

border 特定の物の縁で, しばしば装飾的な目的を持つもの: a yellow handkerchief with a blue *border* ブルーの縁の付いた黄色いハンカチ.

edge 固体・面などの中心から最も遠い部分: the *edge* of a cliff [table, forest] 崖[テーブル, 森]の端.

verge 道路・花壇などの通例芝生や花に覆われた縁: walk along the grass *verge* 道の芝生に覆われた縁を歩く. ★比喩的には, on the *verge* of「〈状態・行動〉の間際で」の成句で使われる: He is on the *verge* of ruin. 破滅に瀕している.

rim ほぼ円形の物の縁・へり: the *rim* of a cup 茶わんの縁.

brim カップ・グラスなどの上端の縁; 帽子のつば: fill the glass up to the *brim* コップになみなみと満たす.

brink 崖などの上部の縁: the *brink* of a precipice がけっ縁.

■へんけいする【変形する】

transform 形・外観・性質を完全に変える: Success has *transformed* his character. 成功が彼の性格を一変させた.

transmute 一つの形・性質・物質から(特に)別のよりよいものに変える《格式ばった語》: *transmute* sorrow into joy 悲しみを喜びに変える.

convert 新しい用途に適するように細部を変える: *convert* a sofa into a bed ソファーをベッドに変える.

transfigure 〈人や物〉の外観を美しいものに変える《格式ばった語》: He was suddenly *transfigured* from an awkward sulky boy into a handsome and appealing young man. 彼は無器用でむっつりした男の子からハンサムで魅力的な青年に突然変身した.

■へんけん【偏見】

prejudice 恐怖や間違った情報に基づく,人・グループ・習慣などに対する嫌悪または不信感で,態度や行動に影響するもの: race *prejudice* 人種的偏見.

bias 好意的,非好意的のいずれの場合もありうる偏見: Journalism should be free from *bias*. ジャーナリズムは偏向があってはならない.

partiality 一方を他方よりも特に好むこと《格式ばった語》: She has a *partiality* for French cuisine. フランス料理が特に好きだ.

preconception 充分な情報も得ずに抱く偏った先入観《通例複数形で》: *preconceptions* about professional wrestlers プロレスラーに対する先入観.

predilection ある人の経歴・気質などの結果として形成される強い好み《格式ばった語》: He has a *predilection* for dancing. 特にダンスが好きだ.

■べんごし【弁護士】

lawyer 「弁護士」を表す一般的な語で,以下の語の代わりとして用いられる.

counselor 《米》「法廷弁護士」で上級裁判所などで弁護する資格を有する者.

barrister 《英》米国の *counselor* に相当.

attorney 《米》「事務弁護士」で法律問題で依頼人の代理や仲介などをする弁護士.

solicitor 《英》米国の *attorney* に相当.

■ほう【法】

law 《総称的に》法(律)《最も一般的な語》: obey the *law* 法に従う.

statute 議会が制定し law として施行される法令: the private *statute* 私法.

ordinance 地方自治体，特に市が定める条令: the *ordinances* of the City Council 市条令.

decree 国家の最高権力者などによる命令の形式による法令，政令: Government here is conducted by executive *decrees*. ここでの政治は行政命令にもとづいて行なわれる.

rule 特定の状況・ゲームで守るべき規則: the *rules* of baseball 野球のルール.

regulation ［通例複数］特に組織体を運営するための決まり: factory *regulations* 就業規則.

canon 教会のおきて；一般に，倫理・社会・芸術の基準: the *canons* of art 芸術の基準.

■ほうきする【放棄する】

relinquish やむを得ず〈望ましいものを〉放棄する，棄てる《格式ばった語》: *relinquish* one's long-cherished desire 永年の宿望を捨てる.

abandon 疲労・落胆などのため〈希望・計画などを〉すっかり放棄する: *abandon* all hope すっかり希望を捨てる.

forgo 都合でまたは他人のために〈快楽・利益を〉断念する: They used to *forgo* meat during Lent. 四旬節の間は肉を断つのが常であった.

waive 〈権利・要求などを〉自発的に放棄する《格式ばった語》: *waive* a claim 要求を放棄する.

quit 〈持っているものを〉手放す: *quit* one's house 家を手放す.

give up すること［持つこと］をやめる: You should *give up* smoking. たばこはやめるべきだ.

■ぼうぎょする【防御する】

defend 現実の攻撃を撃退しようと積極的に努力する: They *defended* the city against the enemy. 町を敵から防いだ.

guard, safeguard 安全を保つために警戒・監視を怠らない《格式ばった語》: The soldiers *guarded* the palace. 兵士たちが王宮を守っていた / *safeguard* the ozone layer オゾン層を守る.

protect 間に防壁などの保護手段を設けて危険・危害から身を防ぐ: A fence *protected* my garden. 私の庭は柵で守られていた.

shield *protect* とほぼ同義だが，差し迫った危険・危害から身を守るというニュアンスがある: Her parasol *shielded* her from the sun. 日傘が日差しから彼女を守っていた.

preserve 〈人を〉危害・危険から保護する《格式ばった語》: May God *preserve* us from danger! 神が危険からお護りくださいますように.

■ほうげん【方言】
dialect ある地方や集団に特有で，標準語とは発音・語彙・文法の異なる言語の形式: northern *dialects* 北部方言.

vernacular ある国・地方で最も広く話されている言語《書き言葉と区別して》: He is well versed in the *vernacular* of the region. その土地の言葉に精通している.

■ぼうとく【冒瀆】
blasphemy 神を故意にあざける言葉や行為《最も意味の強い語》: *blasphemy* against God 神に対する冒瀆.

profanity 神や神聖な物に対する不敬の言葉《格式ばった語》: He uttered a string of *profanities*. ばちあたりな言葉を吐きちらした.

cursing 怒りや憎しみの対象に向かって不敬の言葉や呪いの言葉を吐くこと: He is given to *cursing*. ののしる癖がある.

swearing 社会的に受け入れられない汚い言葉を使うこと: habitual *swearing* 習慣的に汚い言葉を使うこと.

■ほうび【褒美】
reward 善行・功績などに対する褒美: Virtue is its own *reward*. 徳行はそれ自体が報いである.

prize 競争・くじ・勝負ごとなどで獲得する賞品: win a *prize* in a contest コンテストで賞を得る.

recompense 損失・苦労などに対する補償; 努力などに対する報酬: a *recompense* for service 奉仕に対する報酬.

premium いっそうの勤労・生産などの奨励として与えられる報奨(金): give *premiums* for obtaining new subscriptions 新しい予約購読を取ったことに対して奨励金を与える.

■ほうふな【豊富な】
plentiful 供給量が豊富な: a *plentiful* supply of fuel 豊富な燃料の蓄え.

abundant 十二分に豊富な: The forest is *abundant* in insect life. その森には昆虫が多く生息している.

copious 生産・消費などの量が豊富で尽きない: a *copious* stream 水を満々とたたえた流れ.

profuse 涙・出血・言葉・感謝・謝罪などが非常に多量の: He was *profuse* in apologies. 盛んにわびを言った.

ample すべての要求を満たしてなお余裕があるくらい豊富な: There is *ample* room for all of you in the car. 車にはみんなが乗れる空きが十分にある.

■ほうべん【方便】
resource 援助が必要な時に頼る人・行動・方法: appeal to arms as the last *resource* 最後の手段として武力に訴える.

resort 通例最終的に頼るもの《しばしば have resort to, あるいは last resort の形をとる》: have *resort* to the law 法に頼る.

expedient 普通の方法の代用手段: He adopted the plan as a temporary *expedient*. 一時しのぎの便法としてその案を採用した.

makeshift 《軽蔑》間に合わせの便法: use a box as a *makeshift* for table テーブルの間に合わせに箱を使う.

stopgap 緊急な必要，欠員に対処するための当座しのぎの人や物: act as a *stopgap* for a sick colleague 病気の同僚の穴埋めとして働く.

■ほうほう【方法】
method あることを行なうための秩序だった方法: *methods* of teaching English 英語教授法.

manner 他と異なる独特で個性的なや

り方で, あることがなされたり起こったりする方法《格式ばった語》: This picture is in the *manner* of Raphael. これはラファエル風の絵だ.

mode 習慣・伝統・自分の好みから従っているやり方《格式ばった語》: his *mode* of living 彼の生活様式.

fashion 外見的で一時的な方法《格式ばった語》: conduct research in the most systematic *fashion* きわめて組織的に研究を行なう.

way 以上のどの語の代わりにも用いられる最も一般的な語で意味は広いが, ある程度持続的な方法について用いられることが多い: He lives in a frugal *way*. つましく暮らしている.

■ほうもんしゃ【訪問者】

visitor 社交・用務・遊覧などのため人や場所を訪れる人《一般的な語》: *visitors* from America 米国からの観光客.

visitant 異国からの訪問者, 特に別世界から来た(ように思われる)客: a ghostly *visitant* 霊界からの訪問者(亡霊).

guest 他人の家やホテルで食事・宿などを提供される来客: entertain one's *guest* with a good meal お客においしい食事を出す.

company 集合的に訪問者の一行, 一団: We are expecting *company* this evening. 今晩お客様方がおみえになるはずです.

caller 用務または社交の目的で短い(しばしば儀礼的な)訪問をする人: I am not at home to *callers*. 今日は訪問客に会わない.

■ほこり【誇り】

pride 自分の価値・優越などに正当なまたは過度の自信を持つこと: His words hurt [wounded] my *pride*. 彼の言葉が私の自尊心を傷つけた.

vanity 過度に他人の注意・是認・称賛を望むこと: He is mad with wounded *vanity*. 虚栄心を傷つけられて怒っている.

conceit 自己の能力や業績などを過大評価するうぬぼれ: be inflated [puffed up] with *conceit* 思い上がって増長している.

self-esteem 他人の評価よりも高く自己の能力や業績を評価すること: They have low [high] *self-esteem*. 彼らは自尊心が低い[高い].

vainglory 《文語》自慢や傲慢(ごう)な見せびらかしなどに現れる極端な誇り: nationalistic *vainglory* 民族主義的な大自慢.

■ほじする【保持する】

keep いつまでも所有[保持]している《広義で一般的な語》: She *keeps* old letters. 古い手紙を捨てずに持っている.

retain 失わないように保持する《格式ばった語》: *retain* an old custom 古い習慣を維持する.

withhold 与えずにおく《格式ばった語》: He *withheld* his consent. 同意を保留した.

reserve 将来使用するため, またはしばらくの間保留する: *Reserve* some milk for the cake. ケーキを作るから牛乳を少しとっておいて.

■ほそい【細い】⇨うすい.

■ほそくする【補足する】

complement 〈二者が〉互いに補足し合っていっそう効果的なものになる: Two discussions from different points of view may *complement* each other. 見解を異にする二人が話し合えばお互いの欠けたところを補えるかもしれない.

supplement 〈比較的完全に近いもの

を〉より良く大きく豊かなものにする: School activities *supplement* one's education. 校内活動は教育の補助となる.

■ぼち【墓地】
churchyard 教会の周囲の土地で, その信者の墓地に使用される.

cemetery 教会に付属しない, 特に共同墓地.

burial ground 死者の埋葬場所で, 特に大昔の遺跡または戦死した兵士たちを埋葬する場所.

graveyard 死者を埋葬する土地で, 時に教会の近くにある.

■ほっする【欲する】
desire 強く熱心に望む: He *desires* her for his wife. 彼女を妻に望んでいる.

wish [(that)] 特に, 達成しがたいことを願望する《*desire* よりも意味が弱い》; [to do] =*want*《格式ばった語》: I *wish* I were a bird. 鳥であったらいいのに / I *wish to* marry her. 彼女と結婚したい.

want 特に〈欠けているものや必要なものを〉入手したいと思う: I *want* to have a baby. 赤ちゃんがほしい.

crave 激しくほしがる《格式ばった語》: She *craves* (for) admiration. 人に称賛されることを切望している.

covet 特に〈他人のものを〉しきりにほしがる《格式ばった語》: He *covets* the crown. 彼は王位をほしがっている.

■ほとんど【殆ど】
almost ある基準に接近しているが, 完全にではない.

nearly *almost* よりも接近度が低い.

practically 「実質的には同じ」という意味が強く, *almost* と同義に用いられるが, 頻度は低い.

just about 同じ意味で口語の場合よく用いられる: My job is *almost* [*nearly, practically, just about*] finished. 私の仕事はほとんどすんだ.

■ほねのおれる【骨の折れる】
troublesome 複雑, しかも面倒でやっかいな: a *troublesome* job 骨の折れる仕事.

painful 心身に苦痛を与えるほどつらく骨の折れる: *painful* labors 骨の折れる苦労.

burdensome 肉体的・精神的な負担になる《格式ばった語》: *burdensome* responsibilities 重荷になる責任.

exacting 〈人や仕事など〉人から多くの努力・労力を要求する: an *exacting* work つらい仕事.

■ほのお【炎】
blaze 比較的大きな非常に明るく熱い炎: The whole room was lighted by the *blaze* in the fireplace. 部屋全体が暖炉の炎に照らしだされていた.

flame ろうそくの炎のように舌状にゆらめく炎: The dying fire suddenly burst into *flame*. 消えかかっていた火が突然めらめらと燃え上がった.

flicker ちらちらする, 特に消えかかっている炎: the last *flicker* of the candle ろうそくの炎の最後のゆらめき.

flare 暗がりにぱっと燃え上がる, ゆらゆらする光.

glow 炎や煙もなく燃えるものの柔らかい光: the *glow* of the coal in the fire 暖炉の中の石炭の真っ赤な輝き.

glare まぶしいほどにぎらぎらする強い不快な光: the *glare* of summer sun 夏の太陽のまぶしい光.

■ほめる【誉める】
praise 称賛または是認を表明する: The villagers *praised* him for his courage. 村人は彼の勇敢さを褒めたたえた.

laud 大いに(時に過度に)褒めたたえ

る《格式ばった語》: His victory was highly *lauded*. 彼の勝利は大いに称賛された.

acclaim 大声で喝采・歓呼して強く賛意を表明する《格式ばった語》: *acclaim* the winner of a race 競争の勝利者に喝采を浴びせる.

applaud 〈劇・演技・出演者などを〉拍手して褒める: The audience *applauded* the actress. 観客はその女優に拍手を送った.

eulogize 葬儀や特別の機会などに言葉や文章で褒めそやす《格式ばった語》: *eulogize* the deceased 故人を褒めたたえる.

■ **ほんとうの・ほんものの**【本当の・本物の】⇒しんの.

■ **ほんやく**【翻訳】

translation ある言語で書かれた[話された]ものを他の言語に直すこと: an English *translation* of Chikamatsu 近松の英訳.

version ある作品(特に聖書)の翻訳の一つ: the Authorized *Version* 欽定訳聖書.

paraphrase ある表現を同じ言語の他の言葉で言い換えること: a *paraphrase* of the poem 詩のパラフレーズ.

transliteration ある言語の文字や単語を他の言語の同じ音をもった文字に書き直すこと: a scientific method of *transliteration* 科学的な音訳法.

■ **ぼんやりした**

absentminded (しばしば習慣的に)ほかのことを考えていて自分のしていることに十分な注意を払わない: He's so *absentminded* he's lost three umbrellas. ひどいうっかり者で3本も傘をなくした.

inattentive 不注意のためにぼんやりとしている: She was *inattentive* in class. 彼女は授業中ぼんやりとしていた.

vacant 表情・視線などがうつろでぼんやりとした: a *vacant* look ぼんやりした顔つき.

abstracted (考え事をして)ぼんやりとしていること; 通例深刻なもの思いに沈んでいる: He walked on in an *abstracted* way. ぼんやりと(うわの空で)歩き続けた.

preoccupied 当面の事柄に熱中していて他の事柄に注意が向かない: He was so *preoccupied* with his career that he was neglectful of his family. 出世のことで頭がいっぱいだったので家族のことは顧みなかった.

■ **ぼうちょうさせる[する]**【膨張させる[する]】

expand 長さ・幅・深さを増大する《最も一般的な語》: Heat *expands* objects. 熱は物体を膨張させる.

swell 内部の圧力によって異常に膨らませる: The population of this city has now *swollen* to twice its previous size. この都市の人口はいまや2倍に膨張した.

inflate 空気やガスで膨張させる: *inflate* a life jacket 救命胴衣を膨らませる.

dilate 〈目・鼻孔など円形のものを〉広く大きくする: The cat's eyes *dilated* with fear. 猫の目がおびえて大きくなった.

ま

■まいそうする【埋葬する】

bury 〈死体を〉墓[海]に葬る《一般的な語》: He was *buried* yesterday. 彼は昨日埋葬された.

inter *bury* と同義《格式ばった語》: Washington was *interred* at Vermont. ワシントンはバーモントに葬られた.

inhume 〈死者を〉土葬にする《格式ばった語》: *inhume* the dead 死者を埋葬する.

entomb 〈人や動物を〉墓に入れる《格式ばった語》: Henry VI was *entombed* at Windsor. ヘンリー6世はウィンザーに葬られた.

■まきこむ【巻き込む】

involve 〈人を〉通例厄介な事柄に巻き込む: He is deeply *involved* in debt. 借金で首が回らなくなっている.

implicate 〈人が〉よからぬものに関係があることを示す《格式ばった語》: The letter *implicated* a politician in the crime. その手紙は政治家がその犯罪にかかわりがあることを示していた.

entangle 困難などに巻き込む: He got *entangled* in a plot. 陰謀に巻き込まれた.

■まきちらす【撒き散らす】

scatter あちこちにまき散らす: The wind *scatters* the seed far and wide. 風が種を遠く広く散らす.

dispel 〈闇・不安・疑いなどを〉追い払う: How can we *dispel* their fears? どうすれば彼らの不安を一掃することができるか.

disperse 〈群衆を〉完全に分散させる: The police *dispersed* the crowd. 警察は群衆を四散させた.

dissipate 〈霧・不安などを〉消滅させる: The doubts have now been totally dissipated. 疑いはすっかり消え去った.

■まげる【曲げる】

curve 曲線を作るように曲げる: *curve* a wire 針金を曲げる.

bend 〈まっすぐな物を〉湾曲させる: *bend* a piece of wire into a ring 1本の針金を曲げて輪にする.

twist 強制的にねじ曲げる: He *twisted* my arm. 私の腕をねじ曲げた.

■まじめな【真面目な】

serious 重要な考えや仕事に本気になって取り組む: This is not a joke. I'm *serious*. これは冗談ではなく私は真剣なのです.

grave 重い責任などのために重々しく威厳のある: a *grave* expression 重々しい表情.

sedate 〈人や態度が〉物静かで落ち着いて上品な: a *sedate* old lady 物静かな老婦人.

earnest ある目的に対して真剣で熱心な: an *earnest* student まじめな学生.

sober まじめで思慮深い: a *sober* businessman まじめなビジネスマン.

■まぜる【混ぜる】

mix いろいろな成分を混ぜ合わせる《成

分が識別できる場合もできない場合もある；一般的な語）: *mix* flour and milk 小麦粉とミルクを混ぜる.

mingle *mix* と同様のこともあるが，どちらかというと，各要素が混ざりつつも識別できるという含意がある: her look of *mingled* joy and sorrow 悲喜こもごもの表情.

commingle 調和よく交じる（格式ばった語）: The girls did not *commingle* with the boys. 女の子は男の子としっくりいかなかった.

blend 異なった成分を混合して調和のとれたものを作る: *blend* teas 茶をブレンドする.

merge 混合して各成分が合わさって一つになる: Twilight *merged* into darkness. たそがれが暗やみに溶けこんだ.

fuse 溶かして融合する: *fuse* copper and tin 銅と錫を融合する.

■まぬがれる【免れる】

escape 差し迫った〈危険・災いなど〉から逃れる: He narrowly *escaped* death. 危うく死を免れた.

avoid 意識的に努力して〈有害なものを〉避ける: It's wise to *avoid* quarrelsome neighbors. けんか好きな隣人を敬遠するのは賢明だ.

evade 策略・機敏などでうまく切り抜ける: Some boys try to *evade* military service. 青年の中には兵役を免れようとする者がいる.

elude 巧みに身をかわして逃れる: Finally he *eluded* his pursuers. ついに追跡者をまいた.

■まねる【真似る】

imitate あるものを手本として従おうとする（同じものになる保証はない）: The poet only *imitates* Keats. その詩人はキーツをまねているにすぎない.

copy できるだけ正確にまねる: My son is always trying to *copy* my behavior. 息子はいつも私そっくりにふるまおうとしている.

mimic 人の身振り・声・癖などを通例人を面白がらせるために正確にまねる: She *mimicked* the teacher's voice. 先生の声色をまねてみせた.

mock 滑稽なことを言ったりしぐさをまねたりして人を笑い物にする: He *mocked* his mother. 母親のまねをしてあざけった.

ape 人をからかうため，または競争心から，人の言葉やしぐさをまねる: She *aped* the fashions of her betters. お偉方の風習をまねた.

■まばたきする【瞬きする】

wink 通例片目をまばたきして合図する: He *winked* at me knowingly. 心得顔に私にウインクしてみせた.

blink まぶしさ・驚きなどで無意識的にまばたきする: She *blinked* at the sudden light. 突然の光にまばたきした.

■まほう【魔法】

magic 超自然的な力を使って不思議な効果を生じさせる術: black *magic* 黒魔術.

witchcraft 人々に病気や事故を起こさせる魔女の術.

sorcery 悪霊の力を借りて魔法を行なう術.

thaumaturgy 奇跡・魔術を行なうこと［技術］.

witchery *witchcraft* と同義であるが格式ばった語; 雄弁や美の魔力.

wizardry 男の魔法使いが使う術; 異常な能力.

necromancy 死霊を呼び出して未来を予知する術.

alchemy 卑金属を黄金に変えるとさ

れた中世の錬金術.

■まるい【丸い】

round 円・楕円・球・円筒の形をした《最も包括的な語》: a *round* face 丸顔.

spherical 完全な球形をした: a *spherical* body 球体.

globular 不完全な球形の: a little *globular* house 小さな球形の家.

circular 環状の: a *circular* railway 環状鉄道.

annular 木の年輪の横断面のように輪状の: an *annular* eclipse 金環食.

■まれな【稀な】

rare きわめてまれな: a *rare* bird 珍しい鳥.

infrequent 長い間隔をおいてだけ起こる: an *infrequent* visitor 時たまの訪問者.

uncommon 例外的または異常な: an *uncommon* act of charity 奇特な慈善行為.

occasional 時々起こる[出会う]: an *occasional* trip to New York 時々のニューヨークへの旅行.

sporadic ぽつぽつと散発的に起こる《格式ばった語》: *sporadic* gunfire 散発的な発砲.

scarce 特定時に十分な供給がなくて少ない: Oranges are *scarce* these days. オレンジは当節品薄だ.

■まわる【回る】

turn 中心・軸の周りを回る《半回転の場合も含む; 一般的な語》: He *turned* on his heel. かかとでくるりと回った / *turn* left 左へ曲がる.

rotate 軸を中心に回る: The earth *rotates* on its axis. 地球は地軸を中心に自転する.

revolve 軸を中心に回転する; 中心点の周りの軌道を回る: The moon *revolves* around the earth. 月は地球の周りを運行する.

gyrate 円形に旋回する《格式ばった語》: A whirlwind *gyrates*. つむじ風は旋回する.

spin 〈こまなど〉くるくる回る: A top *spins*. こまはくるくる回る.

whirl すごい勢いで回転する: The leaves *whirled* in the wind. 木の葉が風の中でくるくる舞った.

■まんせいの【慢性の】

chronic 〈病気が〉長期間続く: a *chronic* neuralgia 慢性の神経痛.

inveterate 長期間放置したために通例悪い習慣として根付いてしまった: an *inveterate* smoker 常習的な喫煙者.

confirmed 特定の習慣・状態に凝り固まった: a *confirmed* habit どうしても抜けない癖.

hardened ある習慣に頑固に凝り固まった: a *hardened* gambler 常習的なギャンブラー.

deep-rooted, deep-seated 〈思想・信念・感情などが〉しっかりと根を下ろして抜きがたくなっている: a *deep-rooted* prejudice 抜きがたい偏見 / *deep-seated* fears of women 根深い女性ぎらい.

■まんぞくさせる【満足させる】

satisfy 必要・欲望などを満足させる: I am deeply *satisfied* with marriage. 結婚に深く満足している.

content いま持っているもので満足する: He *contented* himself with his lot. 自分の運命を甘受していた.

gratify 人の欲望などを満足させる《格式ばった語》: I am highly *gratified* with your progress. あなたの進歩に大いに満足している.

み

■みえる【見える】

seem 話者の主観的印象に基づいて真実らしく思われる: It *seems* that he is tired. = He *seems* to be tired. 彼は疲れているようだ.

look 視覚印象に基づいて真実らしく見える: It *looks* like rain. 雨になりそうだ.

appear 外観からそう見える《時にそれが実際とは異なることを暗示する》: He *appears* to be well; really he is rather ill. 見たところ元気そうだが, 実際はかなり病気だ.

■みがく【磨く】

polish 布・研磨剤・ねり粉でこすって磨く: *polish* the floor with wax ワックスで床を磨く.

burnish 特に〈金属を〉こすって光らせる《格式ばった語》: *burnish* the silver 銀器を磨く.

buff 特に柔らかい布で〈金属・木・革を〉磨いて光らせる: *buff* lenses レンズを磨く.

shine 〈靴・金具などを〉磨いて光らせる: *shine* shoes 靴を磨く.

■みじかい【短い】

brief 時間的に短い;〈言葉や文章など〉簡潔な: a *brief* interview 短時間の会見 / a *brief* description 簡潔な記述.

short 時間的に短い《しばしば不完全・省略を暗示する》; 長さが短い: a *short* vacation 短い休暇 / a *short* man 背の低い男.

■みすてる【見捨てる】

abandon 二度と戻らないつもりで〈人・物・場所を〉捨てる《特に非難を表す語ではない》: He *abandoned* his wife and children. 妻子を捨てた / *abandon* a wrecked plane 大破した機体を捨てる.

desert 「〈人・場所を〉見捨てる」という意味では, *abandon* とほぼ同義であるが, 不当な行為であるという非難を含意する: *desert* one's wife and children 妻子を捨てる / The soldier *deserted* his post in time of war and was shot. その兵士は戦争の際に部署を離れたため射殺された.

leave 同居などの状態をやめて, 他へ立ち去って行く: Don't *leave* us when we are in trouble. 私たちが困っているときに見捨てないでください.

forsake 《文語》以前親しんでいた〈人や場所を〉捨てる《心の痛みを強調する》: He *forsook* home and his wife to enter a monastery. 彼は修道院に入るために家も妻も捨てた.

■みせ【店】

store, shop 「商品を売る店」の意味で *shop* は《英》で好まれ, *store* は《米》で好まれる.《米》では特定の種類の商品を売る小さい店を *shop* と言い,《英》では department *store* のように, たくさんの商品を売る非常に大きな店を *store* と呼ぶ.

■みせる【見せる】

show よく見えるようにする《一般的な語》: *Show* me your hands. 手を見せなさい.

display すぐ人目に付くような場所に置く: *display* a notice in the front window 正面の窓に掲示が出してある.

exhibit 公衆の注目を引くために目立つように陳列する: *exhibit* goods in shopwindows ショーウインドーに商品を陳列する.

expose 覆いを取ってむき出しにして見せる: Don't *expose* it to the sun. 日光にさらすな.

■みとめる【認める】

acknowledge 〈隠しておきたかったことを〉事実であると打ち明ける: He *acknowledged* defeat. 敗北を認めた.

admit 説得によって〈事や行動を〉事実であると(しぶしぶ)認める: I *admit* that I was mistaken. 私が間違っていたことを認める.

own 《古風》〈自分に不利益な事実を〉事実であると告白する: The man *owned* having told a lie. 男はうそをついたことを認めた.

recognize 不本意ながらある事柄を事実として認識する: He refused to *recognize* his mistake. 彼は自分の過失を認めようとはしなかった.

confess 〈罪・犯罪などを〉正式に認める: He *confessed* his crime. 犯罪を告白した. 弱い意味では = *admit*: I *confess* I am a coward. 実を言うと, 私は臆病なんです.

concede 通例しぶしぶ〈議論・要求などを〉事実[妥当]だと認める: He *conceded* that he had been guilty of bad judgment. 判断がまずかったことを認めた.

■みなと【港】

port 船荷を積み降ろしする *harbor* のある町全体: a commercial *port* 商業港.

harbor 設備を提供する港: enter *harbor* 入港する.

haven 《文語》避難港; 一般的には避難所: provide a *haven* for political refugees 政治亡命者に安全な場所を提供する.

■みぶり【身振り】

gesture 言葉の代わりに(または言葉を強めるために)思想・感情を頭・肩・手・腕などの動作で表現すること: He made a *gesture* of despair. 絶望の身振りをした.

gesticulation 下品な, 興奮した, または大げさな身振り《*gesture* よりも意味が狭い》: He made various theatrical *gesticulations*. いろいろと芝居じみた身振りをしてみせた.

■みる【見る】

see 積極的に見る意志がなくて自然に視覚に映る《最も一般的な語; ★ただし「見ようとして見る」の場合もある》: I can *see* a bird. 鳥が見える.

look at 見ようとして視線を向ける: I *looked at* the sky, but I saw nothing. 私は空を見上げたが何も見えなかった.

watch 動く(可能性のある)ものを注意を集中して見る: I *watched* a hawk. 私は鷹を観察した.

behold 《古》特に珍しいものを見る: What a sight to *behold*! 見るも驚くべき光景だった.

observe 注意深く見る: *observe* the behavior of birds 鳥の生態を観察する.

view 注意深く眺める: The jury *viewed* the body. 陪審は死体を検死した.

む

■むかんしんな【無関心な】

indifferent 人・物事などに全然関心を示さない: He is quite *indifferent* to his appearance. 身なりに全く無関心だ.

unconcerned 鈍感さ・利己心から関心・心配を示さない《格式ばった語》: Most students are *unconcerned* with politics. たいていの学生は政治に無関心だ.

incurious 生れつき知的好奇心のない: She is *incurious* about the outside world. 外界のことを知りたがろうとしない.

aloof 控えめな性質や優越感から他の人や物に近づこうとしない: I keep *aloof* from such fellows. ああいうやつとは付き合わないようにしている.

detached 他人や自分の感情に動かされない《格式ばった語》: a *detached* view 突き放した見方.

uninterested 興味を示さない《最も無色の語》: I am utterly *uninterested* in poetry. 詩には全く興味がない.

disinterested 私利私欲のない《この語を「無関心な」の意で用いる人が増えてきている》: a *disinterested* observer 公平な観察者.

■むかんどうな【無感動な】

impassive 感情を持たない[表さない]《格式ばった語》: The prisoner remained *impassive* during trial. 被告は裁判の間無表情のままだった.

apathetic 興味・情熱を感じない[示さない]《格式ばった語》: an *apathetic* young man しらけた若者.

stoical, stoic 快楽・苦痛に無頓着な《格式ばった語》: *stoical* resignation 克己心の強いあきらめ.

phlegmatic 気質的・体質的に容易に興奮しない: a cold and *phlegmatic* person 冷静で動じない人.

stolid 《通例軽蔑》容易に興奮せず, 想像力がなく鈍重な: a *stolid* schoolboy 鈍重な生徒.

■むきだしの【剥き出しの】

bare 適当な覆いや飾りのない: *bare* feet はだし / Let me have the *bare* facts. 余計なことはいいから事実だけを教えてくれ.

naked 〈人の体またはその一部が〉衣服を着けていない《比喩的な意味では *bare* よりも意味が強い》: I was stripped *naked*. 丸裸にされた / the *naked* truth ありのままの真実.

nude 〈美術品が〉裸体の: a *nude* statue 裸体像.

■むこうにする【無効にする】 以下の語はすべて格式ばった語.

nullify あるものの効果を無くする: *nullify* a decision 決定したことを無効とする.

invalidate 法的効果を無効にする: The last will *invalidates* all others. 最後の遺言は他のすべてを無効にする.

annul 法的に無効にする: *annul* a marriage 結婚を無効にする.

abrogate 法律・特権などを廃止する［取り消す］: *abrogate* a law 法律を廃止する.

void 〔法律〕= *annul*.

negate 効果を失わせ，無効にする: This *negates* all our work. これで我々のすべての仕事が帳消しになる.

■むじつの【無実の】

innocent 犯罪・非行などを犯していない: He is *innocent* of the crime. その犯罪を犯していない.

blameless 道徳上・法律上非難すべき点がない: a *blameless* life 非の打ちどころのない生活.

guiltless 道徳または法律上の罰を受けるような行為をしていない: The driver was *guiltless*. 運転者に罪はなかった.

■むずかしい【難しい】

hard 成就・理解・解決などが難しい: a *hard* problem 難問 / a *hard* book to understand 理解するのが難しい本.

difficult 〈課題など〉高度の知力・熟練・勇気などを必要とする: a *difficult* language 難しい言語.

arduous 〈登山・調査などが〉困難で大変な努力を必要とする: an *arduous* task 困難な仕事.

laborious 〈仕事など〉困難なため大変骨が折れる: the *laborious* task of picking cotton 骨の折れる綿摘み.

■むすびつける【結び付ける】

tie ひもやロープでしばしば固定したものに結びつける: *tie* a dog to a post 犬を柱につなぐ.

bind ひもや布切れなどで二つ以上のものをいっしょにしてしっかりと結びつける: *bind* a person's hands 人の手をしっかりと縛る.

truss ひもやロープで体を非常にきつくぐるぐる巻きにする: *truss* (up) a person with a rope and gag his mouth 人をロープでぐるぐる巻きにしてさるぐつわをはめる.

■むちな【無知な】

ignorant 一般的または特殊な事柄について知識がない《一般的な語》: He is not stupid, just *ignorant*. 彼はばかではない，無知なだけだ.

illiterate 一定の教養の水準に達しない，無学の《特に読み書きができない》: *illiterate* children 読み書きのできない子供たち.

uneducated, untaught, untutored (よい)教育を受けていない: *uneducated* speech 無教育な言葉遣い / *untaught* youth 無教育な若者たち / the *untutored* inhabitants of the desert 砂漠の無教育な住人たち.

unlettered 教養，特に文学の素養のない: *unlettered* young people 本に縁のない若者たち.

■むてっぽう【無鉄砲】

temerity 危険を見くびり，その結果無鉄砲・無遠慮なことをすること《格式ばった語》: He had the *temerity* to criticize his teacher. 無謀にも師を批判した.

audacity しきたり・礼儀・権威などをおおっぴらに無視すること《格式ばった語》: His sheer *audacity* took my breath away. 彼の全くの無鉄砲さに息をのんだ.

hardihood 向こう見ずで図々しいこと: He had the *hardihood* to ask me for money. 図々しくも金をくれと言った.

effrontery 《悪い意味で》礼儀などを無視する図々しさ《格式ばった語》: He apologized with calm *effrontery*. 厚かま

しくもしゃあしゃあと謝った.

■**むなしい**【空しい】

futile《通例軽蔑》〈行動が〉何の結果も生じないことを意味し, その行動自体が賢明でないことを表す: a *futile* attempt むだな企て.

vain〈企てが〉成功しない《*futile* よりも意味が弱い》: He made a *vain* attempt to save the drowning child. 溺れる子供を助けようとしたが失敗した.

useless 無益で何の効用もない: It's *useless* complaining. 不平を言ってもしようがない.

fruitless〈長期間にわたる努力が〉実を結ばない: His efforts were *fruitless*. 彼の努力は実を結ばなかった.

abortive〈計画などが〉初期の段階で失敗に終わる: an *abortive* scheme 不成功に終わった計画.

■**むね**【胸】

breast《文語》感情の宿る所としての胸; 一般語としては, 女性の一方の乳房: She held her son to her *breast*. 息子を胸に抱き締めた / a girl with small *breasts* 乳房の小さい少女.

heart 心臓のある場所としての胸: He pressed her to his *heart*. 彼女を胸に抱き締めた.

chest 人体の前部の肩から腹までの部分: a pain in the *chest* 胸部の痛み.

bosom《文語》人の *chest*, 特に女性の両方の乳房: She has a large *bosom*. 大きな乳房をしている.

bust 女性の両方の乳房《服飾などの用語》: *bust* size バストのサイズ.

thorax〔解剖・動物〕胸部.

■**むねにひめる**【胸に秘める】

cherish〈希望・思想などを〉大切に胸に秘める《格式ばった語》: He *cherished* the memory of his dead mother. 亡き母の思い出を大事に胸に秘めていた.

foster〈思想や感情を〉心に抱く: He *fostered* a desire for revenge. 復讐心を抱いていた.

harbor〈特に邪悪な考えを〉心に抱く: He seemed to *harbor* sinister designs. 悪だくみを抱いているように思われた.

■**むれ**【群れ】

group 人・物・機関などの集合体《一般的な語》: a *group* of boys 少年たちの一群.

herd（同一種類で一緒に棲息して［飼われて］いる）動物の群れ;《軽蔑》大衆: a large *herd* of elephant(s) 象の大群 / follow the *herd* 大勢に従う.

flock 山羊・羊・鳥などの群れ;《口語》群衆: a large *flock* of pigeons ハトの大群 / a *flock* of tourists 観光客の群れ.

drove 牛・豚・羊などの, 駆り立てられてぞろぞろと移動する群れ;［通例複数で］ぞろぞろ行く群衆: a *drove* of sheep 駆り立てられてぞろぞろと移動する羊の群れ / *droves* of sightseers ぞろぞろと歩く観光客の群れ.

pack 猟犬または狼の群れ; 悪人などの一味: a *pack* of wolves 狼の群れ / a *pack* of thieves 盗賊の一味.

swarm 昆虫（特にミツバチ）の群れ;《通例軽蔑》ぞろぞろ動く人や動物の群れ: a *swarm* of bees ミツバチの群れ / *swarms* of tourists ぞろぞろ歩く観光客の群れ.

school 魚類・イルカ・鯨などの群れ: a *school* of whales 鯨の群れ.

bevy 鳥（特にウズラ）の群れ; 少女・女性の群れ: a *bevy* of quails ウズラの群れ / a *bevy* of beautiful girls 美しい少女の群れ.

covey ヤマウズラ・雷鳥などの小さな群れ: a *covey* of partridges ヤマウズラ

の小さな群れ.
flight 一緒に飛んでいる鳥[飛行機]の群れ: a *flight* of wild geese 飛んでいるガンの群れ.

め

■めいじされた【明示された】

explicit 〈陳述・規則などが〉明瞭に表現されていて,全くあいまいさがない: He gave such *explicit* directions that everyone understood them. 極めて明確な指示をしたのでみんなのみ込めた.

express 〈命令・希望などが〉強制力を持つほどにはっきりと明確に述べられた((格式ばった語)): He disobeyed his father's *express* wishes. 父親の明確な希望に従わなかった.

definite 完全に明瞭で細部にまでも疑問を差しはさむ余地がない: I expect a *definite* answer. はっきりした返事が聞きたい.

exact 細部の一つ一つまで完全に正確な: What is the *exact* time? 正確な時刻は何時ですか.

precise 正確に述べられた: a *precise* statement 正確な陳述.

■めいはくな【明白な】

evident 〈感情・態度・理由などが〉外面的な兆候からはっきりとわかる: It is too *evident* to require proof. それは証明するまでもなく明白である.

apparent 特に,演繹的な推論によって明らかな: It's *apparent* that she dislikes me. 彼女が私を嫌っているのは明らかだ.

obvious 目につきやすく,だれにでも必ず知覚できる: The meaning of this compound is *obvious* from the component parts. この複合語の意味はその構成素を見ればすぐわかる.

explicit 意味することが暗示的でなく,極めて明瞭である: an *explicit* demand あからさまな要求.

manifest 知覚に対して直接的・直感的に明らかな((格式ばった語)): The fact is *manifest* at a glance. その事実は一目瞭然だ.

patent はっきり見えるのですべての人に理解される((格式ばった語)): a *patent* error 明らかな誤り.

plain 単純なのですぐに知覚できる: a *plain* fact はっきりした事実.

■めいびんな【明敏な】

shrewd 実際的な鋭い判断を示す: a *shrewd* merchant 抜け目のない商人.

sagacious 賢明で思慮分別があり,しばしば先見の明がある((格式ばった語)): Dogs are *sagacious* animals. 犬は聡明な動物だ.

keen 頭脳や感覚が鋭敏で,問題解決能力が優れている: She has (a) *keen* intelligence. 彼女は頭の鋭い人だ.

astute 利口で狡猾な: an *astute* lawyer 機敏な弁護士.

■めいれいする【命令する】

command 指揮官などが権限を行使して命令する: The sentry *commanded* him to halt. 歩哨は彼に止まれと命じた.

order *command* よりも高飛車な,時には恣意的な命令を下す: The teacher

ordered him to stand in the corner. 先生は彼に隅に立っているように命じた.

direct 特に公式に命令する《格式ばった語》: The policeman *directed* the motorist to stop. 警官はドライバーに停車を命じた.

instruct 細かく指図する: The owner *instructed* his agent to sell his property. 所有者は財産の売却を代理人に指示した.

enjoin 権威をもって強く命令する《格式ばった語》: He *enjoined* his children to be quiet. 子供たちに静かにするように命じた.

charge ある仕事を義務・責任として課す《格式ばった語》: He *charged* us to keep the plan secret. その計画を秘密にしておくように命じた.

bid 《文語》= *order*.

■**めだつ**【目立つ】

noticeable 顕著ですぐ目につく: *noticeable* improvement 目に見える改善.

remarkable 異常なまたは例外的な性質のために注目に値する: a *remarkable* coincidence 驚くべき符合.

prominent まわりのものと比べて一段と目立つ; 傑出した: a *prominent* nose 突き出た鼻 / a *prominent* writer 傑出した作家.

conspicuous きわめて明白ですぐ気づかれる: *conspicuous* bravery 目立つ勇気.

outstanding 同類の中で際立ってすぐれている: an *outstanding* dissertation 卓越した博士論文.

striking 見るものの心に強い印象を与える: a woman of *striking* beauty 一際目立つ美人.

arresting 人の注意を引いて放さない: an *arresting* work of art 人目を引く美術品.

marked 一見して気がつくほどはっきりとして目立っている: a *marked* difference 目立った相違.

signal 普通のものとは異なっていて, 異彩を放つ: a *signal* victory めざましい勝利.

■**めのつまった**【目の詰まった】

close 間にほとんど隙間がない: a *close* weave 目の細かい織り.

dense 湿気や光線を通さないほど要素が濃密な: a *dense* fog 濃霧.

compact 小さい空間内に整然とみっしりと詰め込まれた: a *compact* formation 密集隊形.

thick 多数の成分が緊密に一つに固まっている: a *thick* forest 密林.

■**メロディー** ⇨せんりつ.

も

■もうそう【妄想】

delusion 誤解・欺瞞・精神異常などのため事実でないことを事実だと信じること: The insane man had a *delusion* that he was a king. その狂人は自分が国王だと妄想していた.

illusion 誤った印象・考え・信念(を生み出すもの): He had an *illusion* of power. 自分は権力があると幻想していた / an optical *illusion* 目の錯覚.

hallucination 病気または麻薬を飲んだために実在しないものを見たり聞いたりすること: *hallucinations* induced by drug 麻薬による幻覚.

mirage 蜃気楼; 比喩的には, 実現できないはかない夢: Mrs. Thatcher's so-called economic miracle was a *mirage*. サッチャー夫人のいわゆる経済の奇跡ははかない夢であった.

■もくてき【目的】⇨いと.

■もし...ならば

if 単なる条件を表す語《一般的な語》: I'm sorry *if* you're offended. 気にさわったらごめんなさい.

providing, provided 「...という条件で」という意味で, 条件・ただし書きを述べるときに用いられる: He will do the work *providing* [*provided*] you pay him. 金を出せばその仕事をするだろう.

suppose, supposing 口語的で, 「仮に...とすると, ...してみたら」などと仮想を表す語: *Suppose* [*Supposing*] it snows, what will you do? 雪になったらどうしますか.

■もちあげる【持ち上げる】

lift 〈持ち運べるものを〉より高い位置に持ち上げる《最も一般的な語》: *lift* a suitcase スーツケースを持ち上げる.

raise 特に垂直の方向に持ち上げる: *raise* a flag 旗を掲げる.

rear 〈特に頭を〉上げる: The lion *reared* its head. ライオンは頭を上げた.

elevate より高い位置・階級に上げる《格式ばった語》: *elevate* a gun 砲口を上げる / *elevate* the status of teachers 教師の地位を高める.

boost 下から押し上げる: I *boosted* him into the tree. 彼を押し上げて木に登らせた.

heave 非常に努力して持ち上げて引っ張る: I *heaved* him to his feet. 彼をどっこいしょと抱き起こして立ち上がらせた.

■もっていく[くる]【持って行く[来る]】⇨つれていく[くる].

■もっともらしい【尤もらしい】

plausible 一見真実で合理的に思われる《意図的な偽りはないが実際には真実ではないことを暗示する》: a *plausible* explanation もっともらしい説明.

specious 一見もっともらしいが, 実はそうではない《意図的な偽りがあることを暗示する; 格式ばった語》: a *specious* excuse もっともらしい言い訳.

■もてあそぶ【弄ぶ】

toy 漫然と感情や考えなどを抱く，もてあそぶ: He often *toyed* with the idea of a novel. 彼はよく小説でも書いてみようかという気持ちになった．

trifle 十分な尊敬なしで人や感情を扱う: *trifle* with a woman's affections 女性の愛情をもてあそぶ．

play 物・考え・感情などを何となくいじくる，もてあそぶ: He was just *playing* with his food. 彼はただ食べ物をつついているだけだった．

flirt 気まぐれにふと考える；危険なものなどをもてあそぶ: He *flirted* with the idea of moving to Osaka. 彼はふと大阪へ移ってみようかと考えてみた．

coquet 本気でなく面白半分に手を出す，いじくる，もてあそぶ: *coquet* with archeology 考古学をちょっとかじってみる．

■もどる【戻る】

return 以前の場所・状態に帰る《一般的な語》: He *returned* home safe and sound. 無事に家に帰った．

revert 以前の(原始的な)状態に帰る: The fields have *reverted* to moorland. 畑は元の荒地に帰った．

recur 〈事が〉繰り返して起こる: a *recurring* fever 回帰熱．

や

■やかましい(好みなど)【喧しい】

dainty 〈人や動物が〉特に食べ物の好みがやかましい: A koala is *dainty* feeder. コアラは食べ物の好き嫌いが激しい.

nice 趣味が繊細でうるさい: She is too *nice* in her dress. 服装にやかましすぎる.

particular 細部について自分の標準に一致しないと満足しない: He is very *particular* about coffee. コーヒーについてはとてもうるさい.

fastidious ((軽蔑))万事きちんとしているのが好きで嫌になるほど細部にこだわる((格式ばった語)): He is *fastidious* about his appearance. 身なりに小難しい.

finicky, finicking, finical ((口語・軽蔑))=*fastidious*: a *finicky* eater 食べ物にひどくうるさい人.

squeamish 道徳・上品・慎みなどに関して過度にやかましい: Why should he be *squeamish* about such trifles? そんなつまらないことでなぜ気難しいのか.

fussy つまらないことにこだわって気難しい: a *fussy* old woman こせこせした老婦人.

pernickety ((口語))=*fussy*.

■やくめ【役目】

function 人や物の果たすべき特定の働き: the *function* of a chairman 議長の役目 / the *function* of the stomach 胃の役目.

office 人の地位・専門・職業などの結果, 果たすべき役目: the *office* of a judge 判事の職務.

duty 職業上または正義だと思うがゆえに果たさなければならないこと: the *duties* of a teacher 教師の職責.

job 日常的で一般的な語; 仕事の意味での役目: I'm going to prepare our meal; that's my *job*. 食事は私が作ります. 私の役目ですから.

province 知識・興味・責任の領域((格式ばった語)): Nursing is mainly the *province* of a woman. 保育は主に女性の縄張りだ.

■やけどさせる【火傷させる】

burn 火・熱・酸によって傷害を与える((最も一般的な語)): He *burned* his hand on the hot iron. 熱いアイロンで手にやけどをした.

scorch 表面的に焼け焦がす: She *scorched* his shirt in ironing it. アイロン掛けでシャツを焦がした.

singe 〈布・毛などを〉軽く焦がす: I got my hair *singed* by the bonfire. たき火で髪の毛を焦がした.

sear 強火でさっと焼く: *sear* the meat over a high flame 強火で肉を焼く.

■やさしい【易しい】

easy 肉体的・精神的な努力をほとんど必要としない((最も一般的な語)): This book is *easy* to read. この本は読みやすい.

simple 複雑さがないので実施・理解が易しい: I can work out *simple* crossword puzzles. 易しいクロスワードパズルなら解ける.

effortless 実際に易しいのではなく,行為者の熟練によって苦もなく成就するように見える: the *effortless* performance of a pianist ピアニストのいかにも楽々とした演奏ぶり.

smooth 障害がないために容易に行なわれる: This will make things a bit *smoother*. これで事は少しは楽になるだろう.

■やさしい【優しい】

tender 他人に対して優しく思いやりのある: She has a *tender* heart. 彼女は優しい心をしている.

sympathetic 他人の気持ちをくみ取り,それと同調する能力のある: I feel *sympathetic* toward him. 彼に同情的だ.

warm 優しさのみでなく愛情がこもり,友好的な: a *warm* welcome 心からの歓迎.

warm-hearted 優しく愛情深い《*warm* よりも強意的》: a *warm-hearted* old lady 心の温かい老婦人.

■やしんてきな【野心的な】

ambitious 《時に悪い意味で》出世・富・権力・名誉などを熱望している: He is *ambitious* for wealth. 富貴を望んでいる.

aspiring ある重要な目的のために努力を集中する: an *aspiring* musician 音楽家をめざしている人.

enterprising 《主によい意味で》進取の気性に富んだ: an *enterprising* businessman 進取的なビジネスマン.

■やすい【安い】

cheap 値段が安い《しばしば安ぴか・劣等などを暗示する》: a *cheap* pair of shoes 安物の靴.

★中立的な意味では, low-priced がある.

inexpensive 値段があまり高くない《物の価値が値段相当であることを暗示する》: an *inexpensive* dress 高くないドレス.

reasonable 〈値段が〉手ごろな: *reasonable* prices 手ごろな値段.

■やせた【痩せた】

lean 生来ぜい肉が少なく体がしまっている意味; 好ましいという感じで用いられる: a *lean* horse やせた馬.

thin 肉が少なくやせていることを示す最も一般的な語; 体調が悪いことを意味することが多い: He looked *thin* after his illness. 病気をしてからやせていた.

lanky 不格好にひょろ長い: a *lanky* youth 不格好にひょろ長い若者.

skinny 《口語》けなす意味で,骨と皮のようにやせた: *skinny* children やせっぽちの子供たち.

scrawny けなす意味で,やせて骨ばってしわの寄った: a *scrawny* neck やせてしわの寄った首筋.

gaunt 病気などでやつれてやせこけた: a *gaunt* old man やせこけた老人.

rawboned やせて骨の見える《不格好で大柄な人について用いる》: a tall *rawboned* youth 背の高いやせこけた若者.

■やばんな【野蛮な】

barbarian 《通例軽蔑》未開・野蛮を表す最も一般的な語: a *barbarian* tribe 未開部族.

barbaric 《通例軽蔑》*barbarian* とほぼ同義だが,洗練さを欠いている意味もあり,ときに野性的な魅力を持つという意味にもなる: Head-hunting is a *barbaric* custom. 首狩りは野蛮な習慣である.

barbarous 《軽蔑》野蛮ではなはだし

く残忍な；悪趣味で無教養な: *barbarous* peoples 野蛮な民族 / *barbarous* warfare 残虐な戦争.

savage ((軽蔑))原始的・野蛮・獰猛(どうもう)を表す最も意味の強い語: a *savage* tiger 獰猛な虎.

■**やわらかい**【柔らかい】

soft 激しい性質がなく感じがよい: a *soft* pillow 柔らかいまくら.

tender 〈肉などが〉柔らかい；〈心が〉優しい: a *tender* steak 柔らかいステーキ / a *tender* heart 優しい心.

mild 荒々しさ・激しさがない: a *mild* cigar 軽いシガー / a *mild* sentence 厳しくない宣告.

gentle 穏やかな((*mild* よりも意味が積極的)): a *gentle* person 穏和な人 / a *gentle* breeze 軟風.

smooth ((しばしば悪い意味で))〈人が〉いんぎんで愛想がよいが，誠実さがないことが多い: *smooth* manners 愛想のいい物腰.

ゆ

■ゆいいつの【唯一の】

single ただ一つの: a *single* example ただ一つの例.

sole *single* と同義であるが、格式ばった語: my *sole* helper 私のたった一人の援助者.

unique 同種のものの中で唯一の: This vase is *unique*. この花瓶はほかに類がない.

solitary ただ一つ孤立している: a *solitary* house in the field 野中の一軒家.

individual 一群中の個々の: each *individual* person 各個人.

particular 一群中の特定の一つの: on this *particular* day この日に限って.

■ゆうがいな【有害な】

harmful 他のもの、特に人の心身に有害な: Smoking is *harmful* to health. 喫煙は健康に害がある.

pernicious 知らない間にむしばんだり活力を弱めたりして大きな害毒をもたらす《格式ばった語》: Gambling is a *pernicious* habit. ばくちは有害な習慣である.

baneful 毒物による(ような)害のある: herbs with *baneful* juice 有害な汁を持つ草.

noxious ガスなどが有毒の《格式ばった語》: *noxious* gases 有害なガス.

detrimental 特定のものに対して損害を与える《他の語よりも害の度合いが低い; 格式ばった語》: Some food additives are *detrimental* to health. 食品添加物の中には健康に有害なものがある.

■ゆうかんさ【勇敢さ】

heroism 危険・探検・克己などで示される勇敢で高貴なふるまい《最も意味の強い語》: an act of *heroism* exhibited in a wreck at sea 難破の折に示された英雄的行為.

valor 戦闘などで示される大きな精神的または肉体的な勇気: He was awarded a medal for *valor* in the war. 戦時の武勇により勲章を授けられた.

prowess 特に戦闘の際の勇敢さ《格式ばった語》: Military distinction is no more possible by *prowess*. 武勲はもはや勇敢さではかち取れない.

gallantry 勇気と気概に富み、危険や困難に陽気といってよいほど無頓着であること《格式ばった語》: Their *gallantry* was beyond description. 彼らの勇猛果敢さは筆舌に尽くしがたかった.

■ゆうかんな【勇敢な】

brave 〈人が〉危険や苦痛に恐れずに立ち向かっていく: A *brave* girl rushed into the burning house to save the baby. 勇敢な少女が赤ん坊を救い出そうと燃えている家の中に飛び込んでいった.

courageous *brave* とほぼ同義だが、恐怖を抑える精神力、確固とした信念のあることを示す: a *courageous* soldier [action] 勇敢な兵士[行為].

fearless 大胆で何物も恐れない: a *fearless* trapeze artist 恐れを知らないぶ

らんこ曲芸師.

audacious 〈人や行動が〉無鉄砲に大胆な: an *audacious* scheme 大胆不敵な企て.

valiant 〈人や行動が〉崇高なまでに勇敢な《格式ばった語》: a *valiant* hero 雄々しい英雄.

intrepid 《古風;通例戯言》新しい[未知の]ものに直面したときに絶対に恐怖心を抱かない: *intrepid* explorers 恐れを知らぬ探検家たち.

plucky 《よい意味で》不利な立場にありながら勇敢に戦うことができる《口語》: a *plucky* prize fighter 負けじ魂のあるプロボクサー.

dauntless 困難な状況下で勇気がくじけない: *dauntless* determination 不屈の決意.

■**ゆうきづける**【勇気づける】

encourage 勇気や自信を与えて励ます: I *encouraged* him to apply for the post. そのポストに応募するように彼を励ました.

hearten [普通は受身で]落ち込んでいる人を励まし陽気にさせる: He was *heartened* by the good news. 吉報で彼は元気づけられた.

inspire 精神的な刺激によって, 自信を与え, 熱意を奮い起こさせる: His speech *inspired* all the students. 彼の話は学生達みんなを元気づけた.

cheer 〈人を〉慰め励まして暗い気持ちを明るくさせる: The news *cheered* everyone. その知らせを聞いて一同元気づいた.

nerve 困難なあるいは危険なことをする前に〈人, 特に自分を〉勇気づける《格式ばった語》: He *nerved* himself to save the drowning child. おぼれかけている子供を助けるために勇気を奮い起こした.

■**ゆうのうな**【有能な】

able 将来性を含めて普通以上の能力を有する: He is an *able* writer. 彼は有能な作家だ.

capable 〈人・物が〉ある仕事をするのに必要で実際的な能力を持っている: She is *capable* of teaching Japanese. 日本語を教えることができる.

efficient 特定の仕事などについて手際がよく能率がよい: an *efficient* secretary 有能な秘書.

competent 〈人が〉必要なことを満足にこなす能力・技術がある《しかし積極的に評価する意味は少ない》: She's a very *competent* housekeeper. 彼女はとても有能な家政婦だ.

■**ゆうびな**【優美な】

delicate 〈物が〉小さくて優美な: She has long *delicate* fingers. 長い繊細な指をしている.

dainty 〈動き・人・物が〉こじんまりしてきれいな: a *dainty* little girl 可愛らしい少女.

elegant 粋で美しく感じのいい: She has *elegant* manners. 物腰が上品だ.

exquisite 〈物が〉この上なく優美な: an *exquisite* china 極めて美しい磁器.

■**ゆうめいな**【有名な】

famous 〈人や物が〉一般によく知られて話題にされている《一般的な語》: a *famous* writer 有名な作家.

well-known *famous* と同じく,「よく知られている」の意味だが, 好ましくない場合にも用いられる: a *well-known* brand 有名ブランド.

renowned ある顕著な性質・技術・業績などのために世間によく知られている: He is *renowned* for his learning. 学識で名高い.

celebrated 〈人や物が〉公の名誉や称

賛を大いに博している: a *celebrated* scholar 高名な学者.

noted 特定の性質・能力のために世の注目を引いている: a town *noted* for its beautiful scenery 景観で名高い町.

distinguished 〈人や物が〉同類の中で傑出したものとして高く評価されている: a *distinguished* professor 著名な教授.

eminent 〈人が〉科学や芸術面で著しく卓越している《*distinguished* よりも意味が強い》: an *eminent* physician 名医.

prominent 多くの人の中で目立ってよく知られている: a *prominent* man in his circle 仲間内では名の通った人.

notorious 悪い意味で広く知られ,話題になっている: a *notorious* lawyer 悪名の高い弁護士.

infamous 道義的に好ましくないこと,不名誉なことなどで世間に知れ渡っている《やや格式ばった語》: He became *infamous* because of the bribery case. 彼は汚職事件で有名になった.

■**ゆうれい**【幽霊】

ghost, spirit 死者の霊《*spirit* は古風》: Hamlet saw his father's *ghost* [*spirit*]. ハムレットは父の亡霊を見た.

specter, phantom 特に恐ろしい形をした幽霊《必ずしも人間に限らない; いずれも文語》: grisly *specters* 不気味な変化(へんげ).

apparition 突然に出現する亡霊: this monstrous *apparition* この恐ろしい幽霊.

wraith 人の臨終前後に友人・親戚の前に現れる生霊: Last night I saw his *wraith* near the head of my bed. 昨夜枕元に彼の生霊を見た.

spook《口語》= *ghost*.

■**ゆうわくする**【誘惑する】

lure 邪悪なまたは好ましい強い力でおびき寄せる: They are *luring* you into trouble. あなたをごたごたに誘い込んでいるのだ.

tempt 悪事に誘い込む: The sight of food *tempted* him to steal. 食べ物を見てふと魔が差して盗んでしまった.

seduce 誘い込んで,愚かなまたは誤った行為をさせる《格式ばった語》: *seduce* a person from his duty 人を誘惑して義務に反することをさせる.

entice 希望や欲望をかきたてて巧妙に誘い込む: She *enticed* me to stay away from school. 彼女は私をそそのかして学校を休ませた.

decoy おとりなどでおびき寄せる: *decoy* ducks into a net カモを(おとりを使って)網の中におびき寄せる.

inveigle 策略や時には欺瞞・お世辞を使って誘う《格式ばった語》: The salesman *inveigled* the girl into buying the ring. 店員は娘を言いくるめてその指輪を買わせた.

■**ゆかいな**【愉快な】

pleasant 心や感覚に快を与える《ものの性質を強調する》: The book is *pleasant* to read. その本は読んで楽しい.

pleasing 心や感覚に快を与える《効果を強調する》: things *pleasing* to women 女性が喜ぶもの.

agreeable 人や物が好みや気分に一致する: *agreeable* companions 意にかなう仲間.

enjoyable 喜びや楽しみを与える能力がある: a very *enjoyable* movie 大変楽しい映画.

gratifying 人の希望をかなえて満足を与える: *gratifying* news うれしい知らせ.

■ゆがめる【歪める】

deform 形状・外観・性格などを(圧力をかけて)損なう: Shoes that are too tight *deform* the feet. あまり窮屈な靴は足の形を悪くする.

distort ねじ曲げていびつにする《比喩的にも;格式ばった語》: Rage *distorted* his face. 激怒で彼の顔が引きつった.

contort 乱暴にねじって醜くする《*distort* よりも意味が強い;比喩的にも;格式ばった語》: His face was *contorted* with pain. 彼の顔が苦痛のためにゆがんだ.

warp 材木が乾燥する時のように, 形を曲げる《比喩的にも》: The hot sun had *warped* the boards. 暑い日差しのために板がそり返った / His judgment is *warped* by prejudice. 彼の判断は偏見のためにゆがんでいる.

■ゆれうごく【揺れ動く】

swing 〈一方の端を留めた物が〉左右・前後に弧を描いて動く: let one's legs *swing* 足をぶらぶらさせる.

sway 〈柔軟な, または安定性を欠く物が〉左右または上下に揺れる: The branches *sway* in the breeze. 風で枝が揺れる.

oscillate 振り子のように左右に揺れ動く: *oscillate* between two opinions 二つの意見の取捨に迷う.

rock ゆっくりと規則的に前後または左右に揺れる[揺らす]: The baby's mother *rocked* it to sleep. 母親は赤ん坊を揺すって寝かしつけた.

undulate 波のように揺れる《格式ばった語》: The ground *undulated* from the earthquake. その地震で地面は波のように揺れた.

よ

■ようきゅうする【要求する】

demand 権利としてあるいは権威をもって要求する: He *demands* reparation from the firm. 彼は会社からの賠償を要求している.

claim 〈王位・財産・賠償などを〉当然自分のものと主張して要求する: He *claimed* the inheritance. 相続権を要求した.

exact 〈ある行為を〉強制的に要求する: A hard piece of work *exacts* effort and patience. 骨の折れる仕事にはどうしても努力と忍耐が必要だ.

require 規則上または当然のこととして,特に〈ある行為を〉要求する《格式ばった語》: This letter *requires* answer. この手紙には返事がいる.

■ようしゃしない【容赦しない】

implacable, inexorable なだめることができない: the *implacable* [*inexorable*] fate 非情な運命.

relentless 情け容赦のない《格式ばった語》: a *relentless* enemy 情け容赦のない敵.

unrelenting 決意のゆるがない,厳しい: an *unrelenting* master 厳しい主人.

merciless 哀れみの情のない: a *merciless* tyrant 冷酷な暴君.

ruthless 残酷で無慈悲な: their *ruthless* treatment of slaves 奴隷に対する彼らのむごい仕打ち.

■ようじんぶかい【用心深い】
(⇨ちゅういぶかい)

watchful 危険を防いだり好機を捕えたりするために注意を忘らない《この意味では最も一般的》: You must be *watchful* of your health. 健康に十分注意しなければならない.

vigilant 危険に備えて厳重に警戒している《格式ばった語》: a *vigilant* sentinel 厳重に警戒している歩哨.

alert 用心して危険に立ち向かう用意をしている: We must be *alert* for intruders. 侵入者に対して目を光らせていなければならない.

guarded 〈態度・言葉遣いなどが〉慎重で用心深い: a *guarded* answer 用心深い答え.

wideawake 特に好機をねらって絶えず周囲に気を配っている: a *wideawake* young man 抜け目のない青年.

■ようせき【容積】

bulk 大きな容積: an elephant of great *bulk* すごく図体の大きな象.

mass 同種の物の不特定の大きな数量: a *mass* of spectators 多数の観客 / a *mass* of snow 多量の雪.

volume 流動[変動]する大きな量: a large *volume* of mail 山のような郵便物.

■ようそう【様相】

phase 形・状態の変化する物が示す主要な様相: one *phase* of the subject その主題の一様相.

aspect ある特定の見地から見たある物の外観: Life has its absurd *aspects*. 人生には不条理な面がある.

angle ある角度から見た限られた範囲の相: view a problem from all *angles* あらゆる角度から問題を見る.

facet 多面体の任意の一面(を思わせるもの): many *facets* of his personality 彼の個性の多くの面.

■ **よくせいする**【抑制する】

restrain ある強い力・権威・動機が〈人や動物〉の行動を妨げる: *restrain* a child from doing mischief 子供にいたずらをさせないようにする.

curb 〈ある物を〉害にならないように制御する: *curb* inflation インフレを食いとめる.

check 〈ある物・現象などを〉急激にまた完全に抑止する: *check* the spread of the disease 病気の蔓延を食いとめる.

suppress 〈感情・活動などを〉抑圧する: *suppress* the revolt 反乱を鎮圧する.

■ **よげんする**【予言する】

foretell 未来に何が起こるかを告げる(*predict* よりも格式ばった語): Astrologers *foretold* the future from the stars. 占星術師は星で未来を占った.

predict 知識・経験・推論に基づいて正確に予言する: *predict* a good harvest 豊作を予言する.

prophesy 神からの啓示や呪術的な知識に基づいて予言する: *prophesy* a big earthquake 大地震を予言する.

prognosticate 前兆・症候などを研究して予言する(格式ばった語): He can *prognosticate* the course of most diseases. 大半の病気の成り行きを予言できる.

forecast 自然現象・天候などについて知識に基づいて今後の見込みを予測する: *forecast* the weather 天気予報をする.

■ **よこたわった**【横たわった】

prone うつぶせに横たわった: fall *prone* うつぶせに倒れる.

supine 仰向けになった(格式ばった語): lie *supine* on the bed ベッドに仰向けになる.

prostrate 屈伏・卑下・恐怖・悲しみなどの表われとして, ひれ伏した(時に仰向けになった)(格式ばった語): be *prostrate* with grief 悲しみに打ちひしがれている.

recumbent ゆったり休息するため横になった(どんな姿勢でもよい; 格式ばった語): *recumbent* on the sofa ソファーにもたれて.

■ **よごれた**【汚れた】

dirty 汚れ・しみ・泥などで汚れている(最も意味の広い語): *dirty* hands 汚れた手 / a *dirty* street 汚い通り.

soiled 特に汚物で汚れた(格式ばった語): *soiled* underwears 汚れた下着.

grimy ほこり・あか・すすなどで汚れた: *grimy* faces [roofs, buildings] すすけた顔[屋根, 建物].

filthy 嫌悪を覚えるほど汚い: The room was *filthy* as a pigsty. 豚小屋のように不潔だった.

foul 悪臭・腐敗などでむかつくほど汚い: a *foul* pond 悪臭のする汚い池.

squalid (軽蔑)〈場所が〉通例貧困のためにひどく汚れてだらしない: a *squalid* room 汚れてむさくるしい部屋.

■ **よった**【酔った】

drunk [叙述的] アルコールを飲みすぎて明瞭にものを言ったり体をうまく動かしたりできない: I got *drunk* last night. ゆうべ酔っ払った.

drunken [限定的] 一時的に[しばしば]酔っている: a *drunken* fellow 酔っ

intoxicated 《格式ばった語；時に戯言》= *drunk*: You were *intoxicated* last night. ゆうべきこしめしていましたね.

inebriated 《格式ばった語；戯言》酔って陽気になっている: *inebriated* young men 酔ってさんざめく若者たち.

tipsy ほろ酔いの: He was a trifle *tipsy*. 少し酔っていた.

tight 《口語》= *drunk*: get *tight* 酔っ払う.

blind 《俗》酔いつぶれて: He was *blind* to the world. 正体もなく酔いつぶれていた.

blotto 《俗》前後不覚になるほどに酔って: I got properly *blotto*. まさにへべれけに酔っ払った.

■よびよせる【呼び寄せる】

call 〈人〉に手紙や電話である場所へ来ることを要求する《基本的な語》: I *called* a doctor. 医者を呼んだ.

invite お客または参加者として〈人〉の出席を丁重に求める: They *invited* me to the party. そのパーティーに招かれた.

summon 権威[権力]によって呼び出す: The principal *summoned* the boy to his office. 校長はその生徒を校長室に呼び出した.

cite 〔法律〕法廷に出頭を命じる: He was *cited* to appear and testify. 出頭して証言するために召喚された.

convoke 〈王や議会が〉審議・立法などのために〈議員などを〉召集する《格式ばった語》: *convoke* Parliament 議会を召集する.

convene 〈委員会などを〉招集する《格式ばった語》: The president *convened* the committee. 会長は委員会を招集した.

■よろこび【喜び】

pleasure 幸福または満足の感情《表面に表れなくてもよい；一般的な語》: I felt *pleasure* in her company. 彼女と一緒にいると楽しかった.

delight 表面に表れた明白な強い喜び: He could not conceal his *delight*. 喜びを隠せなかった.

joy *delight* よりさらに大きく躍り上がりたくなるような強烈な幸福感: He found deep *joy* in rural life. 田園生活に深い喜びを感じた.

enjoyment ある対象に喜びを見つけること: I got little *enjoyment* from the book. その本はあまり面白くなかった.

rapture 有頂天になるような強烈な喜び《格式ばった語》: He was glowing with *rapture* as he listened to the music. 彼はほおを紅潮させるほどに夢中に音楽に聞き入っていた.

ecstasy 無我夢中で有頂天になるような喜び: Speechless with *ecstasy*, the boy gazed at the toys. わくわくするうれしさに言葉もなく，男の子はおもちゃを見つめた.

bliss 天にも昇るようなこの上もなく幸せな感じ: In *bliss* the child listened to the talking doll. ただもううっとりして子供はしゃべる人形の声を聞いていた.

mirth 《文語》笑いを誘うような陽気な騒ぎや楽しい笑い: He suppressed his *mirth* with difficulty. 笑いをこらえるのには骨が折れた.

merriment 適度に陽気な笑いさざめき《格式ばった語》: The game caused much *merriment*. そのゲームで大いに陽気になった.

glee 自分に何かよいことが起こったり，ときには他人に何か困ったことが起こったときの満足感や興奮: The child danced about with *glee*. 子供は大喜びして踊り回った / malicious *glee* よこしまな喜び.

hilarity 酒や興奮などによる度を超した浮かれ騒ぎ: the noise of *hilarity* in the restaurant レストランで浮かれ騒ぐ声.

■よろめく

stagger 今にも倒れそうによろよろと歩く: *stagger* under heavy burdens 荷物の重さによろよろする.

reel 酔っぱらいのように左右に揺れながら歩く: He *reeled* back like a drunkard. 酔っぱらいのようによろめいて後ずさりした.

totter 身体の弱い老人や幼児などが不確かな足取りで歩く: He *tottered* up to his room. よろよろと自分の部屋へ上がって行った.

■よわい【弱い】

weak 肉体的・精神的・道徳的な力が欠けている((最も意味の広い語)): *weak* eyes 弱い目 / a man of *weak* character 性格の弱い人.

feeble 病気・老齢などで情けないほど肉体的・精神的に弱くなっている: a *feeble* old man 弱々しい老人.

frail 肉体的に虚弱な: a *frail* child 虚弱な子供.

delicate 〈物が〉壊れやすい;〈人・体質が〉弱々しい: He is in *delicate* health. 彼は体が弱い.

infirm 老齢や病気で体や精神が弱くなった((格式ばった語)): He is *infirm* with age. 彼は老衰している.

decrepit 〈人や物が〉老齢・長期の使用などによってよぼよぼ[がたがた]になった: a *decrepit* old man よぼよぼの老人 / a *decrepit* chair がたがたの椅子.

faint 〈音・光などが〉充分でなくかすかで弱い: a *faint* light 弱い光.

■よわめる【弱める】

weaken 力・健全さを減少させる((最も一般的な語)): He was *weakened* by illness. 病気で弱っていた / Doubts *weakened* his resolve. 疑惑のため決心が鈍った.

exhaust 体力・気力などを使い果たしてしまう: They were *exhausted* by disease. 彼らは病気のためすっかり弱ってしまった.

enervate 〈ぜいたく・怠惰・風土などが〉体力・気力を弱める((格式ばった語)): He was *enervated* by the climate. その気候で無気力になった.

undermine 〈健康や権威を〉徐々に弱める: Poor food *undermined* his health. 食べ物が悪くて彼は健康を害した.

sap 〈健康・自信・勇気などを〉徐々に弱める: Disease *sapped* his strength. 病気のため体力が徐々に衰えた.

り

■りかいする【理解する】

understand あることの意味ばかりではなく，その含みまで十分に知る《最も一般的な語》.

comprehend あることの意味をはっきりと知る《過程を強調》: I could *comprehend* all he said, but did not *understand* that he was joking. 彼が言ったことはすべて理解できたが，冗談を言っているとは悟れなかった.

realize 事柄を実感として理解し，十分に了解する: I *realized* later that she had been right. 彼女が正しかったのだとあとになって理解した.

appreciate 正しく価値を認め，理解する: Nobody *appreciated* her work. だれも彼女の業績を理解しなかった.

grasp あることをしっかりと把握する: He cannot *grasp* the distinction between freedom and license. 彼は自由と放縦との区別がつかない.

■りせいてきな【理性的な】

rational 〈思想や行動が〉理性に基づく: *rational* behavior 理性的な行動.

reasonable 〈意見など〉実際的で良識に基づく: *reasonable* solution 筋の通った解決.

sensible 〈行動・思想・発言など〉常識または健全な判断力を用いる: a *sensible* decision 分別のある決定.

■りっぷく【立腹】

offense 感情を強く傷つけられること: He is quick to take *offense*. すぐむっとする.

resentment ひどい扱いまたは侮辱を受けて感じる持続的な憤り: cherish *resentment* against one's employer 雇い主に憤りを感じる.

pique 通例ささいな事で誇りを傷つけられて感じる一時的不快感: in a (fit of) *pique* 腹立ちまぎれに.

huff 《口語》つまらない原因で一時的にぷっと怒ること: He left in a *huff*. むっとして立ち去った.

■りゃくだつする【略奪する】

ravage 〈町や都市を〉〈災害が〉破壊する，〈軍隊などが〉略奪する《格式ばった語》: The forest fire *ravaged* the countryside. 山火事でその地方は破壊された.

devastate 破壊して全面的に荒廃させる: towns *devastated* by war 戦禍により荒廃した町々.

loot 戦争や暴動などで破壊された店から品物を略奪する: People broke windows and *looted* shops. 人々は窓ガラスを割って店から略奪した.

plunder 〈軍隊などが〉戦時中などに略奪する《格式ばった語》: The army *plundered* the captured town. 軍隊は占領した町を略奪した.

sack 〈占領した町〉から貴重な物をすべて略奪する: They *sacked* the city after they captured it. その都市を占領したあと略奪した.

pillage 《古》特に戦時に〈場所や人〉から略奪する《*sack* よりも荒廃の含みが弱い》: They *pillaged* many coastal towns. 多くの湾岸の町を略奪した.

despoil 《古》〈建物・施設〉から貴重なものを奪う: The soldiers *despoiled* the monastry. 兵士は修道院を略奪した.

■**りゃくだつひん**【略奪品】

spoils 戦時に泥棒や軍隊が土地から奪う財産, または腐敗した政治家が集める賄賂《格式ばった語》.

plunder 《文語》軍隊や山賊などが土地から奪い取ったもの《格式ばった語》.

booty 戦時中に軍隊が力ずくで奪い取ったもの.

haul 《俗》盗品, 略奪品.

loot 軍隊や泥棒が不法に持ち去る財産, 現在では主として暴動・災害時の略奪.

■**りゅうこう**【流行】

fashion 特定の時期にのみ人気を得て広まる風俗, 特に服装・ヘアスタイルなど《最も一般的に用いられる語》: She likes to read about the latest *fashions*. 最新の流行に関する記事を読むのが好きだ.

style *fashion* と同じ意味に用いられるが, 特に衣服の流行で, 独特な型に注目した場合の流行をさす: She has a good sense of *style*. 流行をセンスよく取り入れる[着こなす].

vogue ある *fashion* が一時的に非常に人気があること: There is a great *vogue* for pearls now. いま真珠が大流行だ.

mode 衣服・美術・文学などの流行: Some time ago, a man of forty was all the *mode*. 少し前は40歳の男がすごくもてはやされた.

fad 一つの *fashion* に一時的に熱狂的に飛び付くこと: Green ties are a recent *fad*. グリーンのネクタイが近頃は大人気だ.

rage ほんの一時の熱狂的流行を意味し, 軽蔑的な感じを表す語: Dog racing was a *rage*. ドッグレースは一時熱狂的に流行した.

■**りゅうこうびょう**【流行病】

epidemic 一定地域に突発的に発生するもの.

pestilence 文語的な語で, 特に悪質な流行病を指す.

■**りゅうちょうな**【流暢な】

fluent 言葉が楽にすらすらと出る: a *fluent* speaker of English 英語を流暢に話す人.

eloquent 言葉が流暢な上に, 熱烈で感動的な表現ができる: an *eloquent* speaker 雄弁家.

■**りょこう**【旅行】

trip ある場所への観光またはビジネスの旅行《一般的な語》: a *trip* to California カリフォルニアへの旅行.

journey ある場所への比較的長い旅行《帰路は含意しない》: make a *journey* to Mexico メキシコへ旅行する.

voyage 通例長い船旅: a *voyage* to America アメリカへの渡航.

tour 周遊して出発点に戻る旅行で, 観光・視察などの目的のもの: a round-the-world *tour* 世界一周旅行.

travel 行先や帰路よりも移動に重点を置く語《動詞としては一般的だが, 名詞としては修飾語句を伴ったり, 複合語として用いられるのが普通; また travels という複数形はかなり長い旅行を意味する》: *travel* by air 空の旅 / space *travel* 宇宙旅行 / set out on one's *travels* 旅に出かける.

excursion 集団で行くレクリエーションなどのための短い旅行: go on a day *excursion* to the lake 湖への日帰り旅行をする.

■りろん【理論】

theory ある現象を説明する一般原理: the *theory* of relativity 相対性理論.

hypothesis さらに実験するための基礎として試験的に立てた原理: a working *hypothesis* 作業仮説.

law 一定の条件の下では必ず一定の結果が生じるとする規則: the *law* of gravity 引力の法則.

■りんかく【輪郭】

outline 物の境界を限定する線の意味《最も一般的な語》: the *outline* of a mountain 山の輪郭.

contour 物の形状を示す外側の線,特に曲線: the soft *contour* of her waist 彼女の腰の柔らかい曲線.

profile 側面から見た,特に顔の輪郭: She is lovely in *profile*. 横顔がかわいい.

silhouette 逆光でできる人や物の輪郭: two figures in *silhouette* シルエットになった二人の姿.

■りんじの【臨時の】

temporary 短期間だけ続く: a *temporary* job 臨時の仕事.

provisional 当座だけ任命された《特に政府など》: a *provisional* government 臨時政府.

acting 正式の役職者などの不在中,その権限を一時的に代行する: an *acting* president 学長代理.

■りんせつした【隣接した】

adjacent 互いに接近している《この意味では next (to) が一般的な言い方; 格式ばった語》: the house *adjacent* to ours 隣の家.

adjoining 〈部屋・場所・物が〉隣り合わせで接している: *adjoining* desks 隣り合わせの机.

contiguous 境界または一点で接触している《格式ばった語》: England is *contiguous* to Wales. イングランドはウェールズに接している.

neighboring ある場所から見て近くに位置する《限定用法のみ》: a bus service between the town and *neighboring* villages 町と隣村とを結ぶバスの便.

れ

■れい【例】

instance 特定の状況・事情を表す一つの事例: Spitting in the street is an *instance* of vulgarity. 通りでつばを吐くのは下品の一例である.

example 典型的な事例: an excellent *example* of brevity 簡潔な文章の好例.

case 考察中の事柄の存在を示す行為や状況: *cases* of bribes 賄賂の事例.

sample 無作為に取り出された部分で全体の質を表すと考えられるもの: sell by *sample* 見本で売買する.

illustration 一般的な説明を明らかにするために引用した例: a story in *illustration* of the fact その事実を例証する話.

specimen 研究したり収集したりするものの見本となるもの: botanical *specimens* 植物標本.

■れいぎさほう【礼儀作法】

decorum 行為・作法・服装などを律する堅苦しい形式的な規則: You behave with *decorum* when you do what is proper. 適切なことをすれば立派にふるまうことになる.

propriety ふるまいや素行が正しいこと《格式ばった語》: offend against public *propriety* 公序良俗に背く.

decency 慎み・上品などの要件を守ること: To appear naked in public is an offence against *decency*. 裸で人前に出るのは慎みに欠けることだ.

dignity 地位や自尊心にふさわしいふるまい: It is beneath the *dignity* of a professor to use slang. 俗語を使うのは教授の体面にかかわる.

etiquette 特定の階級または職業における丁寧なふるまいの規則: a breach of *etiquette* 非礼.

■れいぎただしい【礼儀正しい】

polite 礼儀正しく他人の感情を考慮するという意味で最も一般的な語 (⇔ impolite, rude): He is very *polite* to his superiors. 目上の人に大変礼儀正しい.

courteous *polite* よりさらに丁重な: He is always *courteous* to all people. すべての人にいつもいんぎんだ.

courtly 少し時代がかって丁重な《格式ばった語》: a *courtly* old gentleman 人品卑しからぬ老紳士.

civil 無作法ではないが, 好意的ではない: I tried to be *civil* to her. 彼女に対して無作法にならないよう気をつけた.

gallant 《古風》〈男性が〉女性に対して特別な心尽くしと尊敬を示す: a *gallant* young man 女性に親切な青年.

chivalrous 〈男性が〉おのれを捨てて毅然として女性に尽くす《格式ばった語》: You were quite *chivalrous* in her defence. 君は全く騎士道的に彼女を弁護した.

■れつ【列】

line 横または縦の行列: form a *line* 列を作る.

queue 《英》順番待ちなどの人・車な

どの列: a *queue* for the bus バス待ちの列.

row 縦横を問わず一列または何本かの平行した列のうちの一つ: in three *rows* 三列に.

rank 特に横に並んだ兵士の列: the front *rank* 前列.

file 特に縦に並んだ兵士の列: march in single *file* 一列縦隊で行進する.

procession 行進の列, 行列を指す: march in (a) *procession* 列を作って行進する.

■れんしゅうする【練習する】

practice 熟達するために習慣的・規則的に繰り返し練習する: *practice* the violin バイオリンの練習をする.

exercise 心身を鍛えるために練習させる: He hired a man to *exercise* his horse. 彼は馬の調教に一人の男を雇った.

drill 〈兵士などを〉厳格で規則正しい反復によって集団訓練する: *drill* students in the sound of English 学生に英語の発音を鍛え込む.

train 運動・技術などに熟達するために一定期間繰り返し訓練する: *train* a person as nurse 人を看護婦として養成する.

■れんぞく【連続】

series 順番に起こる通例類似したものの一群: a *series* of misfortunes 不幸の連続.

sequence 論理的な特定の順序で生じる一連の事件や数((格式ばった語)): a *sequence* of numbers 連続した数.

succession 多くの類似した物事が連続して生じたもの: a *succession* of victories 相継ぐ勝利.

chain 明確な因果関係のある連続: a *chain* of thoughts 次々に浮かぶ考え.

■れんぞくてきな【連続的な】

consecutive, successive 切れ目なく連続する: for *consecutive* [*successive*] three years 3年続けて.

★ただし前者は間隔・順序の規則正しさを強調するから, 「1, 2, 3, 4」は consecutive numbers であり, 「4, 2, 3, 1」は successive numbers である.

ろ

■ろうばいさせる【狼狽させる】

dismay 予測しない不愉快な事件によって恐怖と落胆を感じさせる: He was *dismayed* at the news. その知らせを聞いてうろたえた.

appall あまりのひどさで呆然とさせる[ぞっとさせる]: I was *appalled* by the child's bad manners. その子の行儀の悪さにぞっとした.

horrify ひどく嫌な物でぞっとさせる《しばしば略式体で誇張的に用いる》: I was *horrified* at their suggestion. 彼らの提案を聞いてぞっとした.

daunt ことの難しさでおじけづかせる《格式ばった語》: He was completely *daunted* by the size of the job. その仕事の大きさにすっかりおじけづいてしまった.

■ろんぱする【論破する】

disprove 〈主張などが〉間違っていることを論証する: I can *disprove* his theory. 彼の説の反証を挙げることができる.

refute 十分な調査・証拠などを駆使して反証する: I'm ready to *refute* his views. 彼の見解を論破する用意はできている.

confute 〈人や議論が〉完全に誤りであることを証明する《格式ばった語》: It was difficult to *confute* him. 彼を論破するのは難しかった.

controvert 〈議論〉に反駁(はんばく)するために論争する《格式ばった語》: Descartes *controverted* the Aristotelian philosophy. デカルトはアリストテレス哲学に論駁した.

rebut 告発・批判などに反論する《格式ばった語》: *rebut* the argument of the other team in a debate 討論で相手チームの議論に反論する.

わ

■わかい【若い】

young 最も一般的な語で，人生・成長・発達の初期の段階で: a *young* man 若者.

youthful 若い人に典型的な特質を持った《ほめる場合も斟酌(しんしゃく)する場合も用いる》: a *youthful* smile 若々しい微笑 / *youthful* indiscretions 若気の過ち.

juvenile 法律用語などで，少年・少女の《格式ばった語》: a *juvenile* court 少年審判所.

adolescent 思春期の《この時期のぎこちなさ・感情の変わりやすさなどを暗示する》: *adolescent* sorrows 思春期の悲しみ.

green 口語的な表現で，考え方・経験などが未熟でまだ若いというニュアンス: He is still *green* if he has such opinions. 彼の考えはまだ若い.

■わける【分ける】

separate 〈まとまっていたものを〉引き離す: This machine *separates* the cream from the milk. この機械は牛乳からクリームを分離する.

divide しばしば配分の目的で部分に分ける: *divide* one's property among one's children 財産を子供に配分する.

part あるものを他のものから分ける《格式ばった語》: *part* the fighters けんかをしている人を引き分ける.

split 〈物を〉縦に割る;〈グループなどを〉分裂させる: The committee is *split* over [on] the human rights issue. 委員会は人権問題で分裂している.

sever 力ずくで完全に断ち切る: A bulldozer *severed* a gas main. ブルドーザーがガス本管を断ち切っていた.

sunder《古・文語》乱暴に引き裂く: Nothing can *sunder* our friendship. 何物も私たちの友情を引き裂くことはできない.

■わな【罠】

trap 動物を捕らえるためのばね仕掛けのわな;人を不意打ちする策略: spike his *trap* 彼の策略の裏をかく.

snare ひもや針金の輪で作ったわな;人を陥れる誘惑・陥穽(かんせい)《格式ばった語》: She avoided the *snare* he so craftily set. 彼が非常に巧みに仕掛けたわなを避けた.

pitfall 動物を捕るための落とし穴;隠された危険: the *pitfalls* of life 人生の陥穽.

■わらい【笑い】

laugh [可算名詞] 幸福・おかしさ・軽蔑などを示して声を出して笑うこと，またはその声: She gave a hysteric *laugh*. ヒステリックに笑った.

laughter [不可算名詞] 特に幸福・おかしさのために笑うこと，またはその声: I heard *laughter* from the next room. 隣の部屋から笑い声が聞こえた.

chuckle 喜び・満足で静かに笑うこと: give a *chuckle* くすくす笑う.

giggle 特に女の子のくすくす笑い: She answered with a *giggle*. 彼女はくすくす笑いながら答えた.

titter そわそわして，またはばかみたいにくすくす笑うこと: She gave a nervous *titter*. 神経質にくすくす笑った.

snicker, 《英》**snigger** （他人の不幸などを見て）意地悪く無礼に忍び笑いすること: a subdued *snigger* 押さえつけた忍び笑い.

guffaw （通例男性の）大声のばか笑い: He gave a loud *gaffaw* at her joke. 彼女の冗談を聞いて大声でばか笑いをした.

■**わりあてる**【割り当てる】

allot 任意の分け方によって〈時間・金・仕事などを〉振り分ける《平等・公平を含意しない》: I was *allotted* two tickets. 切符を2枚割り当てられた.

assign 権威をもって〈仕事・部屋などを〉割り当てる《平等の含意はない》: The teacher *assigns* each student of the class ten pages to read. 先生はクラス全員に各10ページ勉強するように割り当てた.

allocate 特殊な目的に〈定額を〉割り当てる: *allocate* $10,000,000 for the construction of a bridge 橋の架設に1千万ドル振り当てる.

■**わるい**【悪い】

bad 〈人や物事が〉倫理的・道徳的規範から逸脱していたり正常でないことを表す最も一般的な語: *bad* conduct 不品行 / a *bad* law 悪法.

evil *bad* よりも意味が強く，「人に害を与えて喜ぶ」といった含意がある《格式ばった語》: an *evil* king 邪悪な王 / She has an *evil* tongue. いろいろと人の悪口を言う.

wicked 〈人や行動が〉故意に道徳律を破るといったようにはなはだしく悪い《古風な語で，*evil* の方が普通に使われる》: Deliberately leading an evil life is *wicked*. 故意に邪悪な生活をするのは悪いことだ.

英 語 索 引

A

abandon 186, 194
abase 36
abate 64, 102
abbey 89
abbreviate 126
abdicate 143
abdomen 164
abhor 151
abhorrence 63
abhorrent 151
ability 158
abject 172
able 208
abnormal 11
abolish 147
abominable 151
abominate 151
aboriginal 142
abortive 198
abridge 126
abridgment 136
abrogate 197
abrupt 143
absentminded 190
absorbed 156
abstain 166
abstract 136
abstracted 190
absurd 31
abundant 187
abysmal 174

accede 138
accept 18
accident 82
accidental 54
acclaim 190
accompany 140
accomplish 139
accomplishment 10
accord 13, 91
accountable 108
accuse 169
accustomed 13
ache 54
achieve 140
achievement 10
acid 103
acidulous 103
acknowledge 195
acquiesce 138
acquire 22
acquisitive 145
acquit 69
act 66
acting 217
action 66, 111
active 37
actual 100
acumen 139
acute 98, 104
adage 72
adamant 123
adapt 135
address 23, 46

adequate 90
adhere 55
adherent 101
adjacent 217
adjoining 217
adjust 135
administer 140
admire 117
admission 152
admit 195
admittance 152
adolescent 221
adoration 1
adore 116
adorn 35
adroit 50, 51
advance 115
advanced 101
adversary 50
adversity 174
advice 152
advise 95, 97
affable 169
affect 21, 181
affectation 46
affecting 41
affection 1, 171
affiliated 42
affirm 123
affliction 56
affluent 38
affront 27, 177
afraid 74

[223]

英語索引

age 43
aged 142
agent 119
aggravate 17, 133
aggregate 67
aggressive 67, 83
agile 47
agitate 34
agony 55, 57
agree 12, 138
agreeable 209
ahead 112
aid 120
ailing 171
ailment 171
aim 14
air 112
airs 46
akin 151
alarm 51, 74
alchemy 192
alert 114, 211
alias 39
alien 32
alike 151
alive 10
allegiance 127
alleviate 84
alliance 140
allied 42
allocate 222
allot 222
allow 37
allude 63
allure 167
almighty 50
almost 189
alone 72
aloof 196
alter 33
alternate 124

alternative 111
although 62
altitude 119
amateur 6
amaze 30
ambiguous 2
ambitious 205
ambulant 18
ambulatory 18
ameliorate 33
amiable 169
ample 187
amuse 121
amusing 31
analogous 151
anathematize 159
ancient 142, 181
anecdote 163
anger 9, 27
angle 212
anguish 56, 57
animal 151
animate 10, 37
animated 37
animosity 150
annihilate 161
announce 97
annoy 88
annul 197
annular 193
anomalous 175
answer 71
answerable 108
antagonism 150
antagonist 50
antecedent 62
anticipate 45
antipathy 63
antipodal 1
antique 181
anxiety 100

anxious 156
apathetic 196
ape 192
aperient 60
apex 128
aphorism 73
apology 9
appall 220
apparel 15
apparent 200
apparition 209
appeal 106
appear 194
appearance 32
appease 148
applaud 190
appliance 139
appoint 116
apposite 40
appraise 161
appreciable 125
appreciate 170, 215
apprehensive 74
appropriate 177
approve 110
apt 47, 81, 177
aptitude 77
arbiter 100
arbitrary 111
arbitrator 100
archaic 181
archetype 137
ardent 94
ardor 94
arduous 197
argot 17
argue 52
argument 52, 63
arid 41
arise 93
aroma 150

arouse 182
arresting 201
arrogant 70
art 44
artifice 77
artificial 98
artless 92
ascend 159
ascribe 45
ashamed 161
ashen 2
ask 120
aspect 32, 212
aspiring 205
assail 67
assassinate 73
assault 67
assemble 5
assent 138
assert 123
assertive 83
assign 222
assignment 83
assist 120
associate 61, 146
assume 102, 181
assurance 35
astonish 30
astound 30
astute 200
asylum 169
atlas 126
atrocious 79, 169
attachment 1
attack 67
attain 139
attempt 132
attend 140
attentive 31
attire 15
attitude 84, 118

attorney 185
attract 167
attribute 45
at once 103
audacious 208
audacity 197
audience 128
augment 113
august 140
authority 65
authorize 63
autograph 96
avail 130
avaricious 145
avenge 176
aver 123
average 184
averse 16
aversion 63
avoid 192
avow 123
await 45
aware 11
awe 10
awful 28
awkward 175

B

baby 6
back 84
backer 104
bad 222
badger 11
baffle 75
bag 176
baggage 137
bait 11
balance 158
baleful 175
balk 78, 97
ban 53

band 12
baneful 207
banish 130
bank 3, 32
banquet 22
bar 92
barbarian 205
barbaric 205
barbarous 205
bare 161, 196
bark 40
barren 180
barrister 185
barter 66
base 46, 172
bashful 19
basis 46
battle 111
beach 32
beam 68
bear 119, 161
bearing 118
beat 19, 108
beatitude 69
beautiful 19
beautify 36
becoming 177
beg 122
begin 33
beginnings 44
beguile 3, 121
behave 69
behavior 181
behindhand 26
behold 195
belief 98
belittle 59
bellicose 68
belligerent 68
belly 164
belongings 76

bemoan 147
bend 191
beneficent 85
benevolent 84
benign 99
benignant 99
bent 58
berate 82
beseech 122
bestow 4
betray 3, 161
better 33
bevy 198
bewail 147
bewilder 75
bias 185
bid 201
biddable 89
big 25
billow 148
bind 197
biting 101
bizarre 16
blackguard 3
blackmail 29
blameless 197
blank 39, 54
blasphemy 187
blaze 189
blemish 60
blench 97
blend 192
blessedness 69
blind 213
blink 192
bliss 69, 213
block 92
bloom 163
blossom 163
blotto 213
blow 120

blubber 147
blueprint 58
bluff 179
blunder 6
blunt 179
blush 108
blustering 114
boar 178
boast 87
boat 179
bodily 150
body 85
bogus 13
boil 151
boisterous 114
bold 5
bombard 67
bombastic 25
boner 6
boost 202
booty 216
border 49, 184
bosom 198
bother 88
bough 21
bounce 162
bound 162
boundary 49
bow 55
box 120
brace 13
brag 87
brain 107
branch 21
brave 121, 207
brawl 63
brazen 5
break 74
breakable 74
breaker 148
breast 198

breed 115
brief 136, 194
bright 34, 114
brilliant 34, 114
brim 184
bring 133
bring up 115
brink 184
brisk 37, 47
brittle 74
broach 162
broad 172
brood 91
brusque 179
brutal 79
bubble 7
buff 194
build 132
building 121
bulge 142
bulk 211
bully 11
bum 182
bumpy 79
bunch 132
bundle 132
burden 152
burdensome 189
burglar 145
burglary 154
burial ground 189
burlesque 174
burn 204
burning 94
burnish 194
bury 35, 191
business 83, 94
bust 198
busy 12
but 81, 158
butcher 73

butchery 48
buxom 179
buy 33

C

cache 35
cadaver 85
cajole 109
calamity 76
calculate 59
call 213
caller 188
calling 95
calm 29
campaign 111
can 85
cancel 60
candid 115
canon 186
cant 17
capability 158
capable 208
capacity 158
capitulate 55
caprice 47
capricious 47
capsize 168
capture 131
carcass 85
care 100
career 95
careful 99, 126
carelessness 118
caress 1
cargo 152
caricature 174
carnage 48
carnal 150
carol 80
carriage 118
carry 134, 161

cartel 112
cartoon 174
case 218
cashier 32
castigate 162
casual 54, 136
casualty 83
cataclysm 76
catalog 170
catastrophe 76
catch 131
catchword 104
cathartic 60
cause 62
caustic 128
caution 59
cautious 99
cave 5
cavern 5
cavity 5
cease 144
celebrate 17
celebrated 208
cemetery 189
center 127
ceremonial 34
ceremonious 34
ceremony 44
certain 35
certainty 35
certitude 35
chagrined 162
chain 219
chance 27, 43, 136
change 33
character 107
characteristic 141
charge 67, 170, 201
charitable 84
charity 86
charm 167

chart 126, 170
charter 39
chaste 135
cheap 205
cheat 3, 122
check 212
cheeky 148
cheer 208
cheerful 69
cherish 198
chest 198
chicanery 73
chief 12
childish 72
childlike 72
chivalrous 218
choice 94, 111
choleric 27
choose 22
chore 83
chronic 193
chubby 179
chuckle 221
churchyard 189
circuit 88
circular 193
circumference 88
circumscribe 106
circumspect 99
circumstance 93
citadel 145
cite 213
citizen 70
civil 218
claim 211
clamor 113
clamorous 114
clandestine 170
class 118
clatter 113
clean 52

cleanse 52
clear 105
cleave 55, 166
clemency 86
clever 50, 114
cliché 128
climax 128
climb 159
cloister 89
close 60, 85, 87, 201
clothes 15
clothing 15
clumsy 175
coalition 140
coarse 116
coast 32
coax 109
coerce 49
coeval 139
cogent 121
cogitate 91
cognate 42
cohere 55
coin 131
coincide 13
collate 56
collateral 124
colleague 146
collect 5
color 82
colossal 52
combat 111
combative 67
combine 61
comely 20
comfort 55, 147
comfortable 7
comic 31
comical 31
command 200
commemorate 17

commence 33
commend 102
commendation 80
commensurable 133
commensurate 133
comment 10, 95
commerce 94
commingle 192
commiseration 7
commission 63
commit 15
common 6, 50, 180
commonplace 128
compact 201
companion 146
company 12, 188
comparable 151
compare 56
compass 164
compassion 7
compel 49
compensate 86
compensation 160
compete 50
competent 208
competition 50
competitor 50
complement 188
complete 41
complex 176
compliant 89
complicated 176
compliment 102
comport 69
composure 29
comprehend 176, 215
comprise 176
compute 59
comrade 146
conceal 35
concede 91, 195

conceit 188
concept 41
conception 41
concern 100
conciliate 148
conclude 61
concluding 76
concur 138
condition 93
conduct 27, 69, 182
confederation 141
confer 4
confess 195
confide 15
confidence 98
confident 35
confidential 170
confine 106
confines 49
confirmed 193
conform 13, 135
confound 75
confront 121
confuse 75
confute 220
congenital 107
congratulate 17
congregate 5
conjoin 61
connect 61
connote 16
conquer 108
conscious 11
consecrate 77
consecrated 99
consecutive 219
consent 51, 138
consequence 90
consequent 132
consider 68
considerate 30

consign 15
consignment 152
console 147
conspicuous 201
conspiracy 119
constant 12, 127
construct 132
construe 109
contain 176
contaminate 28
contemn 59
contemplate 68
contemplative 83
contemporaneous 139
contemporary 139
contend 50
content 193
contention 182
contentious 68
contest 50
contiguous 217
contort 210
contour 217
contradict 169
contrary 1
contrast 56
control 65
controversy 52
controvert 220
conundrum 148
convene 213
convenient 69
convent 89
conventional 34
converse 163
convert 185
convey 161
conviction 35
convincing 121
convoke 213
copious 187

copy 192
coquet 203
cordial 1
corporal 150
corporeal 150, 179
corpse 85
correct 162
corrupt 123
cosmos 108
costume 15
counsel 95
counselor 185
count 5
countenance 34
counterfeit 13
countless 24
couple 13
coup (d'état) 165
courageous 207
courteous 218
courtly 218
covert 170
covet 156, 189
covetous 145
covey 198
cowardly 25
cozen 122
cozy 7
crack 74
craft 44
crafty 104
cranky 27
crave 189
create 131
credence 99
credit 45
creep 71
cripple 114
crisp 74
criterion 171
critical 98

crop 88
cross 175
crotchet 47
crow 87
crowd 57
crude 116
cruel 79
crush 74
cry 146
cuddle 2
cuff 120
cull 22
culmination 128
cumbersome 30
cumbrous 30
cunning 48, 51, 104
curb 212
cure 146
curious 48, 67
current 13, 58
curse 159
cursing 187
cursory 168
curt 179
curtail 126
curve 191
custom 88
customary 13
cutting 101
cynical 128

D

dabbler 6
dainty 204, 208
damage 45
damn 159
damp 154
dampen 154
danger 44
dare 121
dark 56

darn 89
daunt 220
dauntless 208
dawdle 26
dead 99
deadly 15
debar 87
debase 36
debate 52, 53
debauch 123
decay 177
decease 85
deceased 99
deceit 48
deceitful 177
deceive 3
decency 218
decent 135
deception 73
decide 61
decided 61
decisive 61, 123
deck (out) 36
declare 110, 123
decline 73, 102
decompose 178
decorate 35
decorum 218
decoy 209
decrease 64
decree 186
decrepit 214
dedicate 77
deduce 103
deep 174
deep-rooted 193
deep-seated 193
deface 115
defeat 78, 108
defect 60
defend 186

defer 23
deference 116
defile 28
definite 200
deform 210
defraud 122
defunct 99
defy 121
degrade 36
dejected 38
delay 23, 26
delectable 24
delete 60
deliberate 14, 91
delicate 208, 214
delicious 24
delight 213
delirium 156
delude 3
deluge 68
delusion 202
demand 211
demeanor 118
dementia 49
demolish 160
denigrate 59
denote 16
dense 201
denude 161
deny 168
depart 79
depart, diverge 116
departed 99
dependable 101
deplore 147
deport 69, 130
deportment 118, 182
deprave 123
depreciate 59
depressed 38
deputy 119

deride 3
derive 93
desecration 141
desert 6, 194
design 14, 58
desire 189
desolate 79
despair 109
despairing 109
desperate 109
desperation 109
despise 59
despite 152
despoil 216
despondency 109
despondent 109
destiny 20
destitute 173
destitution 172
destroy 160
destruction 160
desultory 136
detached 196
detail 70
detain 26
detect 162
determinant 62
determine 61
detest 151
detestable 151
detrimental 207
devastate 215
devastation 160
develop 131
deviate 116
devote 77
devotion 1, 127
devout 58
dexterous 51
dialect 187
dictatorial 111

diction 72
dictionary 85
die 85
difference 113
different 72
differentiate 82
difficult 197
difficulty 75, 92
diffuse 95
digest 136
dignity 218
digress 116
dilapidation 160
dilate 190
dilettante 6
dim 56
diminish 64
diminutive 125
din 113
dip 168
diplomacy 46
diplomatic 96
direct 201
directly 103
dirty 212
disable 114
disappear 43
disaster 76
disbelief 178
discern 46
discernment 139
discharge 27, 32, 33
disciple 101
discipline 162
disclose 161
discontented 180
discontinue 144
discord 182
discourse 23, 163
discourteous 182
discover 162

discreet 99
discrepancy 113
discretion 98
discriminate 82
discrimination 139
discuss 52
discussion 52
disdain 59
disdainful 70
disease 171
disfigure 115
disgrace 180
disgruntled 180
disgust 63
dishonest 177
dishonor 180
disinclined 16
disintegrate 178
disinterested 196
dislike 63, 151
disloyal 177
dismay 220
dismiss 32
disobedient 4
disorder 171
disparage 59
disparate 72
disparity 113
dispatch 12, 73
dispel 191
dispense 182
disperse 191
display 35, 195
disposal 96
disposition 96, 107
disprove 220
dispute 52, 53
disregard 26
dissatisfied 180
dissension 182
dissimilar 72

dissimilarity 113
dissipate 191
dissolve 141
distant 141
distinct 72
distinction 113
distinctive 142
distinguish 46, 82
distinguished 209
distort 210
distress 57, 148
distribute 182
disturb 34, 87
divergent 72
diverse 72
divert 121
divest 161
divide 182, 221
divine 99
division 180
divulge 161
docile 89
doctor 11
doctrinaire 111
doctrine 90
dogged 40
dogma 90
dogmatic 111
doleful 38
dole out 183
dominant 86
domineering 24
donate 4
donation 26
doom 20
dormant 111
double-dealing 73
doubt 46, 178
doubtful 19
dove 163
drag 167

dramatic 59
draw 167
drawback 62
draw out 166
dread 51
dreadful 28
drench 154
dress 15
drift 58
drill 219
drink 159
droll 31
drop 32
drove 198
drowsy 157
drunk 212
drunken 212
dry 41
dubious 19
duck 168
dull 31
dumfound 75
duplicity 48
dusky 56
dust 52
duty 83, 204
dwell 104
dwindle 64

E

eager 156
earn 22
earnest 191
earsplitting 25
earth 125
earthly 126
ease 55
easy 204
ebb 102
eccentric 16
economical 65
ecstasy 213
edge 184
edifice 121
educate 28
educe 166
eerie 175
efface 60
effects 76
efficient 208
effortless 205
effrontery 197
elderly 142
elect 22
electric 137
electrical 137
elegant 208
elevate 202
elevation 119
elicit 166
eliminate 87
eloquent 216
elude 192
emanate 93
emancipate 33
embrace 176
eminent 209
emotion 40
employ 130
empower 63
empty 39, 54
emulation 50
enchant 167
encomium 80
encounter 2, 111
encourage 208
encroach 100
end 14, 90
endeavor 132
endless 21
endorse 110
endurance 38
endure 119
energetic 37
energy 125
enervate 214
engaged 12
engagement 111
engrossed 12, 156
enhance 133
enigma 148
enjoin 53, 201
enjoy 97
enjoyable 209
enjoyment 213
enlarge 113
enliven 37
enmity 150
enormous 51
enough 90
enrage 27
ensnare 131
ensue 68
entangle 191
enterprising 205
entertain 121
enthusiast 156
entice 209
entire 41
entomb 191
entrance 152
entrap 131
entreat 122
entrust 15
enunciate 162
enviable 20
envious 20
envy 156
ephemeral 130
epicure 168
epicurean 42
epidemic 216
epigram 73

episode 136
epoch 43
equal 30
equanimity 29
equip 115
equivalent 30
equivocal 2
era 43
eradicate 110
erase 60, 147
erotic 42
error 6
erudition 126
escape 192
escort 140
especial 142
especially 142
essential 174
establish 103
estate 76
esteem 116, 117, 171
estimate 59, 161
eternal 21
ethical 140
etiquette 218
eulogize 190
eulogy 79
euphuistic 25
evade 192
evaluate 161
evanescent 130
even 12, 184
event 136
everlasting 21
evidence 92
evident 200
evil 222
evoke 166
exact 200, 211
exacting 189
exaggerated 25

examination 127
examine 97
example 137, 218
exasperate 16
excavation 5
excel 166
except 158
excepting 158
excessive 37
exchange 66
excite 82
exclude 87
excursion 216
excuse 9
execute 27, 73
exercise 219
exhaust 214
exhausted 131
exhaustion 121
exhibit 92, 195
exhort 103
exigency 168
exile 130
exorbitant 37
exordium 96
expand 190
expatriate 130
expect 45
expedient 187
expedition 12
experienced 91
experiment 122
expert 91
expire 85
explain 109
explicate 109
explicit 200
exploit 10
expose 195
expound 109
express 162, 200

exquisite 208
extend 167
exterminate 110
extinct 99
extinguish 147
extort 166
extract 166
extraordinary 11
extravagant 38
extreme 38

F

fabricate 132
fabrication 132
face 34, 121
facet 212
facetious 45
faculty 77, 158
fad 216
fade 43, 81
failing 62
faint 214
fainthearted 25
fair 20, 69
faith 98
faithful 127
faithless 177
fake 14
false 13, 177
falsehood 19
falter 123
familiar 6, 85
famished 54
famous 208
fanatic 156
fancy 114
fang 160
fantastic 16
fantasy 114
far 141
far-off 141

faraway 141
fare 122
fascinate 167
fashion 132, 188, 216
fast 164
fasten 71
fastidious 204
fat 179
fatal 15
fate 20
fateful 175
fatigued 131
fault 6, 62
favorable 69
fear 51
fearful 28, 74
fearless 207
feast 22
feat 10
features 34
fecund 171
federation 141
fee 49
feeble 214
feed 97
feeling 40
feelings 40
feign 181
felicity 69
female 96 (2項目)
feminine 96
ferocious 51
fertile 171
fervent 94
fervor 94
fetch 134
fib 19
fickle 47
fiction 93, 131
fictitious 13, 34
fidelity 127

fierce 51
fight 63
filch 154
file 219
filthy 212
final 76
financial 76
find 162
fine 94
finical 204
finicking 204
finicky 204
finish 90
fire 33
firm 36
fiscal 76
fit 176
fitting 177
fix 48, 71, 89, 103
flabbergast 30
flabby 56
flaccid 56
flag 102
flagrant 164
flame 189
flare 110, 189
flash 92, 110
flashy 162
flat 184
flaw 60
fleeting 130
fleshly 150
fleshy 179
flexible 90
flicker 189
flight 199
flinch 97
fling 147
flirt 203
flit 143
flock 198

flog 19
flood 68
floppy 56
florid 164
flourish 106
flout 3
flow 146
flower 163
flowery 25
fluent 216
flush 108, 184
flutter 144
fly 143
foam 7
focus 127
fodder 97
fog 52
foible 62
foil 78
follow 68
follower 101
fondle 1
food 122
foolish 31
forage 97
forbear 166
forbearance 39
forbid 53
force 49, 125
ford 3
forecast 212
foregoing 11
foreigner 32
foremost 12
forerunner 110
foresight 98
forest 101
foretell 212
forethought 98
forewarn 59
foreword 96

forge 132
forgo 186
forlorn 79
form 132
formal 34
formality 44
former 11
forsake 194
fort 145
forthwith 103
fortitude 39
fortress 145
fortuitous 54
fortunate 66
fortune 20
forward 5, 112
foster 115, 198
foul 212
foundation 46
foxy 104
fracture 74
fragile 74
fragment 180
fragrance 150
frail 214
frank 115
fraud 73
free 33
freedom 88
freight 152
frenzy 156
frequently 86
fresh 4
friable 75
friendly 85
fright 51
frighten 74
frightened 74
frightful 28
frolic 4
frontier 49

froth 7
frown 81
frugal 65
fruitful 171
fruitless 198
frustrate 78
full 41
function 204
funny 31
fur 40
furnish 49, 115
further 115
furtive 170
fury 9
fuse 141, 192
fussy 204
futile 198

G

gag 94
gain 22, 139
gainsay 169
gallant 218
gallantry 207
gambol 4
game 104
gamut 165
garb 15
garish 163
garment 15
garnish 36
garrulous 28
gastronome 168
gastronomist 168
gather 5, 103
gaudy 162
gauge 171
gaunt 205
general 178, 180
general practitioner 11
genial 1

genius 77
genteel 96
gentile 10
gentle 206
genuine 100
germane 40
gesticulation 195
gesture 195
get 22
get to 140
ghastly 29
ghost 209
gibe 3
gift 26, 77
gigantic 52
giggle 222
girl 96
give 4
give up 186
glad 69
glance 110
glare 189
glaring 164
gleam 110
glee 213
glib 28
glide 103
glint 111
glisten 110
glitter 110
globe 125
globular 193
gloomy 56, 175
glorious 39
glossary 85
glow 189
glower 81
glum 175
go 79
goal 14
good 24, 94

good-looking 20
good-natured 169
goodness 112
goods 76
gorgeous 39
gourmand 168
gourmet 168
govern 140
go with 140
grab 131
gracious 1
grand 140
grandiloquent 25
grandiose 140
grant 91
graphic 9
grasp 131, 215
grasping 145
grateful 40
gratify 193
gratifying 209
grave 191
graveyard 189
greedy 145
green 221
grief 38
grim 29
grimace 81
grimy 212
grin 167
grind 83
grip 131
grisly 29
gross 116, 164
grotesque 16
groundwork 46
group 198
grove 101
grudge 2
gruesome 29
gruff 179

guarantee 124
guard 186
guarded 211
guess 31
guest 188
guffaw 222
guile 48
guiltless 197
guise 32
gulp 159
gush 146
gypsy 182
gyrate 193

H

habit 88
habitual 13
hale 64
hallowed 99
hallucination 202
halt 144
hamper 78
handsome 20
handy 51
haphazard 136
happen 27
happening 136
happiness 69
happy 66, 69
harangue 23
harass 148
harbinger 110
harbor 195, 198
hard 36, 197
hardened 193
hardihood 197
hardship 75
harm 45
harmful 207
harmonize 13
harsh 79

harvest 88
haste 12
hate 150, 151
hateful 151
hatred 150
haughty 70
haul 167, 216
have 96
haven 195
havoc 160
hazard 44
haze 52
headstrong 40
heal 146
healthful 64
healthy 64
hear 43
heart 107, 127, 198
hearten 208
heartfelt 71
hearty 71
heathen 10
heave 202
heavy 30
heckle 11
height 119
heighten 133
help 120
herald 110
herd 198
hereditary 107
heroism 207
hesitate 122
heterogeneous 78
hide 35, 40
high 119
hilarity 214
hinder 87
hint 7
hire 39
hire out 39

histrionic 60
hit 120
hog 178
hold 97
holdup 154
hole 5
holler 77
hollow 5, 54
holocaust 48
holy 99
homage 116
homicide 78
honest 71, 93
honesty 92
honor 92, 116, 117
hop 143
hope 45
hopeless 109
hopelessness 109
horde 57
horizontal 184
horrible 28
horrify 220
horror 51
host 57
hostile 136
hostility 150
hot 4
hover 143
however 81
hubbub 113
hue 82
huff 215
hug 2
huge 25, 52
human 152
humane 153
humanitarian 84
humble 36, 64
humid 155
humiliate 37

humiliated 162
humor 6, 45, 47
humorous 31, 45
hungry 54
hurl 147
hurry 12
hurt 45
hushed 84
hymn 80
hypothesis 217
hysteria 156

I

idea 10, 41
ideal 137
identical 30
idiom 64
idle 54
if 202
if not 136
ignite 172
ignoble 172
ignominy 180
ignorant 197
ignore 26
ill 171
ill-mannered 182
illiterate 197
illness 171
illusion 202
illustrate 109
illustration 218
ill will 2
imaginable 114
imaginary 34, 114
imagination 114
imaginative 114
imagine 31
imbibe 159
imbue 18
imitate 192

immediate 47
immediately 103
immense 52
immerse 168
immigrant 32
imminent 77
impair 45
impartial 70
impassioned 94
impassive 196
impeach 170
impecunious 173
impel 49
impending 78
imperfection 61
imperious 24
impertinent 148
implacable 211
implant 18
implement 139
implicate 191
implication 16
implore 122
imply 7
impolite 182
import 16, 90
importance 90
importune 122
imposing 140
impoverished 172
imprecate 159
impression 42
impressive 41
improper 62
improve 33
impudent 148
impugn 169
impulse 138
impute 45
inanimate 99
inattentive 190

inaugurate 33
inauspicious 175
inborn 107
inbred 107
incentive 138
incident 136
incisive 101
incite 82
inclination 58
include 176
inconstant 47
increase 113
incredulity 178
inculcate 18
incurious 196
indecent 62
indecorous 62
indelicate 62
indemnification 160
indication 98
indict 170
indifferent 196
indigence 172
indigenous 142
indignation 9
indignity 177
indispensable 174
indisposed 171
individual 142, 169, 207
induce 108
inducement 138
indulge 6
industry 94
inebriated 213
inelastic 36
inexorable 123, 211
inexpensive 205
infamous 209
infamy 180
infer 102
infertile 180

infirm 214
inflate 190
inflexible 36, 123
influence 21
inform 97
information 126
infrequent 193
infringe 100
infuriate 27
infuse 18
ingenious 50
ingenuous 92
ingrain 18
inherited 107
inhuman 79
inhume 191
inimical 136
iniquitous 87
injure 44
injustice 178
innate 107
inner 146
innocent 92, 197
innumerable 24
inordinate 38
inquest 128
inquire 120
inquiry 127
inquisition 128
inquisitive 67
insanity 49
inscrutable 100
insert 17
inside 146
insight 139
insinuate 7, 17
insolent 148
inspect 97
inspire 208
install 115
instance 218

instant 92
instantaneously 103
instantly 103
instill 18
instruct 27, 201
instrument 139
insufficient 144
insult 177
insurgency 165
insurrection 165
integrity 93
intellect 107
intelligence 107, 152
intelligent 114
intend 14
intensify 133
intent 14, 156
intention 14
intentional 14
inter 191
intercede 127
interchange 66
interesting 31
interfere 127
interior 146
interject 17
interminable 21
intermittent 124
internal 146
interpolate 17
interpose 17, 127
interpret 109
interrogate 120
interrupt 87
intervene 127
intimate 85
intimidate 29
intoxicated 213
intractable 5
intrepid 208
intricate 176

intrigue 119
introduce 17
introduction 96
intrude 100
inundation 68
invade 100
invalidate 196
inveigle 209
invent 131
invention 132
inventory 170
invert 48
investigate 97
investigation 127
inveterate 193
invite 213
involve 191
involved 176
inward 146
in spite of 152
irascible 27
irk 88
ironic(al) 128
irony 170
irregular 175
irritable 27
irritate 16
isolated 72
isolation 71
issue 93
item 70
iterate 56
itinerant 18

J

jagged 79
jargon 17
jeer 3
jeopardy 44
jest 94
jibe 3

jiffy 92
job 83, 95, 204
jocular 45
join 61, 144
joke 94
journey 216
joy 213
joyful 69
joyous 69
judge 31, 100, 103
judicious 36
jump 143
jurisdiction 65
just 70, 93
just about 189
juvenile 221

K

keen 104, 156, 200
keep 106, 188
kill 73
kind 99, 118
kindle 172
kindly 99
king 24
kingdom 24
knave 3
knock 120
knowing 114
knowledge 125

L

labor 83
laborious 197
lacerate 114
lack 35
lading 152
lady 96
ladylike 96
lag 26
lament 147

lampoon 174
language 63
languor 121
lanky 205
larceny 154
large 25
largess 26
lassitude 121
last 76
late 26, 99
latent 111
latest 76
lather 7
laud 189
laugh 221
laughable 31
laughter 221
law 186, 217
lawful 70
lawyer 185
lax 119
laxative 60
leading 12
league 140
lean 205
leaning 58
leap 143
learning 126
lease 39
leather 40
leave 37, 51, 79, 194
legal 70
legend 163
legitimate 70
lengthen 167
lengthy 95
lenity 86
lessen 64, 84
let 37
lethal 15
lethargy 121

let (out) 39
level 184
lexicon 85
liable 81
liberate 33
liberty 88
license 63, 88
lie 19
lifeless 99
lift 154, 202
light 172
lighten 84
like 151
likely 38, 81
limb 21
limit 106
limp 56
line 218
linger 143
lingo 17
link 61
linked 42
liquefy 141
list 170
listen 43
little 125
liturgy 44
live 10, 104
livelihood 106
lively 37
living 10, 106
load 152
loath 16
loathe 151
loathing 63
lofty 119
logical 121
loiter 26
lonely 72, 79
lonesome 72, 79
look 32, 34, 194

look at 195
loot 215, 216
loquacious 28
lot 20
loud 25
love 1
lovely 20
low 172
lowly 65
loyal 127
loyalty 127
lucky 66
luggage 137
luminous 34
lunacy 49
lure 209
lurid 29
lurk 71
luscious 24
lustrous 34
lying 177

M

macabre 29
madden 27
madness 49
magic 192
magisterial 24
magnetize 167
magnificent 140
maim 113
main 12
maintain 84
majestic 140
make 132
makeshift 187
make an effort 132
make efforts 132
maladroit 176
malady 171
male 123

malevolence 2
malice 2
malicious 175
malign 175
malignancy 2
malignity 2
malleable 89
malodorous 54
man-made 98
maneuver 77
manful 124
mangle 114
mania 49, 156
maniac 156
manifest 200
manifold 24
manlike 123
manly 123
manner 118, 187
mannish 124
manslaughter 78
manufacture 132
many 24
map 126
mar 45
mark 98
marked 201
marriage 61
marshal 5
martial 111
masculine 123
mass 211
massacre 48, 73
masterful 24
match 104
material 179
matrimony 61
matter 179
mature 91
maudlin 41
mawkish 41

maxim 72
may 85
maybe 28
meager 144
mean 14, 16, 60, 172, 184
meaning 15
means 76
measure 171
meddlesome 67
median 184
mediate 127
meditate 91
meditative 83
meek 65
meet 2
melancholy 38
mellow 91
melodramatic 60
melody 112
melt 141
memory 43
menace 29
mend 89
mendacious 177
merciless 211
mercurial 47
mercy 86
merge 192
merit 36
merriment 213
method 187
meticulous 126
middle 127
midst 127
mien 118
might 125
mighty 50
mild 206
militant 67
military 111
mimic 192

mind 107
mindful 11
mingle 192
minimize 59
minute 92, 125
mirage 202
mirth 213
miscellaneous 78
mischance 174
miserly 60
misfortune 174
misgiving 178
mishap 82
mislead 3
miss 26
mist 52
mistake 6
mistrust 178
mitigate 84
mix 191
mixed 78
mob 57
mock 4, 192
mode 188, 216
model 137
moderate 109
modern 4
modernistic 4
modest 19, 65, 135
modify 33
moist 155
moisten 154
molder 178
mollify 148
mollycoddle 6
moment 90, 92
momentary 130
monarch 24
monarchy 24
monastery 89
monetary 77

monopoly 111
monstrous 169
mood 47
moral 140
morality 112
mortal 15
mortified 162
motion 20, 135
motivation 138
motive 138
motley 78
motto 72, 104
mount 159
move 14, 20, 21
movement 20
moving 41
multiply 113
multitude 57
mumble 133
mundane 126
murder 73, 78
murky 56
murmur 133
muse 91
muster 5
mutilate 114
muting 165
mutter 133
mutual 50
mysterious 100
mystery 147
mystical 100
myth 163
mythical 34

N

naive 92
naked 196
narrate 163
narrative 163
nation 70

national 70
native 71, 142
natural 178
nature 107, 118
nearly 189
neat 45
necessary 174
necessity 168
neck 1
necromancy 192
need 35, 168, 172
needy 173
nefarious 87
negate 197
neglect 26, 118
neglectful 118
negligence 118
negligent 118
neighboring 217
nerve 208
nettle 16
nevertheless 81
new 4
newfangled 4
news 152
nice 24, 204
niggardly 60
nimble 47
noble 140
noise 29, 113
noiseless 84
noisy 114
nomadic 18
nom de plume 39
nonchalance 29
noncommittal 2
nonprofessional 6
normal 178
nosy 67
noted 209
notice 46
noticeable 201
notify 97
notion 41
notorious 209
notwithstanding 152
novel 4, 93
novelette 93
novella 93
noxious 207
nude 196
nullify 196
numberless 24
numerous 24
nunnery 89
nurse 115
nurture 115

O

obdurate 123
obedient 89
obeisance 116
obese 179
object 14, 165
objective 14, 70
oblige 49
obliging 169
obliterate 60
obloquy 180
obnoxious 151
obscure 2, 56
obsequious 55
observation 95
observe 17, 195
obstacle 92
obstinate 40
obstruct 88
obstruction 92
obtain 22
obvious 200
occasion 43, 62
occasional 193
occupation 95
occupied 12
occur 27
occurrence 135
odd 48
odious 151
odor 150
offend 27
offense 215
offer 135
office 204
often 86
old 142, 181
old-fashioned 181
ominous 175
omit 26
omnipotent 50
onward 112
open 115
opinion 10
opponent 50
opportune 141
opportunity 43
oppose 165
opposite 1
opprobrium 180
option 111
oral 69
oration 23
order 200
orderly 46
ordinance 186
ordinary 6
origin 44
original 4
originate 93
ornament 36
oscillate 210
ostracize 130
otiose 54
outdo 166

outfit 115
outlander 32
outlandish 48
outline 136, 217
outlive 10
outrage 27
outrageous 164, 169
outspoken 115
outstanding 201
overbearing 70
overcome 108
overdue 26
overthrow 108, 168
overturn 168
overweight 179
own 97, 195

P

pacify 148
pack 132, 198
package 132
packet 132
pagan 10
pain 54
painful 189
pair 13
pale 2
pallid 2
palpable 125
paltry 133
pamper 6
pang 55
panic 51, 74
paramount 86
paraphrase 190
parcel 132
parody 174
parsimonious 60
part 179, 221
partake 144
partiality 185

participate 144
particular 70, 142, 204, 207
particularly 142
party 22
passion 94
passionate 94
pass away 86
pastoral 15
patch 89
patent 200
pathetic 41
patience 38
patron 104
pattern 137
paunch 164
pawn 124
pay 49, 86
peaceful 29
peak 128
peculiar 48, 142
peek 158
peel 40
peep 158
peer 158
peeve 16
pellucid 105
pelt 40
penetration 139
penitence 66
penniless 172
pensive 83
penury 172
pen name 39
people 169
perceive 46
perceptible 125
perception 139
peremptory 24
perfidious 177
perform 26

perfume 150
perhaps 28
peril 44
perimeter 88
period 43
periodic 124
peripatetic 18
periphery 88
perish 86
permission 51
permit 37
pernicious 207
pernickety 204
perpendicular 102
perpetual 21
perplex 75
perseverance 42
persistence 42
person 169
personage 169
personality 107
persons 169
persuade 108
pertinent 40
perturb 34
pervert 123
pester 148
pestilence 216
pet 1
petite 125
petition 106
petty 133
phantom 209
phase 211
phenomenal 179
philanthropic 84
phlegmatic 196
phraseology 72
physic 60
physical 150, 179
physician 11

physiognomy 34
pick 22, 154
picturesque 9
piece 180
pig 178
pigeon 163
pigheaded 40
pilfer 154
pillage 216
pinch 154
pinnacle 128
pioneer 110
pious 58
piquant 78
pique 215
pitch 147
piteous 7
pitfall 221
pitiable 7
pitiful 7
pitiless 79
pity 7
place 25
placid 29
plague 149
plain 200
plan 58
plane 184
plastic 89
platitude 128
plausible 202
play 4, 203
plea 9
plead 106
pleasant 209
pleasing 209
pleasure 213
pledge 124
plentiful 187
plenty 90
pliable 89

pliant 89
plight 48
plot 119
plucky 208
plumb 102
plump 179
plunder 215, 216
plunge 168
poet 84
poetaster 84
poise 46
polish 194
polite 218
politician 106
pollute 28
ponder 91
ponderous 30
poor 172
popular 6
port 195
portentous 175
portion 180
portly 179
pose 46, 84
position 84
positive 35
possess 97
possible 38
possibly 28
postal card 161
postcard 161
postpone 23
postulate 102
posture 84
potency 125
potent 50
potential 111
pound 19
pour 146
poverty 172
power 65, 125

powerful 50
practicable 85
practical 85
practically 189
practice 89, 219
praise 189
preamble 96
preceding 11
precept 90
precipitous 48
précis 136
precise 200
preclude 87
preconception 185
predicament 48
predict 212
predilection 185
predominant 86
preeminent 86
preface 96
prefer 22
preference 111
prejudice 185
premium 187
preoccupied 190
preponderant 86
prerogative 143
present 4, 26, 135
preserve 186
press 57, 103
prestige 21
presume 102
presumptuous 5
presuppose 102
pretend 181
pretext 9
pretty 20
prevailing 13
prevail on [upon] 108
prevalent 13
prevent 87

previous 11
pride 188
principal 12
priory 89
privilege 143
prize 171, 187
probable 38
probably 28
probe 128
probity 93
procession 219
proclaim 110
proclivity 58
procure 22
produce 88, 131
product 88
productive 171
profanation 141
profanity 187
profession 95
proffer 135
proficient 91
profile 217
profound 174
profuse 187
prognosticate 212
progressive 101
prohibit 53
project 58
projection 142
prologue 96
prolong 167
prominent 201, 209
promiscuous 78
promote 115
prompt 47
promulgate 110
prone 81, 212
proof 92
propel 28
propensity 58

proper 176
property 76
prophesy 212
propinquity 53
propitious 69
proportional 133
proportionate 133
proposal 135
propose 14
proposition 135
propriety 218
prosper 106
prostrate 212
protect 186
protract 167
protrusion 142
protuberance 142
proud 70
provenance 44
proverb 72
provide 49, 135
provided 202
providential 66
providing 202
province 204
provisions 122
provisional 217
provoke 16, 82, 182
prowess 207
prowl 71
proximity 53
proxy 119
prudence 97
prudent 36, 99
prying 67
psalm 80
pseudonym 39
psychosis 49
publish 110
pugnacious 67
pull 167

pummel 19
punch 120
punctilious 126
pungent 78
punish 162
pupil 107
purchase 33
pure 135
purgative 60
purport 16
purpose 14
push 28
pushing 83
put 25
putrefy 178
putrid 54
put off 23
put up with 119
puzzle 75, 147

Q

quaff 159
quaint 48
quake 181
qualm 47
quandary 48
quarrel 63
quarrelsome 68
queer 48
query 120
question 120
questionable 19
queue 218
quick 47, 164
quick-witted 114
quiet 39, 84
quip 94
quit 79, 144, 186
quiver 181

英語索引　　　246

R

rabble 57
race 71
rack 57
racket 113
racy 78
radiant 34
rage 9, 216
raiment 15
raise 115, 202
ramble 78
rancid 54
rancor 2
random 136
range 79, 164
rank 54, 164, 219
rap 120, 121
rapid 164
rapt 156
rapture 213
rare 193
rascal 3
rate 161
ratify 110
ration 122
rational 215
ravage 215
ravenous 54
rawboned 205
ray 68
raze 160
reach 139, 164
real 100
realize 215
realm 24
rear 115, 202
reason 62, 103
reasonable 205, 215
rebellion 165
rebound 162

rebuke 82
rebut 220
recall 30
recapitulate 56
receive 18
recent 4
reciprocal 50
reckon 5, 59
reclaim 144
recognizable 125
recognize 195
recoil 97
recollect 30
recollection 43
recommend 95, 102
recompense 86, 187
recount 163
recoup 144
recover 144
rectitude 112
recumbent 212
recur 203
recurrent 124
redolence 150
redress 160
reduce 64
redundant 95
reef 3
reel 214
refer 63
referee 100
reflect 91
reflective 83
refractory 5
refrain 166
refuge 169
refuse 73
refute 220
regain 144
regard 117
register 170

regret 66
regretful 66
regrettable 66
regular 12, 46, 178
regulation 186
reiterate 56
reject 73
rejuvenate 68
relate 61, 163
related 42
relaxation 55
release 33
relent 55
relentless 211
relevant 40
reliable 101
relieve 84
religious 58
relinquish 186
reluctant 16
rely 5
remain 143
remainder 158
remains 85
remark 9, 95
remarkable 201
remedy 146
remember 30
remembrance 43
reminisce 30
reminiscence 43
remiss 118
remnant 158
remorse 66
remote 141
remove 14
remunerate 86
renew 68
renounce 143
renovate 68
renowned 208

rent 39
rent out 39
repair 89
reparation 160
repartee 45
repay 86
repeat 56
repentance 66
replace 25
reply 71
report 152, 163
reprimand 82
reproach 82
reprove 82
repudiate 73
repugnance 63
repulsion 63
require 211
requirement 168
requisite 168, 175
research 128
resentment 215
reserve 188
reserved 39
reside 104
residue 158
resign 143
resist 165
resolve 61
resort 187
resource 187
respect 116, 117
respond 71
responsible 108
rest 55, 158
restful 8
restitution 160
restore 68, 144
restrain 212
restrict 106
result 68

retain 188
retard 26
reticent 39
retire 79
retort 71
retrieve 144
return 203
reveal 161
revenge 176
revengeful 90
revere 116
reverence 10, 116
reverse 1, 48
revert 203
revolt 165
revolution 165
revolve 193
reward 187
rhymer 84
rich 38
ricochet 143
riddle 147
ride 11
ridicule 3
ridiculous 31
right 177
righteous 140
right away 103
right off 103
rigid 36, 64
rigorous 64
rigors 75
rile 16
rim 184
rind 40
rip 166
ripe 91
ripple 148
rise 44, 93
risk 44
rite 44

ritual 44
rival 50
rivalry 50
roam 78
rob 154
robber 145
robbery 154
robust 64
rock 210
rogue 3
roll 170
roller 148
romance 93
romp 4
root 44
rosy 164
rot 178
rotate 193
rough 79
round 193
rouse 182
rout 108
rove 78
row 219
rubicund 164
ruddy 164
rude 182
rugged 79
ruin 160
rule 140, 186
ruminate 91
rural 15
ruse 77
rustic 15
ruthless 79, 211

S

sack 33, 176, 215
sacred 99
sacrilege 141
sad 38

sadness 38	scheme 58, 120	self-esteem 188
safe 7	scholar 107	self-important 70
safeguard 186	scholarship 126	sensation 40
sagacious 200	school 198	sense 15, 40
sage 36	science 126	sensibility 40
salary 49	scoff 3	sensible 11, 179, 215
sally 94	scold 82	sensual 42, 151
salubrious 64	scope 164	sensuous 42
salutary 64	scorch 204	sentiment 11, 41
same 30	scorn 59	sentimental 41
sample 218	scoundrel 3	separate 221
sanctimonious 58	scout 59	sequence 219
sanction 51, 110	scowl 81	serene 29
sanctuary 169	scrape 48	series 219
sangfroid 29	scrawny 205	serious 98, 191
sanitary 64	scream 77	serpent 184
sap 214	screech 77	servile 55
sarcasm 170	scrimpy 144	set 103
sarcastic 128	scruple 47	settle 61
sardonic 128	scrupulous 93, 126	sever 221
satire 170, 174	scrutinize 97	severe 64
satiric(al) 128	sear 204	shade 82
satisfy 193	seaside 32	shake 181
saturate 154	seasonable 141	shallow 3, 168
saucy 148	seclusion 72	sham 13
savage 206	secret 170	shame 180
save 158	secrete 35	shameful 169
saving 158	secretive 39	share 144
say 9	section 180	sharp 104
saying 72	secure 7, 22, 71	shatter 74
scale 159	security 124	sheer 48
scamp 3	sedate 191	shelter 169
scanty 144	seduce 209	shield 186
scarce 193	see 2, 195	shift 14
scare 74	seem 194	shine 194
scared 74	seemly 177	shining 34
scatter 191	seethe 151	ship 179
scene 60	segment 180	shipment 152
scenery 60	seize 131	shiver 181
scent 150	select 22	shoal 3
schedule 58, 170	selection 111	shocking 169

shoot 21	singular 48	smile 167
shop 194	sinister 175	smirk 167
shore 32	sip 159	smog 52
short 194	situation 93	smooth 184, 205, 206
shortcomings 62	skid 104	snake 184
shorten 126	skill 44	snare 131, 221
short story 93	skilled 91	snatch 131
shout 77	skillful 91	sneak 71
shove 28	skimpy 144	sneer 3, 167
show 195	skin 40	snicker 222
showy 163	skinny 205	snigger 222
shrewd 200	skip 143	snug 7
shriek 77	skirmish 111	soak 154
shrink 97	skulk 71	soaked 155
shrivel 81	slack 119	soar 144
shudder 181	slap 120	sob 146
shut 87	slaughter 48, 73	sober 191
shy 19	slavish 55	sociable 1
sick 171	slay 73	soft 56, 206
sickly 171	sleazy 56	soiled 212
sickness 171	sleepy 157	solace 147
sight 60	slender 19	sole 207
sign 98	slide 103	solemnize 17
signal 201	slight 19, 26	solicit 122
signature 96	slim 18	solicitor 185
significance 16, 90	slink 71	solicitude 100
signification 16	slip 6, 103	solid 36
silent 39, 84	slipshod 123	solidarity 138
silhouette 217	slog 121	solitary 72, 207
silly 31	slogan 104	solitude 71
similar 151	sloppy 123	somnolent 157
simmer 151	slovenly 123	sonance 29
simper 167	slow 31	soothe 148
simple 92, 205	slug 120	soppy 41
simulate 181	sly 104	sorcery 192
simultaneous 139	smack 120	sordid 172
sincere 71	small 125	sorrow 38
sinful 87	smart 114	sorrowful 38
singe 204	smash 74	sort 118
single 207	smell 150	soul 107
single out 22	smelly 54	sound 29, 64, 121

sour 103
source 44
sovereign 24
sovereignty 65
sow 178
spare 144
sparing 65
sparkle 110
spat 63
spatter 181
speak 163
special 142
specialist 11
specially 142
specific 142
specimen 218
specious 202
spectacle 60
spectators 128
specter 209
speech 23, 64
speed 12
speedy 164
spend 130
spherical 193
spick-and-span 46
spicy 78
spin 193
spirit 107, 209
spite 2
spiteful 90
splendid 39
splenetic 27
splinter 74
split 166, 221
spoil 6, 45, 178
spoils 216
spoken 69
sponsor 104
spontaneous 86
spook 209

sporadic 193
sport 104
spout 146
sprain 157
spray 22
sprig 22
sprightly 47
spring 143
sprinkle 181
sprint 85
spry 47
spur 138, 182
spurious 13
spurn 73
spurt 85, 146
squalid 212
squashy 56
squeal 77
squeamish 204
stagger 214
stale 181
stance 84
stand 119
standard 137, 171
start 33
startle 30
starved 54
starving 54
state 9, 93
stately 140
statesman 107
stature 119
status 94
statute 186
staunch 127
stay 143
steady 12
steal 154
stealthy 170
steep 48, 154
stem 93

stentorian 25
sterile 180
stern 64
stew 152
stick 55
stiff 36
stiff-necked 40
still 81, 84
stimulate 37, 82
stingy 60
stinking 54
stipend 49
stir 20, 182
stoic 196
stoical 196
stolid 196
stomach 164
stop 144
stopgap 187
store 194
storm 67
story 163
stout 133, 179
straight 93
straightaway 103
straightforward 115
strain 157
strange 48
stranger 32
strategy 112
stray 79
stream 146
strength 125
strenuous 37
stretch 167
strew 181
strict 64
strife 182
strike 120
striking 201
stringent 64

strip 161
strive 132
strong 133
stronghold 145
structure 121
struggle 133
stubborn 40
student 107
study 68
stuff 179
stun 30
stupid 31
sturdy 133
style 216
suave 95
subject 70, 91
subject matter 91
subjugate 108
submerge 168
submit 55
subsequent 132
subservient 55
subside 102
substance 179
subsume 176
subterfuge 73
succeed 69, 106
succession 219
successive 219
succor 120
succumb 55
sudden 143
sue 106
suffer 119
sufferance 51
suffering 57
sufficient 90
suggest 7
suggestion 135
suitable 176
sulky 175

sullen 175
sum 67
summary 136
summit 128
summon 213
sumptuous 39
sunder 221
supercede 25
superficial 168
superior 94
supine 212
supplant 25
supplement 188
supplicate 106
supply 49
support 83, 106
supporter 101
suppose 31, 202
supposing 202
suppress 212
sure 35
surf 148
surge 148
surmount 108
surpass 166
surprise 30
surreptitious 170
survive 10
suspend 23
suspicion 178
suspicious 19
sustain 83
sustenance 122
swarm 57, 198
sway 21, 210
swearing 187
sweep 52
swell 190
swerve 116
swift 164
swindle 122

swing 210
swipe 154
sympathetic 205
sympathy 7
symptom 98
synchronous 139
syndicate 111
synopsis 136
synthetic 98
systematic 46

T

table 170
taboo 53
taciturn 39
tact 46
tactics 112
taint 28
take 18, 131, 133
take place 27
tale 163
talent 77
talk 23, 163
talkative 28
tall 119
tally 13
tangible 125
tantalize 149
tantamount 30
tardy 26
tarry 26
tart 103
task 83
tasty 24
taunt 4
taut 172
tawdry 163
teach 27
tear 166
tease 149
technique 44

tell 9, 97, 163
temerity 197
temper 47, 107
temperament 107
temperate 109
temporary 217
tempt 209
tenacity 42
tendency 58
tender 135, 205, 206
tenet 90
tense 172
terminal 76
terrestrial 126
terrible 28
terrified 74
terrify 74
terror 51
test 122
testimony 92
thankful 40
thaumaturgy 192
thaw 141
theatrical 59
theft 154
theme 91
theory 217
thick 201
thief 145
thin 18, 205
think 31
thorax 198
though 62
thought 41
thoughtful 30
thrash 19
threaten 29
thrifty 65
thrive 106
throng 57
throw 147

thrust 28
thwart 78
tidy 46
tidy (up) 52
tie 197
tight 172, 213
time 43
timely 141
timid 25
timorous 25
tinge 82
tint 82
tiny 125
tipsy 213
tired 131
titter 222
toil 83
token 98
tolerate 119
tone 29
tongue 64
tool 139
tooth 160
top 128
topic 91
torment 11, 57
torpor 121
torture 57
toss 147
total 41, 67
totter 214
touch 21
touching 41
touchy 27
tough 36, 133
tour 216
tow 167
towering 119
toy 203
trace 75
track 75

tractable 89
trade 67, 94, 95
train 219
trait 107
tramp 182
tranquil 29
transcend 166
transfer 14
transfigure 185
transform 185
transient 130
transitory 130
translation 190
transliteration 190
translucent 105
transmit 161
transmute 185
transparent 105
transpire 27
transport 161
trap 131, 221
travel 216
travesty 174
treacherous 177
tremble 181
tremendous 52
trenchant 101
trend 58
trespass 100
trial 56, 122
tribulation 56
tribute 79
trick 77
trickery 73
tricky 104
trifle 203
trifling 133
trim 46
trip 216
triumph 95
trivial 133

英語索引

trivialize 59
troop 12
trouble 148
troublesome 189
troupe 12
truculent 51
true 100, 127
truism 129
truss 197
trust 5, 98, 112
trustworthy 101
trusty 101
truth 98
try 132
tug 167
tummy 164
tune 112
turgid 25
turn 193
tusk 160
tutor 28
twig 22
twinge 55
twinkling 92
twist 191
type 118

U

ultimate 76
umpire 100
unaffected 92
unbecoming 62
unbelief 178
unbiased 70
uncanny 175
unceasing 21
uncertainty 178
uncommon 193
unconcerned 196
undermine 214
understand 215
undulate 210
undulation 148
unearth 162
unearthly 175
uneducated 197
uneven 79
unexpected 143
unfaithful 177
unfeigned 71
unfriendly 136
unfruitful 181
ungovernable 4
unification 138
uniform 12
uninterested 196
union 138, 141
unique 207
unite 61
unity 138
universal 180
universe 108
unkempt 123
unless 136
unlettered 197
unlucky 175
unmanageable 4
unnatural 175
unprejudiced 70
unreal 34
unrelenting 211
unruly 4
unsatisfied 180
unseemly 62
unskillful 176
unsophisticated 92
unstable 47
untutored 197
untaught 197
untidy 123
untruth 19
untruthful 177
unusual 11
upbraid 82
upend 168
uphold 83
upright 93
uprising 165
uproar 113
uproot 110
upset 34, 168
urbane 95
urge 103
usage 89
use 130
useless 198
usual 13
utensil 139
utilize 130
utter 9, 162

V

vacant 39, 190
vacillate 122
vagabond 182
vagary 47
vagrant 18, 182
vague 2
vain 54, 198
vainglory 188
valiant 208
valid 121
valor 207
value 36, 170
vanish 43
vanity 188
vanquish 108
various 72
vary 33
vast 52
vaunt 87
veer 116
vein 47

veneration 10
vengeful 90
veracity 93
verbal 69
verbose 95
verge 184
verisimilitude 98
verity 98
vernacular 187
versifier 84
version 190
vertical 102
vessel 179
vestige 75
vicious 87
victory 95
vie 50
view 10, 60, 195
vigilant 211
vigorous 37
villain 3
villainous 87
vindictive 90
violent 51
virtue 112
virtuous 140
visitant 188
visitor 188
vital 10, 174
vivacious 37
vivid 9
vocabulary 85
vocation 95
vociferous 25, 114
vogue 216
voice 162
void 54, 197
volume 211
voluntary 86
voluptuous 42
vouchsafe 92

voyage 216
vulgar 116

W

wages 49
wail 147
wait 143
waive 186
wan 2
wander 78
wane 102
want 35, 172, 189
warlike 111
warm 205
warm-hearted 205
warn 59
warp 210
wary 99
wasteland 6
wastes 6
watch 195
watchful 211
watchword 105
wave 148
waver 122
way 188
weak 214
weaken 214
weakness 62
wealthy 38
weary 131
wedding 61
wedlock 61
weep 146
weigh 68
weight 21, 90
weighty 30
weird 175
well 64
well-known 208
well-organized 46

well-timed 141
well-to-do 38
wet 154
wheedle 109
whim 47
whimper 147
whimsy 47
whip 19
whirl 193
whitecaps 148
whole 41, 67
wholehearted 71
wholesome 64
wicked 222
wide 172
wideawake 211
widespread 13
wilderness 6
wiles 77
willful 14
willing 86
wily 104
win 22
wing 144
wink 192
wipe 52
wise 36
wisecrack 94
wish 189
wit 45
witchcraft 192
witchery 192
withdraw 79
wither 81
withhold 188
withstand 165
witticism 94
witty 45
wizardry 192
wizen 81
woe 38

woman 96
womanhood 96
womanish 96
womanlike 96
womanly 96
wont 89
wood 101
wording 72
wordy 95
work 83, 95
world 108
worldly 126
worn-out 131
worry 88, 100, 148
worship 116
worth 36
wound 44
wraith 209
wrangle 63
wrath 9
wreck 160
wrong 178

Y, Z

yardstick 171
yell 77
yet 81
yield 55, 88
yielding 89
young 221
youthful 221
zeal 94
zealot 156
zenith 128

KENKYUSHA'S
DICTIONARY OF ENGLISH SYNONYMS

研究社　英語類義語使い分け辞典

2006 年 7 月 28 日　初版発行
2015 年 7 月 31 日　4 刷発行

KENKYUSHA

編　者	研究社辞書編集部
発行者	関戸雅男
発行所	株式会社　研究社
	〒102-8152　東京都千代田区富士見 2-11-3
	電話　編集 03 (3288) 7711
	営業 03 (3288) 7777
	振替　00150-9-26710
	http://www.kenkyusha.co.jp
印刷所	研究社印刷株式会社

ISBN 978-4-7674-3023-2　C0582　PRINTED IN JAPAN
装丁　吉崎克美